Beck'sche Reihe
BsR 620
Autorenbücher

Hermann Hesse (1877–1962) ist noch heute – nicht nur in Deutschland, sondern vor allem auch in den USA – einer der meistgelesenen Autoren. Gerade die jüngere Generation hat in den Romanen seiner Frühzeit die rebellische Kritik an unseren Zivilisations- und Kulturformen als die ihre wiedererkannt. Sein lyrisches und essayistisches Werk, an große Traditionen anknüpfend, hat viele Lesergenerationen gefesselt.

*Christian I. Schneider,* geb. 1935, Professor of German an der Central Washington University, rückt in seiner Biographie und Werkgeschichte nicht nur den Dichter und Schriftsteller in den Blick, geht nicht nur auf die Wirkungsgeschichte ein: er bringt auch, nicht zuletzt im Hinblick auf die umfangreiche, bis heute noch nicht vollständig publizierte Korrespondenz Hermann Hesses, die humane Gesinnung dieses Mannes vor Augen, dessen Idyll in Montagnola ihn keineswegs den menschlichen Leiden entrückt hat.

CHRISTIAN IMMO SCHNEIDER

# Hermann Hesse

VERLAG C.H.BECK MÜNCHEN

Mit 8 Abbildungen im Text

*In memoriam*
*Reso Karalaschwili*
*(1940–1989)*

CIP-Titelaufnahme der Deutschen Bibliothek

*Schneider, Christian Immo:*
Hermann Hesse / Christian Immo Schneider. –
Orig.-Ausg. – München : Beck, 1991
  (Beck'sche Reihe ; 620 : Autorenbücher)
  ISBN 3-406-33167-X

NE: GT

Originalausgabe
ISBN 3 406 33167 X

Einbandentwurf: Uwe Göbel, München
Umschlagbild: Hermann Hesse (Photo von Martin Hesse)
© C. H. Beck'sche Verlagsbuchhandlung (Oscar Beck), München 1991
Gesamtherstellung: Appl, Wemding
Printed in Germany

# Inhalt

# I. Vorbemerkung

Als Hermann Hesse 1962 mit 85 Jahren starb, hinterließ er ein Werk von fast 40 Büchern: Romane, Erzählungen, Gedichte, Betrachtungen, die (einer Schätzung Anno 1987 gemäß), in über 70 Millionen Exemplaren rund um den Globus verbreitet sind. Nur etwa der fünfte Teil dieser Gesamtauflage entfällt auf deutsche Ausgaben. Hesses Resonanz im Ausland (16 Millionen seiner Bücher in den USA, in Japan 15 Millionen, in Lateinamerika 6 Millionen) hat inzwischen auch wieder auf sein eigenes Sprachgebiet zurückgewirkt. Die Gesamtauflage seiner deutschen Bücher seit 1970 beträgt mehr als 12 Millionen. Das ist allein innerhalb der letzten 15 Jahre mehr als das Dreifache dessen, was zu Hesses Lebzeiten, von der Jahrhundertwende bis 1962, erschienen war.

Seine Schriften sind in mehr als 40 verschiedene Sprachen übersetzt, darunter auch in acht indische Sprachen, was Hesse, ungeachtet seiner zeitweiligen Unterschätzung im deutschen Sprachraum, besonders in den Fünfziger- und Sechzigerjahren, zum populärsten deutschsprachigen Schriftsteller unseres Jahrhunderts in aller Welt erhebt. Seit der Jahrhundertwende wurden zahllose Bücher, Hunderte von Dissertationen und viele Tausend Beiträge über ihn und sein Werk im Rahmen in- und ausländischer Zeitungen und Fachzeitschriften veröffentlicht.

Hesses schriftstellerisches Gesamtwerk liegt noch immer nicht abgeschlossen vor. So ist bislang nur der erste von 5 Bänden erschienen, die mit seinen rund 3000 Buchrezensionen bekanntmachen sollen. Auch ist einstweilen nur ein Drittel von etwa 15 000 aufgefundener Briefe publiziert worden. Insgesamt soll er im Laufe seines Lebens schätzungsweise 35 000 Briefe und Antwortschreiben verfaßt haben. Sein Nachlaß wurde in den letzten drei Jahrzehnten im Suhrkamp

Verlag vorbildlich ediert. Hinzu kommen ausführliche Materialienbände zu einzelnen Werken sowie illustrierte Monographien und audiovisuelle Dokumentationen.

Da eine kritische Ausgabe sämtlicher Werke noch nicht vorliegt, wird im Folgenden nach der 1987 neu aufgelegten Werkausgabe von 1970 in 12 Bänden zitiert. Statt in Form von Anmerkungen erscheinen anderweitige Zitatnachweise mit Werksigeln eingeklammert – man vergleiche dazu die Auswahlbibliographie am Ende der Darstellung.

Dieses Autorenbuch ist das Ergebnis über vierzigjähriger Beschäftigung mit Hermann Hesse. Als Einführung in sein Leben und Werk sowie auch in dessen Rezeptionsgeschichte und Kritik wendet es sich an eine möglichst breite Leserschicht. Aber auch Hessekenner und namentlich Leser, die sich lange nicht mit diesem Autor auseinandergesetzt haben, dürften überrascht sein, wie grundlegend sich unterdessen das Hessebild gewandelt hat, bedingt zum einen durch die erst posthume Veröffentlichung eines schriftstellerischen Nachlasses, der quantitativ etwa das Doppelte dessen umfaßt, was zu Lebzeiten des Dichters in Buchform vorgelegen hatte, zum andern durch die „Hesse-Renaissance" in Amerika und ihre Auswirkung auf andere Länder. Internationale Anerkennung hat Hesse mittlerweile auch als Maler durch Ausstellungen in Europa, Ostasien und Amerika gefunden. Entsprechend hat man die Signifikanz und besonders auch die sprachliche Brisanz der „politischen" Schriften dieses angeblich „apolitischen" Denkers erkannt, ebenso wie seine Qualifikationen als Herausgeber, Übersetzer, Literaturkritiker, Musikkenner, Humorist und universal gebildeter Humanist. Sein Werk ist mehr als nur Literatur. Es ist zur eigentlichen Lebenshilfe für Millionen geworden. Besonders sein erst unlängst erschlossenes Briefwerk führt weit über den literarischen Rahmen hinaus und zeichnet Hesse als einen in hohem Maße mitlebenden, mitfühlenden, dabei aber stets selbständig denkenden Zeitgenossen und Menschenfreund aus. Der einst als „Heiliger der Hippies" verspottete Autor ist derzeitig, wie die periodisch veranstalteten Internationalen Hesse-Kolloquien in seiner Heimatstadt die Wahl ihrer Ehepartner zusammen. 1865 heiratet sie den in London geborenen Missionar Charles Isenberg (1840–70), widmet sich mit ihm zusammen der Missionsarbeit in Heiderabad, muß aber überstürzt nach Europa zurückreisen, wo Isenberg stirbt. Aus dieser Ehe stammen die beiden Halbbrüder Hermann Hesses: Theodor und Karl Isenberg.

Vier Jahre nach dem Tod ihres ersten Gatten heiratet sie Johannes Hesse, den Vater des Dichters. Sie hatte ihn in ihrem Elternhaus in Calw kennengelernt, der Geburtsstadt Hermann Hesses, dem zweiten Kind aus ihrer zweiten Ehe. Johannes Hesse, ein durchgeistigter Gelehrtentyp von asketischem Aussehen und entsprechend disziplinierten Lebensformen, war 1847 in Weißenstein (Estland) als fünftes Kind des Arztes Dr. Carl Hermann Hesse und seiner Frau Jenny, geb. Laß (slawischen Einschlags), zur Welt gekommen. 1865 bewarb sich Johannes Hesse um die Aufnahme in die Basler Missionsanstalt, weil er sich nach einer „korporativen Gemeinschaft" sehnte, in der sein „Ich verschwinden" würde – jener „Eigenwille" also, den sein Sohn Hermann zeitlebens gerade zu behaupten trachtete. Nach seiner Ordination in Heilbronn reist Johannes Hesse 1869 nach Indien, wird Sprachlehrer am Predigerseminar in Mangalore, wo er sich dem Studium der kanaresischen Sprache widmet, aus gesundheitlichen Gründen jedoch nach Europa zurückkehren muß; ab 1873 ist er als Gehilfe seines Schwiegervaters, Dr. Hermann Gundert, innerhalb des Calwer Verlags der Vereinsbuchhandlung für die Schriftleitung des ‚Missionsmagazins' mitverantwortlich. Von 1881–86 obliegt Johannes Hesse seinem Lehrauftrag für Missionsgeschichte an der Missionsschule in Basel, wo auch der junge Hermann mit zwei Schwestern und einem jüngeren Bruder (zwei weitere Geschwister waren kurz nach ihrer Geburt verstorben) seine Kindheit verlebt. Danach zieht die ganze Familie endgültig nach Calw zurück. Dort entfaltet der Vater seine vielseitige Missionstätigkeit und publizistische Arbeit und leitet von 1893–1905 als Nachfolger von Hermann Gundert die Verlagsbuchhandlung. Er verstarb 1916 in Korntal, seine Frau bereits 1902 in Calw.

Ihr Sohn Hermann trägt demnach die Namen seiner beiden Großväter. Dr. Carl Hermann Hesse, den Großvater väterlicherseits (1802–96), hat er nie persönlich kennengelernt, jedoch seine verwandtschaftlichen Beziehungen zum Osten – Estland war seit 1721 russisch – durch zeitlebens reges Interesse für die Literatur und Politik Rußlands auszuschöpfen versucht. Auch Dr. med. C. H. Hesse blieb als russischer Land- und Staatsarzt seinem Charakter nach unberührt vom zunehmend positivistisch-materialistischen Denken seiner Zeit. Er hielt in seinem Hause regelmäßig Bibelstunden ab, gründete 1833 ein Waisenhaus und übte mit einem heute unter Ärzten nur noch selten anzutreffenden Berufsethos seine Praxis getreu bis zu seinem Tode aus.

Dr. Hermann Gundert, der Großvater mütterlicherseits (1814–93), war vermutlich der am meisten wesensverwandte Familienangehörige, mit dem der junge Hesse in Calw in unmittelbare Berührung kam. Gebürtiger Stuttgarter, besuchte er, wie später sein berühmter Enkel, das Maulbronner Seminar, verfaßte, vielseitig begabt, Dramen (u. a. ‚Peter der Große‘) und Gedichte, studierte als Anhänger von David Friedrich Strauß in Tübingen Theologie und promovierte zum Dr. phil. Später jedoch kehrte er sich auf Grund eines Erweckungserlebnisses entschieden von seinem Lehrer ab, dessen Hauptwerk: ‚Das Leben Jesu, kritisch bearbeitet‘, bereits 1835 erschienen war, und bekämpfte in zahlreichen auflagestarken Buchpublikationen und in seiner Zeitschrift ‚Das christliche Missionsblatt‘ die rationalistischen Tendenzen der zeitgenössischen Theologie. Einen Namen aber hat er sich, völlig unabhängig von seinem Dichter-Enkel, durch seine Missionsarbeit in Indien sowie als Sprachforscher, Sanskritist, Indologe, Lexikograph und Übersetzer gemacht. Mit der deutschen, englischen, französischen und italienischen Sprache vertraut, predigte er fließend auch in Hindostani, Malayalam und Bengali. Fast ebenso gut beherrschte er Kannada, Telugu und Tamil und verfügte über Kenntnisse von mindestens einem weiteren Dutzend Sprachen und Dialekten. „Er sprach nicht nur mit indischen Brahmanen Sanskrit", schreibt Hermann Hesse 1960

*Die Familie Hesse in Calw (1889). Von links nach rechts: Hermann Hesse, der Vater Johannes Hesse, die Schwester Marulla, die Mutter Marie Hesse, die Schwester Adele und der Bruder Hans*

an seinen Vetter Wilhelm Gundert, den bekannten Japanologen, „er erwarb sich auch eine innige, geradezu verliebte Vertrautheit mit der vielfarbigen Welt indogermanischer Sprachen, die sich ihm erschlossen, nicht nur ihrer Grammatik und ihrem Vokabular, sondern auch ihrer Haut, ihrem sinnlichen Reiz, ihrem Spieltrieb, ihrer Musik." (B IV, 384) Zu den lexikographischen Leistungen Hermann Gunderts gehören vor allem seine Malayalam-Grammatik und sein indisch-englisches Malayalam-Wörterbuch, das 1872 nach 25jähriger Vorarbeit erschien und bis heute Standardwerk geblieben ist.

Während er in Indien, besonders in Kerala, schon längst als bekannte Größe gilt, wird man sich in Deutschland dieses bedeutenden Sprachgelehrten, unabhängig von seiner Eigenschaft als Großvater Hermann Hesses, dieser Tage überhaupt erst bewußt. In mühevoller Kleinarbeit hat der Indologe und Theologe Albrecht Frenz den Nachlaß von Hermann Gundert, wie sein ‚Tagebuch aus Malabar 1837–59‘, ‚Schriften und Berichte aus Malabar‘ und das ‚Calwer Tagebuch 1859–1893‘ musterhaft ediert und im Stuttgarter Steinkopf-Verlag (1983–86) publizieren können. Sie bieten Fachgelehrten ebenso wie interessierten Laien Einblicke in die Lebens- und Arbeitsweise dieser über nationale und religiöse Grenzen weit hinausführenden Persönlichkeit des 19. Jahrhunderts. Hesses Großvater Gundert war bei aller Frömmigkeit, seinem Sinn für Gehorsam und Autorität doch auch eine große Weite des Geistes und Gemüts eigen, verbunden mit einer kindlich-genialen, fast jugendlichen Frische und spielerischen Phantasie, eine tiefe Liebe zur Musik und schöpferischer Humor – Eigenschaften, die sich, individuell modifiziert, als Erbgut auch bei Hermann Hesse wiederfinden.

Seine Großmutter mütterlicherseits, Julie Gundert, geb. Dubois (1809–85) stammte aus einer Winzerfamilie in der Gegend von Neuchâtel. Mit ihr kam ein französisch-schweizerisches Element ins Familienerbe, das sich bei ihrem Enkel in seiner Neigung auch zum Westen Europas und intensiven Beschäftigung mit französischer Sprache und Literatur, reflektiert in seinem freundschaftlichen Briefwechsel mit Romain

Rolland und André Gide, widerspiegelt. Julie Gundert war strenge Calvinistin und auch ihrerseits als Missionarin in Indien tätig, wo sie zeitweise eine von ihrem Mann gegründete „Mädchen-Anstalt" leitete. Lebensgrundlage für Hesses Eltern sowie beide Großeltern bildete demnach das protestantische Christentum pietistischer Prägung. Auch ihre Nachkommen in seinem Geiste zu erziehen, war, zumal in damaliger Zeit, ein durchaus legitimes Unterfangen. Es bereitete auch Hesses Schwestern, der älteren Adele (1875–1949) und der jüngeren Marulla (1880–1953) keine weiteren Probleme. Im Gegenteil: sie erhielten dadurch jenen heutzutage in lockeren Familienverhältnissen nicht selten fehlenden religiösen Halt, an dem sie ihr Leben lang festhalten konnten.

Nach mißlungenen Versuchen, die Künstlerlaufbahn einzuschlagen, fanden auch ihre Halbbrüder, der ältere, Karl, als Apotheker, der jüngere, Theodor, als Philologe den Weg in eine bürgerliche Existenz. Nur Hesses jüngerer Bruder Hans (1882–1935) vermochte sich in seinem vom „Familienrat" beschlossenen Kaufmannsberuf – gegen seine künstlerisch-spielerischen Neigungen und trotz seiner verständnisvollen eigenen Familie – im Leben nur vorübergehend durchzusetzen. Auch seine bis zuletzt aktive Zugehörigkeit (und scheinbare Geborgenheit) zu einer Christengemeinde vermochte ihn am Ende nicht vom Selbstmord abzuhalten. Sein Bruder Hermann war mehrmals nahe daran, dem gleichen Schicksal zu erliegen. Daß es ihm erst nach schweren inneren Kämpfen, auch gegen die über ihn verhängten Erziehungsbeschlüsse seiner Eltern endlich gelingt, seinen Willen durchzusetzen, kann nicht allein mit seinem Eigensinn und dem ausgeprägten Bewußtsein für seine Berufung erklärt werden. Schon seit seinem 13. Lebensjahr war ihm „das eine klar" gewesen: „entweder ein Dichter oder gar nichts" werden zu wollen.

Sein Ungehorsam gegen die Familientradition erscheint in größerem Zusammenhang als konsequenter Bruch mit den Normen eines zuendegehenden Jahrhunderts – eines Aufbruchs in eine neue Zeit. Der Ausspruch Arthur Rimbauds, wonach der Dichter „das Maß des Unbekannten" bestimme, wie „es zu seiner Zeit in der allumfassenden Seele" erwache, trifft auch auf den Menschen und Dichter Hermann Hesse zu, unterscheidet ihn aber auch von noch radikaleren ebenso wie konservativeren Zeit- und Zunftgenossen.

Hesse gehört zur Generation von Thomas Mann, Rilke und Hofmannsthal. Zur Zeit seiner Geburt überschneiden sich verschiedene literarische Strömungen innerhalb der europäischen und deutschen Literaturgeschichte. Mit Eduard Mörikes Tod (1875) ging die spätromantische Epoche im literarisch so besonders regsamen schwäbischen Dichterkreis zuende. Auch lebten im Norden noch immer Theodor Storm und in der Schweiz Gottfried Keller, die beiden „romantischen Realisten". Kellers ‚Zürcher Novellen' erschienen im Geburtsjahr Hesses, desgleichen Storms Novelle ‚Carsten Curator', im gleichen Jahr aber auch ‚L'assomoir' von Emile Zola, der damit seinen Ruhm als Naturalist begründete, wie er in der Folgezeit Einfluß auf bestimmte Bereiche der europäischen Literatur gewann. 1877 ist ferner das Erscheinungsjahr von Henrik Ibsens ‚Stützen der Gesellschaft' – ein Drama, das die brüchige Moral und Lebenslüge der damaligen Gesellschaft aufzudecken sucht. Auch Dostojewski lebte noch. Sein Roman ‚Die Brüder Karamasow', der Hesse später so angelegentlich beschäftigen wird, erschien (unvollständig) 1880. Man hat in Dostojewski einen Vorläufer der Psychoanalyse gesehen. Jedenfalls ging Hesse an ihm ebenso wie an Sigmund Freud, der Ibsens „Lebenslüge" als „Verdrängung" begriff, wie jeder bedeutende Literat der Moderne, nicht unbeeinflußt vorbei. Hesse war dafür durch Introspektion und Selbstanalyse als Grundlage auch seiner pietistischen Erziehung besonders empfänglich.

Namentlich begleiten Hesse bis in seine Zwanzigerjahre als lebende Zeitgenossen die beiden Lehrer, denen er einen wesentlichen Teil seiner philosophischen und geschichtsphilosophischen Grundlagen verdankt: Jacob Burckhardt (1818–97) und Friedrich Nietzsche (1844–1900). Besonders Nietzsche, der in seinen ‚Unzeitgemäßen Betrachtungen' den Sieg Preußens im deutsch-französischen Krieg als „Exstirpation des deutschen Geistes zugunsten des deutschen Reiches" geißelte, setzte sich damit in einen ähnlich markanten Gegensatz zur öffentlichen Meinung wie später Hesse mit seiner während des I. Weltkrieges ausgesprochenen Kritik an der nationalistischen Mentalität seiner Landsleute. Einen Sieg zugleich als Niederlage zu betrachten und umgekehrt Zeiten der tiefsten Demütigung als Vorbereitungszeit auf eine geistige Erneuerung hin: dieses dialektische Denken, gleichgültig ob aus der Schule von Plato, Hegel oder Marx, chinesischer Weiser und indischer Religionsdenker, durchzieht Hesses Schriften als roter Faden von Anfang bis Ende, nur daß es ihm dabei nicht allein darum geht, unaufgelöste Dissonanzen aufzuzeigen und auf sich beruhen zu lassen, sondern sie stets als nurmehr verschiedene Aspekte eines und desselben Phänomens zur Synthese zu bringen.

Vom steigenden Aufschwung des Wirtschaftslebens nach der Reichsgründung war im Kreis der Familie Hesse, die grundsätzlich viel mehr um die Pflege und Bewahrung geistig-religiöser als um materielle Werte besorgt war, kaum je die Rede. Auch gegen den rasanten Fortschritt in Naturwissenschaft und Technik, besonders in den beiden letzten Dekaden vor der Jahrhundertwende, hat sich Hesse damals wie auch später skeptisch verhalten, ohne durch Wort und Tat offen dagegen zu kämpfen. (Daß er es indirekt dennoch tat, davon wird später noch die Rede sein.) Wie sehr er auf geistig-kultureller und auf sozialer Ebene die Vereinigung von Gegensätzen befürwortete, so hatte er doch – hierin ein typischer Süddeutscher – nichts übrig für die Einigung des Deutschen Reiches unter preußischer Hegemonie. Bismarck und den Kaiser hat er nie geliebt und sogar Reisen nach Berlin tunlichst vermieden. So hatte auch Württemberg unter Karl I. (1864–91) 1866 gegen Preußen gekämpft und war 1871 „freiwillig gezwungen" ins Reich eingetreten.

Die Stadt Calw zählte rund 20 Jahre vor Hesses Geburt ganze 1483 Einwohner, 1436 Protestanten und 47 Katholiken. Ihre geographisch reizvolle Lage im Tal des Nagoldflüßchens zu Füßen beiderseits „seltsam schöner Hügelfluchten" des nördlichen Schwarzwaldes, dazu ihre traditionsreiche Geschichte und die originellen Bewohner treten immerfort in Hesses Dichtungen auf. Begründet durch eines der ältesten Gaugrafengeschlechter des Herzogtums Schwaben im 12. Jahrhundert, hatte Calw Mitte des 13. Jahrhunderts schon Stadtrecht erhalten und kam 1308 in den Besitz der Grafen von Württemberg. Heimsuchung durch die Pest, Ausplünderung und Brandschatzung durch kaiserliche Truppen im Dreißigjährigen Krieg machten die Stadt zum geeigneten Gegenstand für jenes ‚Klagelied über der statt Calw laidigen undergang‘, verfaßt von Johann Valentin Andreä (1586–1654), Reorganisator der württembergischen Kirche und Vorläufer des Pietismus, der als Dekan in Stadt und Oberamt wirkte. Im 17. und 18. Jahrhundert wurde Calw zum Handels- und Industriezentrum Alt-Württembergs und erhielt überregionale, sogar internationale Bedeutung durch die Finanz- und Wechselgeschäfte der sogenannten „Calwer Compagnie": Bankier der Herzoglichen Regierung, wie die Fugger und Welser in Augsburg einstmals für den Römischen Kaiser Deutscher Nation. Hinzu kommt eine Holzhandelsgesellschaft und Flößerei sowie Textilfabriken mit Gerbereien, die bis ins 20. Jahrhundert fortbestehen ebenso wie Hesses Bezeichnung „Gerbersau" für diese seine Heimatstadt. Ob er dies nur nostalgisch oder auch humoristisch meinte in Gedanken daran, daß ihm dort ja auch selbst „das Fell gegerbt" wurde, mag der Leser selbst ermessen. Jedenfalls „fühlte ich mich dort wohl", so schreibt der Dichter selbst in ‚Peter Bastians Jugend‘ (1902), „denn die Menschen waren beweglicher, weitgereister und freier als auf dem Lande." (PN, 57)

Hesse war in den ersten Jahren seiner Kindheit bis in seine Pubertät hinein ein überempfindsames, äußerst eigenwilliges Kind, das seinen Eltern und Lehrern beträchtliche Erziehungsschwierigkeiten bereitete. Schon 1881 spürt seine Mutter, daß ihrem Sohn eine ungewöhnliche Zukunft bevorsteht. In der ihr eigenen Denkweise berichtet sie darüber ihrem Mann: „Bete Du mit mir für Hermännle ... Der Bursche hat ein Leben, eine Riesenstärke, einen mächtigen Willen und ... ganz erstaunlichen Verstand für seine 4 Jahre. Wo will's hinaus? ... Gott muß diesen stolzen Sinn in Arbeit nehmen, dann wird was Edles und Prächtiges daraus, aber ich schaudere beim Gedanken, was bei falscher und schwacher Erziehung aus diesem passionierten Menschen werden könnte." (A. G., 208)

Die Erziehungsmethoden der Eltern jedoch konnten, bei aller guten Absicht, diesem so schwer lenkbaren Kinde gegenüber nicht gerecht werden, gründeten sie doch in der von Pietisten vertretenen Ansicht, etwa aufsässigen Eigenwillen nach Möglichkeit schon im ersten Trotzalter radikal zu brechen. So überlegte Johannes Hesse zwei Jahre später in Basel, da er sonst keinen anderen Rat wußte, das unbändige Kind zur Erziehung außer Haus zu geben. Doch schien Hermann 1886, nach der Rückkehr der Familie nach Calw, lenksamer geworden zu sein. Er tritt 1888 in das Calwer Gymnasium ein, das er ungern besucht, es aber mühelos erreicht, zu den Ersten seiner Klasse zu gehören. Neben privater Unterweisung im Geigenspiel erhält er vom Vater zusätzliche Latein- und Griechischstunden und von Februar bis Juli 1890 ein gezieltes Training auf das Landexamen hin, unter der Leitung von Rektor Bauer – einer der wenigen von Hesse geschätzten Lehrerpersönlichkeiten. Hesses Karriere schien vorgeschrieben. Sie sollte die für so viele schwäbische Pfarrerssöhne gangbare sein: über das Landexamen zum Seminar und dann zum evangelisch-theologischen Stift nach Tübingen. Bis dorthin hatte es einst auch der als Schüler keineswegs so wie Hermann Hesse glänzende Eduard Mörike gebracht.

Es sollte anders kommen. Hesse besteht zwar das Landexamen in Stuttgart und tritt im September 1891 auch in das Seminar Maulbronn ein. Es war ein Bildungsinstitut, worin sich mittelalterliche Zisterzienserkultur, klassische Bildung und schwäbischer Pietismus miteinander verbanden. Ein halbes Jahr später aber entweicht der junge Hesse ohne sichtlichen äußeren Anlaß. Er wird erst am nächsten Tag nach angestrengter Suchaktion von einem Landjäger eingefangen und ins Seminar zurückgebracht. Seine Lehrer behandeln den Jungen verständnisvoll und brummen ihm nur „wegen unterlaubten Entweichens aus der Anstalt" acht Stunden Karzer auf. Während Hesses Eltern, tief bestürzt über das Verhalten ihres

Sohnes, Gott und alle Engel anflehen, das „Gericht" noch einmal gütlich ausgehen zu lassen, bezeichnet Großvater Gundert beim Wiedersehen in Calw die Eskapade seines Enkels humorvoll als „Geniereisle". Unterdessen jedoch beginnen die Lehrer des Seminaristen Hesse, der seit seiner Wiederkehr an Depressionszuständen leidet, ernstlich an dessen Geisteszustand zu zweifeln und sind daher höchlich erleichtert, als die Eltern den Jungen aus Maulbronn wegholen und zur „Kur", d. h. „zum Teufelaustreiben" zu Pastor Christoph Blumhardt nach Bad Boll verfrachten. Der Erfolg: ein Selbstmordversuch, der um ein Haar auch gelungen wäre, wenn der Revolver nicht versagt hätte. Hermann wird daraufhin in die Nerven-(sprich: Irren-)Anstalt in Stetten eingeliefert. Obschon ihn seine Eltern brieflich immer wieder ihres Verständnisses versichern und dem „lieben Hermann" versprechen, sobald er sich „einige Monate in Selbstbeherrschung und Gehorsam bewährt", auf ein Gymnasium gehen zu lassen, schreibt der Fünfzehnjährige am 14. 9. 1892 an den Vater: „Sehr geehrter Herr! Da Sie sich so auffällig opferwillig zeigen, darf ich Sie vielleicht um 7 M(ark) oder gleich um den Revolver bitten. Nachdem Sie mich zur Verzweiflung gebracht, sind Sie doch wohl bereit, mich dieser und sich meiner rasch zu entledigen. Eigentlich hätte ich ja schon im Juni krepieren sollen." (KJ I, 268) Eine erneute Selbstmorddrohung. Glücklicherweise erlauben ihm die Eltern auf seine dringenden Bitten hin, nach Calw zurückzukehren. Von November 1892 bis Oktober 1893 besucht er das Canstatter Gymnasium. Mit seinem vorzeitigen Austritt (Obersekundareife) endet seine formale Schulbildung. Es folgt eine Lehrzeit in einer Buchhandlung in Eßlingen, endet aber abrupt schon nach vier Tagen. Der nur herumbummelnde Hermann wird von seinem Vater in Stuttgart lokalisiert und zur Untersuchung seines Geisteszustandes zu Dr. Zeller in Winnenthal geschickt. Dort verbringt er die nächsten Monate mit Gartenarbeit, darf danach aber wieder zu seinen Eltern, wo er seinem Vater im Calwer Verlagsverein zur Hand geht und begierig in der immensen Bibliothek seines Großvaters Gundert herumschmökert. Der Bitte des Siebzehnjährigen, das

Elternhaus verlassen und sich in „Freiheit" auf eine literarische Laufbahn vorbereiten zu dürfen, gibt der gestrenge Vater noch immer nicht statt. So wird Hermann zunächst Praktikant in Heinrich Perrots mechanischer Turmuhren-Werkstätte in Calw und plant in dieser Zeit seine Auswanderung nach Brasilien. Ein reichliches Jahr später jedoch gibt er das Praktikum auf und beginnt im Oktober 1895 eine dreijährige Buchhändlerlehre bei Heckenhauer in Tübingen.

Soweit die wichtigsten Fakten von Hesses Kindheit und Jugendkrisen, die bis in alle Einzelheiten in dem noch von Ninon Hesse edierten Sammelband ‚Kindheit und Jugend vor Neunzehnhundert' dokumentiert sind. Mit seiner konsequent durchgeführten Buchhändlerlehre in Tübingen und seiner späteren Übersiedlung nach Basel ist Hesse selbständig geworden. Es mangelt ihm auch in Zukunft nicht an inneren und äußeren Lebens- und Berufskrisen, schlagen doch auch seine künftigen Versuche fehl, sich bürgerlichen Existenzformen dauernd anzupassen und ein „normales" Leben zu führen.

Aus einer längst zur Geschichte gewordenen Epoche führt Hesses Lebensweg von Tübingen nochmals für einige Jahre (als Sortimentsbuchhändler und Antiquar) nach Basel zurück, sodann (als freier Schriftsteller) und jung verheiratet ans deutsche Bodenseeufer nach Gaienhofen, bis er sich, von einer Reise nach Indien zurückgekehrt, ab 1912 endgültig in der Schweiz niederläßt, zunächst in Bern, dann im Tessin. Ab 1924 besitzt er wiederum die schweizer Staatsbürgerschaft, die er als Schüler, des Landesexamens wegen, vorübergehend mit der württembergischen hatte vertauschen müssen. Seine beiden Ehen mit Schweizerinnen werden wieder geschieden. Aus seinem ersten Lebensbund mit Maria, geb. Bernoulli (1869–1963) gehen drei Söhne hervor: Bruno (geb. 1905), Heiner (geb. 1909) und Martin (1911–68). Seine zweite Verbindung mit der 20 Jahre jüngeren Ruth, geb. Wenger (geb. 1897) dauert nur wenige Jahre. Erst seine dritte Frau Ninon, geb. Ausländer, geschiedene Dolbin (1895–1965), österreichische Kunsthistorikerin jüdischer Abkunft, bleibt dem Dichter bis zu seinem Lebensende nah.

Seit seinen ersten literarischen Erfolgen fand Hesse eine ständig wachsende Leserschaft, zunächst im deutschsprachigen Raum, noch vor dem I. Weltkrieg in anderen europäischen Ländern und auch schon in Japan, seit der Verleihung des Nobelpreises für Literatur (1946) in der ganzen Welt. Als er diese international so prestigereiche Auszeichnung erhielt, war die erste Atombombe gefallen und die Welt im Begriff, sich in zwei entgegengesetzte Lager zu spalten. Doch war es zunächst merkwürdig still um ihn geworden, als er, „Sage halb, halb Spottfigur den Jungen" (wie er sich selbst einst im Gedicht des alten Orgelspielers bezeichnet) am 9. August 1962, kurz nach seinem 85. Geburtstag, in Montagnola an einer Hirnblutung verstarb.

# III. Das Werk

## 1. Lyrik

Hesses literarische Anfänge reichen bis in seine frühe Kinderzeit zurück. So berichtet seine Mutter, wie der vierjährige „Kramp" oft lange aus dem Stegreif „ganz nette Sachen und Reime" singe. Das Reimen, sei es in deutscher oder lateinischer Sprache, fiel Hesse während seiner Schulzeit überhaupt leicht. Manches Schulheft wurde mit Gedichten und Geschichten gefüllt.

Hesse ist im In- und Ausland hauptsächlich als Prosaschriftsteller bekannt, als Romancier, Erzähler, Essayist, weniger als Lyriker. Dabei hat er im Laufe seines Lebens mehr als 11 000 Verszeilen geschrieben. In der Einführungsrede zur Verleihung des Nobelpreises hieß es ausdrücklich: sein Ruf als Prosaschriftsteller sei nicht einhellig, unbestritten jedoch sein Dichtertum. Hesses Lyrik bildet ein wichtiges Kapitel in seinem Gesamtwerk, zumal sein erstes gedrucktes Werk vermutlich das Poem ‚Madonna' war (erschienen in der Wiener Zeitschrift ‚Das deutsche Dichterheim'); und noch am Vorabend seines Todes schrieb er die dritte Fassung seines letzten Gedichtes ‚Knarren eines geknickten Astes' nieder. Zahlreiche Aufsätze, Untersuchungen und sogar Dissertationen beschäftigen sich mit bestimmten Aspekten von Hesses Lyrik, auch Interpretationen einzelner Gedichte liegen vor, aus neuester Zeit besonders die Dokumentation und Interpretation von Peter Spycher ‚Eine Wanderung durch Hermann Hesses Lyrik' (1990).

In Amerika etwa gilt lyrische Dichtung, wie die prominente Literatin, Annie Dillard, formulierte, nurmehr als „arme, wenn auch über allen Tadel erhabene, Verwandte der Prosadichtung". So verwundert es nicht, daß auch Hesses Gedichte im deutschsprachigen Raum und erst recht im Ausland, wenn

23

überhaupt, höchstens in Auswahl und in mehr oder weniger kongenialen Übersetzungen bekannt sind.

Hugo Ball, des Dichters erster Biograph, war der Ansicht, daß Hesses Lyrik „das jugendliche Volkslied in unendlicher Variation" sei, und noch mehr: nämlich „dessen Höhe und Tiefe, dessen Geheimnis und Interpret". Durchblättert man eine zeitgenössische Sammlung deutscher Volkslieder wie die von Ernst-Lothar von Knorr bei Reclam herausgegebene, so fallen als Hauptmotivgruppen die folgenden auf: Viva la musica! Morgen, Abend, Heimat und Wandern, Jahreszeiten, Liebe, Abschied, geistliche Lieder etc. Unter den Text- und Liederdichtern sind anonyme, unbekannte und auch sehr berühmte: Luther, Paul Gerhardt, Goethe, Heine, Eichendorff, Heinrich Isaac, Mozart, Schubert u. a. – Namen also, die keineswegs nur aus dem Umkreis der Romantik stammen, mit der man Motive wie Natur und Wandern, Liebe, Tod, Nacht und Vergänglichkeit vorzugsweise assoziiert. Auch die von Arnim und Brentano zusammengestellte Volkslieder-Sammlung ‚Des Knaben Wunderhorn' erweist sich als zeitlos gültig. Dies gilt für den Inhalt ebenso wie für die sprachliche Form. Es sind Existenzerlebnisse und Probleme, die einen jeden angehen, geschrieben in einer allgemeinverständlichen Dichtersprache.

Zu Lebzeiten Hesses sind vierzehn Buchausgaben seiner Gedichte erschienen, angefangen mit den ‚Romantischen Liedern' (1899) bis hin zu ‚Stufen' (1961); eine Sammlung später Gedichte wurde erst posthum veröffentlicht (1963). Man hat verschiedentlich in der Hesseforschung die überaus zahlreichen Gedichte in drei organisch aufeinander folgende Entwicklungsstufen eingeteilt. Eine erste, die man zwischen 1895 und 1917 ansetzen kann, umfaßt Hesses Jugendlyrik bis zu seiner einschneidenden Lebenskrise während und am Ende des I. Weltkriegs. Seine Erstveröffentlichung, die ‚Romantischen Lieder' (auf Selbstkosten bei E. Pierson in Dresden gedruckt), waren während seiner Buchhändlerlehre in Tübingen entstanden, und zwar aus der autodidaktischen Beschäftigung mit klassischer und romantischer Dichtung, besonders mit Goethe,

Welkes Blatt

Jede Blüte will zur Frucht,
Jeder Morgen Abend werden,
Ewiges ist nicht auf Erden
Als der Wandel, als die Flucht.

Auch der schönste Sommer will
Einmal Herbst und Welke spüren.
Halte, Blatt, geduldig still,
Wenn der Wind dich will entführen.

Spiel dein Spiel und wehr dich nicht,
Laß es still geschehen,
Laß vom Winde, der dich bricht,
Dich nach Hause wehen.

Hermann Hesse

*Faksimile des Gedichtes ‚Welkes Blatt'*

Clemens Brentano, Heine und insbesondere Novalis. Es sollte „kein Kunterbunt, sondern ein Ganzes, eine Reihe von Tönungen und Variationen desselben romantischen Grundmotivs werden", wie Hesse 1898 an seine Mutter schrieb, die das Büchlein zwar verständnisvoll aufgenommen, aber „der Dichtung höheren Inhalt" gewünscht hatte. (KJ II, 304 f., 306)

Doch welches „romantische" Grundmotiv ist eigentlich im Spiel? Man sollte hier schon sehr vorsichtig sein und Hesses Lyrik nicht von Anfang an als bloße Imitation romantischer Vorbilder interpretieren; weder die Heimwehsehnsucht des Novalis, noch Heines zwiespältige Ironie, auch nicht Brentanos romantische Religiosität sind für den jungen Hesse verbindlich gewesen. Im Gegenteil: Er hatte damals schon zu den Romantikern ein eher kritisch-distanziertes Verhältnis. „Im Prinzip sind mir die Romantiker zuwider", schreibt der Zwanzigjährige an Theodor Rümelin, „doch liebe ich Einzelne, vor allem Uhland und Eichendorff. Tieck kann ich nicht leiden ... Überhaupt kann es einem nicht lange wohl sein im engen Gärtchen der Romantiker, in diesem aus dem Moder beschworenen Tand, in diesem Weihrauchqualm." (KJ I, 472) Man lese etwa eines der ‚Chopin' überschriebenen romantischen Lieder, die Eingangsstrophe zu ‚Grande Valse':

> Ein kerzenheller Saal
> Und Sporengeläut und Tressengold.
> In meinen Adern klingt das Blut.
> Mein Mädchen, gib mir den Pokal!
> Und nun zum Tanz! Der Walzer tollt;
> Erhitzt vom Wein mein Brausemut
> Nach aller ungenossenen Lust begehrt –
> Vor den Fenstern wiehert mein Pferd.
> (G I, 13)

Das sind Verse, die weder im Inhalt noch in der Sprache an bekannte romantische Vorbilder erinnern, sondern eher an die (zwei Jahre später erschienene) impressionistische Prosa von Rilkes ‚Cornet'. Höchstens das musikalische Sujet bei Hesse, das Singende und Klingende seiner Verse, kann als Charakteristikum romantischer Dichter, aber auch anderer Epochen verstanden werden, in denen die Musikalität der Sprache die Lyra ersetzt, das ursprünglich in der Antike verwendete Begleitinstrument. Jedes Hessegedicht sollte laut gelesen werden, um es erst richtig zu würdigen, nicht nur vom Gedankeninhalt her. Denn, wie Hesse selbst in der ‚Vorrede eines Dichters zu seinen ausgewählten Werken' (1921) bestätigt: „Lyrik ist nicht bloß Versbauen, sondern vor allem Musikmachen." (XI, 10)

Es ist der Ausdruck für „ein großes innerliches Ergriffensein"
(Helene Voigt-Diederichs), die visuelle Bildkraft der Stimmung
und in unverkünstelter Sprache dargebotene „Ich-Ergießung",
welche die Gedichte aus Hesses erster Schaffensperiode als
„Bruchstücke einer großen Konfession" im Sinne Goethes charakterisiert. Und was sich als Grundmotiv oder „Hauptstück"
von Hesses „Romantik" herausstellt, ist „liebevolle Pflege der
Sprache", die ihm wie „eine rare Geige" erscheint, bei der „eine lange Geschichte und Ausbildung mit der treuesten Pflege
und der geübtesten Hand zusammenwirken muß, um Leben
und Wohllaut zu haben". (S. U., 24)

Hesses bevorzugte Gedichtform ist der mehrstrophige Vierzeiler mit – oft gemischt – Paar- und Kreuzreimen. Er bedient
sich seiner zum Ausdruck einfacher, volksliednaher, aber auch
philosophischer Gedanken – ähnlich wie manchem Musiker
und Musikverständigen die Vierstimmigkeit im Streichquar-
tett als konzentrierteste (und anspruchsvollste) Form der musikalischen Aussage gilt. Eines der bekanntesten Gedichte Hesses ist in dieser scheinbar so einfachen Volksliedstrophenform
geschrieben: ‚Im Nebel‘.

> Seltsam, im Nebel zu wandern!
> Einsam ist jeder Busch und Stein,
> Kein Baum sieht den andern,
> Jeder ist allein.
>
> Voll von Freunden war mir die Welt,
> Als noch mein Leben licht war;
> Nun, da der Nebel fällt,
> Ist keiner mehr sichtbar.
>
> Wahrlich, keiner ist weise,
> Der nicht das Dunkel kennt,
> Das unentrinnbar und leise
> Von allen ihn trennt.
>
> Seltsam, im Nebel zu wandern!
> Leben ist Einsamsein.
> Kein Mensch kennt den andern,
> Jeder ist allein.
> (G I, 236)

Das Gedicht, bereits 1906 als lyrische Schlußkadenz der Erzählung ‚Eine Fußreise im Herbst' veröffentlicht, findet sich in zahlreichen deutschen Lyrik-Anthologien des In- und Auslandes. Es ist seither wiederholt interpretiert und kritisiert worden. Seinem Gehalt nach könnte es vom (Hesse wohlvertrauten) Pessimismus Schopenhauers oder vom Individualismus der Renaissance, aber auch als Antizipation existenzphilosophischer Gedanken unseres Jahrhunderts verstanden werden. „Der Mensch ist zu sich selbst verurteilt": so hieße es in der Sprache Jean Paul Sartres.

Ein sprachlich besonderer – meist überhörter – Reiz liegt in der, wie es scheint, rein zufälligen Gegenüberstellung von „Nebel" und „Leben". Warum nicht „Dämm(e)rung" oder „Halblicht" und „Leben"? Ein altes Kirchenlied von Michael Franck (1609–67) beginnt mit der Strophe: „Ach, wie flüchtig, ach wie nichtig/ist des Menschen Leben!/Wie ein Nebel bald vergehet,/so ist unser Leben, sehet . . ." Hesse, als Kenner deutscher Barockliteratur und -sprache (deren wörtliche und stilistische Beherrschung er in seiner Erzählung ‚Anton Schievelbeyn's Ohnfreiwillige Reisse nacher Ost-Indien' glänzend demonstriert), macht in seinem Gedicht, ähnlich wie schon M. Franck, von einer typisch barocken Wortspielerei Gebrauch, indem er das Wort „Nebel" in den folgenden Strophen als Palindrom verwendet, d. h. rückwärts gelesen: „Leben". Nach Art auch eines aus barocker Rhethorik hergeleiteten syllogistischen Beweises ergibt sich zuletzt aus der gedanklichen und sprachlichen Struktur des Gedichtes: da im Nebel jeder Busch und Stein einsam ist und auch der Mensch im Nebel seinesgleichen nicht sieht, bedeutet jedes Menschen Leben Nebel und Einsamkeit.

Geistlich-barocken (und nicht weniger pessimistisch-existenzphilosophischen) Ursprungs scheint in diesem Gedicht auch das häufig in der Bergpredigt gehörte Wort „wahrlich" zu sein. „Wahrlich, ich sage euch: keiner ist weise . . ." Daß es seinen universalen Anspruch auch in der fremdsprachlichen Übersetzung behält, ist umso erstaunlicher, als dabei zwar, neben dem Inhalt, auch das Metrum beibehalten werden kann, feine sprachliche Nuancen aber, sowie besonders auch lautliche und rhythmische, dabei fast völlig verloren gehen. Trotzdem bleibt es ein von der Sprachmusikalität her letztlich unübersetzbares Gedicht. So wirkt für den Deutschkundigen die englische Übersetzung „Strange to wander in the Mist" wie die Übertragung einer Schillerballade in sächsischen Dialekt.

Hesse beherrschte den Vierzeiler ebenso wie praktisch alle übrigen Strophenformen. Er dichtete Sonette, Oden, zwei umfangreiche Idyllen in Hexametern: ‚Stunden im Garten' und ‚Der lahme Knabe'. Er schrieb auch zahlreiche reimfreie Gedichte und solche in freien Rhythmen, begab sich gelegentlich auch auf neue Bahnen, wie etwa in dem Gedicht ‚Vergänglichkeit'. (G II, 449) Fast genau in der Mitte zerbricht das konventionelle Strophenschema. Statt der steigenden Jamben wie am Anfang: „Vom Baum des Lebens fällt/Mir Blatt um Blatt" – fallende Trochäen: „Über das kleine Kind/Beugt sich die Mutter herab . . ." Zuerst Vergänglichkeit, herbstliche Bilder, Todesgedanken – dann im Bilde von Mutter und Kind der Hinweis auf die ununterbrochene Generationenfolge.

Stimmungs- und Gefühlsausdruck, sei es als romantisierte Ich-Ergießung oder Projektion auf Personen und Gegenstände der Außenwelt – sie werden in Hesses mittlerer Schaffensperiode ausgelöst durch die Erfahrungen des I. Weltkrieges und Begegnung mit der Psychoanalyse. Das selbst geschaffene Reich der Kunst im Sinne eines l'art pour l'art-Verständnisses ist erschüttert. Von nun an sucht der Dichter nach neuen Anhaltspunkten, die im Persönlichen ebenso wie im Überpersönlichen, Mythischen, Religiösen gründen. Von den „Wolken, die über den Himmel ziehn" (wie im Gedicht ‚Über die Felder': G I, 91), hätte auch Eichendorff dichten können. Hesse wird sich selbst gegenüber zunehmend kritischer, schonungsloser, objektiver. So schockiert (und verärgert) er seine Freunde, als er zur Feier seines 50. Geburtstages im Winter 1925/26 entstandene Gedichte unter dem Titel ‚Krisis' herausgab – seiner Meinung nach „das rückhaltloseste Dichterbekenntnis seit Heine".

Ich bin auch einmal Dichter gewesen,
Jetzt kann ich nur noch Knittelverse machen,
Die Leute, die sie lesen,
Schimpfen darüber und lachen.

So beginnt das Gedicht ‚Betrachtung' (G II, 523). Es spiegelt, verglichen mit seiner bislang so gepflegten Dichtersprache, seine neue und – vorübergehend – schnoddrige Ausdrucksweise wider. Hesse behauptet, es handle sich bei den Krisisgedichten keineswegs nur um „das Problem des alternden Mannes", vielmehr sei darin „von einer jener Etappen" die Rede, „wo der Geist seiner selbst müde wird und der Natur, dem Chaos, dem Animalischen das Feld räumt". (S. U., 142) Kaum jedoch hätte er derartig drastische Lyrik schreiben können, wäre er nicht durch die Psychoanalyse zum Bewußtsein seiner „Verdrängungen" gelangt, die sich aufgrund seiner pietistischen Erziehung und frustrierenden Eheerfahrungen komplexhaft in ihm gestaut hatten. Daher auch eine Gedichtüberschrift wie ‚Zu Johannes dem Täufer sprach Hermann der Säufer' – zu interpretieren als nachträglicher Ausfall gegen seinen frommen Vater Johannes wie auch als Blasphemie gegenüber einer biblischen Gestalt. Denn: „Wenn alles nicht so müßte sein/Und alles etwas anders wäre,/Dann wäre ein rechtes Schwein zu sein/Mir eine hohe Ehre." (G II, 542)

„François Villon hat einen Bruder bekommen", schrieb damals Walter Hans Griese in einer Hamburger Zeitschrift. Dasselbe freilich hätte man auch über Bertolt Brechts und Erich Kästners Lyrik schreiben können. Nach der – kriegsbedingten – „Umwertung der Werte" erschien es damals manchem Dichter als „unzeitgemäß", ununterbrochen „gepflegte" Lyrik zu schreiben. Im Rückblick jedoch erscheint Hesses turbulente Gedichtproduktion gegen Ende seiner mittleren Schaffensperiode im Zusammenhang mit seinem lyrischen Gesamtwerk als notwendige Katharsis, durch die aber die wiedergefundene Balance und die durchgeistigte Sprachform in der folgenden dritten Entwicklungsperiode überhaupt erst Gewicht und Glaubwürdigkeit erhalten.

Der Zwiespalt zwischen Natur und Geist, an dem Hesse noch bis zu den Krisisgedichten gelitten hatte, war einem Zustand der Versöhnung mit sich selbst und den Dingen der Außenwelt gewichen. Sie erscheinen ihm nicht länger als unvereinbare Gegensätze, sondern als nurmehr zwei verschiedene Aspekte einer und derselben Wahrheit. „Es bedarf einer unendlichen Summe von Gesehenem, Erfahrenen, Gedachten, Empfundenen, Erlittenem ..., und es bedarf einer gewissen Verdünnung der Lebenstriebe, einer gewissen Hinfälligkeit und Todesnähe, um in einer kleinen Offenbarung der Natur den Gott, den Geist, das Geheimnis wahrzunehmen, den Zusammenfall der Gegensätze, das große Eine", heißt es im ‚Aprilbrief' aus dem Jahre 1952 (X, 295). Ein dafür charakteristisches und zugleich das bekannteste von ‚Knechts hinterlassenen Gedichten' aus dem ‚Glasperlenspiel' ist ‚Stufen'. Es nimmt – ähnlich wie ‚Im Nebel' am Schluß der Erzählung ‚Eine Fußreise im Herbst' – einen besonderen Stellenwert im Legendenkapitel der ‚Lebensbeschreibung des Magister ludi' ein, kann aber auch kommentarlos als eines der beziehungsvollsten Gedichte Hesses und darüber hinaus der gesamten deutschen Lyrik verstanden werden.

> Wie jede Blüte welkt und jede Jugend
> Dem Alter weicht, blüht jede Lebensstufe,
> Blüht jede Weisheit auch und jede Tugend
> Zu ihrer Zeit und darf nicht ewig dauern.
> Es muß das Herz bei jedem Lebensrufe
> Bereit zum Abschied sein und Neubeginne,
> Um sich in Tapferkeit und ohne Trauern
> In andre, neue Bindungen zu geben.
> Und jedem Anfang wohnt ein Zauber inne,
> Der uns beschützt und der uns hilft, zu leben.
>
> Wir sollen heiter Raum um Raum durchschreiten,
> An keinem wie an einer Heimat hängen,
> Der Weltgeist will nicht fesseln uns und engen,
> Er will uns Stuf' um Stufe heben, weiten.
> Kaum sind wir heimisch einem Lebenskreise
> Und traulich eingewohnt, so droht Erschlaffen,
> Nur wer bereit zu Aufbruch ist und Reise,
> Mag lähmender Gewöhnung sich entraffen.

Es wird vielleicht auch noch die Todesstunde
Uns neuen Räumen jung entgegensenden,
Des Lebens Ruf an uns wird niemals enden ...
Wohlan denn, Herz, nimm Abschied und gesunde!
(IX, 483 f.)

Während Hesse nach Vollendung des ‚Glasperlenspiel‘-Romans hauptsächlich mit seiner umfangreichen Korrespondenz und einiger später Prosadichtung beschäftigt war, zeugen seine Altersgedichte immer wieder von der höchsten Meisterschaft im lyrisch gefaßten Gedankenausdruck. Es sind Gedichte wie ‚Der alte Mann und seine Hände‘ (1957) – Hände einst des Kindes, des Jünglings, des Mannes, die nun „nicht Knecht mehr“, nicht vor-handen, sondern „Erde werden“ wollen. „Leise, daß er sie nicht wecke,/Lacht der Herr sie an“ – der Herr, der hier der alte Mann ebenso sein kann wie Gott selbst oder auch „Herr“ als Gegenpol zu (Josef) „Knecht“. Drei achtzeilige Strophen, Stanzen also, deren Zeilen jedoch verschieden lang sind und am Ende nicht dem strengen Reimschema der altitalienischen Ottava rime folgen. Es sind Strophen, die, „trotz ihrer gewissen Ausführlichkeit, ihrer erzählenden Elemente aus Lakonie kommen, einem entscheidenden Kennzeichen zeitgenössischer Lyrik“ (Walter Helmut Fritz).

Unsere Zeit mit ihrer hektischen Originalitätssucht hat es so weit gebracht, daß überall in der Kunst, und besonders auch in der Lyrik, gleichzeitig so viele neue Stilrichtungen und eigenmächtige „Poetologien“ auftreten, die allesamt weder von Experten noch selbst von einem elitären Publikum erfaßt werden können und am allerwenigsten von jenen Lesern, denen es eine Wohltat bedeutet, einen Lyriker wie Hesse zu kennen, für den – jenseits aller Sprach- und Gedankenverwirrung – „Beschwörung und Bewahrung“ nach wie vor „das Amt des Dichters ist“. (G II, 694)

Jenes „Epigonale“, was man von seiten der Kritik immer wieder Hesses Dichtung und besonders seiner Lyrik glaubt vorwerfen zu müssen: ist es nicht einer allgemein menschlichen Existenzerfahrung erwachsen? Müssen wir nicht alle, so originelle Gedanken und Verse wir im Laufe unseres Lebens

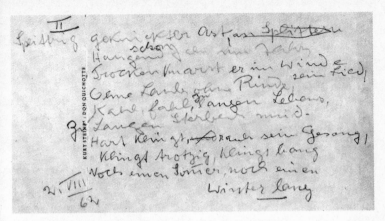

*Zweite Fassung von Hermann Hesses letztem Gedicht*
*‚Knarren eines geknickten Astes‘*

Knarren eines geknickten Astes
*Zweite Fassung*

Splittrig geknickter Ast,
Hangend schon Jahr um Jahr,
Trocken knarrt er im Winde sein Lied,
Ohne Laub, ohne Rinde,
Kahl, fahl, zu langen Lebens,
Zu langen Sterbens müd.
Hart klingt, rauh sein Gesang,
Klingt trotzig, klingt bang
Noch einen Sommer, noch einen Winter lang.

*2. August*


produzieren und die Welt dadurch erschüttern oder auch kalt
lassen mögen, am Ende doch denselben Weg gehen wie unsere
Vorfahren seit unausdenklichen Zeiten? Tod, Liebe, Angst,
Geist, Seele – ja sogar Herz und Schmerz: sie kommen nicht
nur immer noch in Volksliedern vor, sondern sind bisher
kaum durch andere, unmißverständlichere Vokabeln ersetzt
worden. Man beachte auch, wie ähnlich sich die Sprache der

Volkslieder ebenso wie „bleibender" Lyrik aller Zeiten und Völker ist. Wie schwer es fällt, die „Säulen des Herkules auch nur um eine Regenwurmlänge zu verrücken", wußte Gottfried Benn ebenso wie der englische Komponist, Ralph Vaughan Williams (1872–1958), als er die Meinung äußerte: große Musik werde nicht komponiert, indem man grundsätzlich mit der Tradition zu brechen versuche, sondern ihr sein spezifisch Eigenes hinzufüge. Dies trifft, *mutatis mutandis,* auch auf Hermann Hesses Lyrik zu.

## 2. Epik

Hesses episches Oeuvre entzieht sich ebenso wie sein Autor exakter literaturwissenschaftlicher Klassifizierung, und zwar nicht etwa nur wegen des engen Zusammenhangs von Lebens- und Werkgeschichte, sondern auch aufgrund einer Fülle verschiedener Gattungsbegriffe, deren sich der Dichter selbst zur Charakterisierung seiner Prosaschriften bedient. Eindeutig definierbar sind eigentlich nur Briefe, Buchbesprechungen, Märchen, Legenden und sogenannte ‚Betrachtungen' als mehr oder weniger poetisch konzipierte Essays. Schwieriger wird es, die ausdrücklich als Romane und Erzählungen bezeichneten Bücher voneinander abzugrenzen – Hesses dichterische Hauptwerke. Warum etwa erscheint ‚Peter Camenzind' als Roman und ‚Narziß und Goldmund', doppelt so umfangreich und der Struktur nach auch ein Bildungsroman, als Erzählung? Ist der ‚Steppenwolf' eher ein Roman oder eine Erzählung? Die Erstausgabe hatte überhaupt keine spezifische Gattungsbezeichnung. ‚Demian' wird als ‚Geschichte', ‚Siddhartha' als ‚Dichtung' vorgestellt und selbst ‚Das Glasperlenspiel', Hesses *opus magnum,* als ‚Versuch einer Lebensbeschreibung', also eher als Essay, nicht als Biographie oder als Roman. Man kann diese Entgrenzung der einzelnen epischen Gattungen bei Hesse als Charakteristikum romantischer „Universalpoesie" ebenso wie als Wesenszug auch zeitgenössischer Theorien und Praktiken interpretieren, wie sie etwa Milan Kundera in seiner ‚L'art du roman' (1986) diskutiert.

Frühe Prosa und Romane aus den Lehr- und
Buchhändlerjahren in Tübingen und Basel (1895–1904)

## *Eine Stunde hinter Mitternacht. Hermann Lauscher*

Noch im gleichen Jahr wie die ‚Romantischen Lieder' erschien
Hesses zweite Buchveröffentlichung. Sie trägt denselben Titel
wie ein Gedicht aus dem vorangegangenen Lyrikband: ‚Eine
Stunde hinter Mitternacht'. Auch Motive und Gestalten in den
neun Prosastücken korrespondieren mit Gedichten: ‚Frau Gertrud', ‚Chopin', ‚Dante' – das betont aristokratisch-königliche
Milieu. Ähnlich wie in Dantes ‚Vita nuova', wovon auch eines
der Stücke handelt, sind diese ‚Studien' sorgfältig stilisierte
poetische Prosa, in deren Mittelpunkt – Dantes Jugendliebe
Beatrice entsprechend – auserlesene Frauengestalten stehen. In
C. G. Jungs Terminologie würde man von „Animaprojektio-
nen" sprechen. Hesse schuf sich damit das ihm eigene Künst-
ler-Traumreich als Kompensation zu seiner nüchternen All-
tagswelt als Buchhändlerlehrling.

Diese frühen Prosastücke sind einerseits, wie schon ihre
Gattungsbezeichnung nahelegt, formal als Stilübungen zu verstehen, inhaltlich jedoch als Ausdruck von Fin-de-siècle-
Ästhetizismus wie bei Maurice Maeterlinck und Stefan
George. Hesse distanziert sich bereits ein Jahr später davon in
einem Briefgedicht: „Was heut modern und raffiniert,/Ist
übermorgen antiquiert . . ./Ich seh' schon, wie mein Enkel
lacht/Der alten wunderlichen Welt,/Wenn er einmal in Hän-
den hält/Die ‚Stunde hinter Mitternacht'". (S. U., 26)

Während jenes Prosawerk thematisch nur lose miteinander
verbundene Prosastücken umfaßt, bilden die ‚Nachgelassenen
Schriften und Tagebücher' von ‚Hermann Lauscher' (1901 in
Basel erschienen) ein geschlosseneres Ganzes. Hesse erklärt
sich – wie später auch im ‚Steppenwolf' und ‚Glasperlenspiel'
– nurmehr als „Herausgeber" des literarischen Nachlasses eines „armen, toten Freundes". Es sind Erinnerungen aus Kin-
der- und Studentenzeit. Dem Gedächtnis E. T. A. Hoffmanns
ist ein Jugenderlebnis gewidmet: ‚Lulu'. Eine Gedankenfolge

während acht schlafloser Nächte erinnert an die ‚Nachtwachen des Bonaventura'. Lauschers Schriften enden mit skizzenhaft-konzentrierten Tagebuchnotizen aus Basel und Vitznau am Vierwaldstättersee. Hesse macht sich den Spaß, in der ‚Allgemeinen Schweizer Zeitung' vom 2. 12. 1900 eine kurze Rezension über sein eigenes Buch zu drucken, worin er Hermann Lauschers hinterlassene Papiere auf einen tatsächlich „unlängst verstorbenen Dichter und Sonderling" zurückführen möchte. In Wirklichkeit sind es nachweisbar autobiographische Reminiszenzen aus Basel und Tübingen. Hinter der Lulu-Gestalt steckt Julie Hellmann (1878–1972), die hübsche Nichte des Kronenwirtes in Kirchheim an der Teck, in die sich der junge Hesse bei einem Ausflug mit seinem Tübinger Freundeskreis, dem „Petit cénacle", schwärmerisch verliebt hatte.

## Aufzeichnungen aus Italien. Peter Camenzind

Bereits zu Anfang der Neunzigerjahre in Calw, vor allem aber während seiner Tübinger Ausbildungszeit hatte sich Hesse mit Arthur Schopenhauer und Friedrich Nietzsche auseinandergesetzt. Bei Nietzsche hatte ihn die künstlerische Beherrschung des Wortes fasziniert; Schopenhauers Einfluß macht sich erst später bemerkbar, als sich der Dichter mit den Religionen Indiens beschäftigte. In Basel geriet er in den Bann des auch für Nietzsche so bedeutsamen Kulturhistorikers Jacob Burckhardt. Obschon dieser zwei Jahre vor Hesses Auftritt in Basel verstorben war, beherrschte er noch immer die intellektuellen Kreise, in denen der Dichter verkehrte. „Meine Hauptlektüre seit 3 Wochen ist die herrliche ‚Kultur der Renaissance'", schreibt er am 30. 3. 1898 an seine Eltern. „Dies Buch ist außer Goethes ‚Faust' und ‚Aus meinem Leben' eigentlich das einzige, bei dem ich eine sehr hohe Erwartung noch übertroffen fand." Der folgende Satz ist für Hesses weitere Entwicklung eminent wichtig: „Ich finde es bedeutsam, daß eben unsre Zeit die Renaissance erst versteht und gewissermaßen entdeckt hat." (KJ II, 248)

Hesse unternahm, nach klassischem Muster, zwischen 1901 und 1914 mehrere Italienreisen. Burckhardts ‚Cicerone' – nicht so sehr der ‚Baedeker' – begleitete ihn dabei als Kunstführer. Er hatte sich zunächst durch autodidaktisches Intensivstudium die italienische Sprache beigebracht, die er später, wie auch das Altitalienische, hervorragend beherrschte. Bei seiner ersten Italienreise scheint er recht gut schon mit einigen Kraftausdrücken ausgekommen zu sein: „Ganz famos ist das überall nützliche Wort basta, mit dem man alle Händler, Kellner, Bettler ... abfahren läßt und das, wenn es wirken soll, mit kühl brutalem Ton gesagt werden muß. Gelegentlich", so gibt Hesse zu, „half mir auch ein deutsches Kraftwort." (S. U., 382) Die Reisetagebücher der ersten und zweiten Italienreise sind größtenteils erst posthum herausgegeben worden.

Wie Volker Michels im Nachwort zu dem Sammelband ‚Italien' (1983) ausführt, reiste Hesse damals „so unkonventionell wie heutzutage so manche Tramper unserer Jeans-Generation, nicht als Frachtgut touristischer Agenturen, sondern auf eigene Faust". (HI, 504) Ihm war auf diesen Reisen nur wohl, wenn es „ganz schlicht und handwerksburschenmäßig" zuging, dritter Klasse und zu Fuß, ohne Hotels und ohne täglich warm zu essen. Er liebte die Improvisationen, den Reiz von Überraschungen und Risiken, versuchte ebenso viel von Kultur und Landschaft wie von der Bevölkerung Italiens zu erleben. Was er dabei beobachtet, wird bald zu Malerei in Prosa, bald zur scharfen Charakterskizze, impressionistisch und doch alles Wesentliche enthaltend. Hesse bittet einen Gondoliere in Venedig, nicht die kürzeste Route einzuschlagen, sondern den zauberhaften Lichtreflexen der Aprilsonne auf dem Guidecca-Kanal zu folgen. Ein andermal, so notiert der Dichter, sei ihm „das lieblichste Wunder" begegnet. Es war angeblich „jene entzückende Blonde, die Bonifazio (Veronese) vor 400 Jahren als Lautenspielerin gemalt hat. Sie hieß Gina Salistri, ist armer Leute Kind und wohnt in San Giobbe ..." (HI, 506) Meist reiste Hesse nicht allein, sondern in Begleitung von Maler- und Musikerfreunden wie Fritz Widmann und Othmar Schoeck. Seine zweite Italienreise 1903 fand in

Begleitung zweier junger Damen statt, einer Malerin und deren Freundin, der Fotografin Maria Bernoulli, die Hesse ein Jahr später heiratete.

„Daß man von jedem Besuch in Italien ein unschätzbares Kapital mitbringt, das sich auch äußerlich gut verzinst", wie Hesse 1904 an einen Freund schrieb, dafür ist sein erster großer Bucherfolg ein Beispiel, der Roman ‚Peter Camenzind'. 1901–1903 in Basel entstanden, hatte er das Manuskript unmittelbar nach seiner zweiten Italienreise an Samuel Fischer in Berlin geschickt und dem Verleger dazu geschrieben: es sei zwar „unmodern", ja „antimodern", dagegen aber seien „Land und Volk" aus „langen, liebevollen Studien dargestellt", die er in zwei Wachstuchheften festgehalten hatte. So finden sich in dem Roman nicht nur Abwandlungen authentischer Namen wie Ercole Aglietti (im ‚Tagebuch') in Erminia Aglietti (in ‚Camenzind') wieder, sondern auch die Stationen der ersten und zweiten Italienreise: Mailand, Florenz, Fiesole und Pisa. Die Szene in Mailand mit den Heiligenfiguren auf dem Dom, die alle nicht schnell genug auf den höchsten Podest, gleichsam aufs Sprungbrett in den Himmel, kommen können, ist im Reisetagebuch wie im Roman enthalten. (HI, 185 f.; I, 412)

‚Peter Camenzind' ist Hesses erster vollständiger Bildungsroman, der in Hauptmotiven und sprachlicher Gestaltung an Vorangegangenes anknüpft und weiter verarbeitet. Die hinterlassenen Schriften des Ästheten und Sonderlings, Hermann Lauscher, waren der Ansatz dazu. Dagegen ist der „einsame und schwerlebige" Camenzind diesmal kein Großstädter, sondern bäuerlicher Herkunft. Er vereinigt in sich zwei widerstrebende Gaben: eine ungewöhnliche Körperkraft und eine nicht geringe Arbeitsscheu. Damit erscheint er als erster Prototyp eines Romanhelden bei Hesse, dessen innere Spannung sich aus der Bipolarität seiner jeweils besonderen Charaktereigenschaften speist. Demian, Siddhartha, Harry Haller, Goldmund und auch Josef Knecht sind differenziertere Brüder von Camenzind. In acht chronologisch und kausal zusammenhängenden Kapiteln zeichnet der Dichter die Entwicklung eines zwischen Bodenständigkeit und Rastlosigkeit, Natur-, Kunst- und Menschenliebe umhergetriebenen jungen Mannes von seinen Ursprüngen bis hin zu einer vorläufigen Berufsentscheidung. Dabei werden einzelne Episoden seines konfliktreichen Lebens ausführlicher, andere nur skizzenhaft dargestellt.

Wiederum, wie bei Lauscher, liegen die prägenden Einflüsse in Kindheit und Jugend, wobei diesmal der Natur, zunächst der urwüchsigen Gebirgslandschaft um Camenzinds Heimatdorf Niemikon (vermutlich Sisikon am Urnersee) eine lebensentscheidendere Rolle zufällt als der Erziehung durch Eltern und Lehrer. So erweisen sich seine „Flügelschläge der Wonne", nach Abschluß seiner Schulbildung aus der „nüchternen und drückenden Luft der Heimat" herausgekommen zu sein, als vorübergehende Selbsttäuschung. Auch sein Studium, Existenzkampf und schließlich bescheidener Erfolg als Literat bedeuten ihm keine rechte Lebenserfüllung. Bereichert und enttäuscht zugleich von unglücklichen Liebschaften (die geliebte Frau ist entweder schon vergeben oder das von der Mutter ererbte „wenig redende Wesen" verpatzt im rechten Moment seine Chancen), sucht er Trost bei dem „starken, süßen Gott", dem „Verführer und Bruder des Eros". (Sein Vater bleibt ihm, dem Wein, bis zuletzt verfallen.) Verzweifelt über den Tod seines liebsten Freundes und Mentors, Richard, geht er als Korrespondent nach Paris, legt aber „nach giftigen Händeln" sein Amt nieder und ergibt sich – nicht weiter benannten – Ausschweifungen, bis ihn, der noch eben Selbstmord erwogen, ein „früher Sommermorgen" daheim in den Bergen einfällt, aber auch, wie er einst am Totenbett seiner Mutter gekniet hatte. Daraufhin wandert er zu Fuß durch Südfrankreich nach Basel, wird vorübergehend wieder ansässig, lernt Italien kennen, schließt neue Freundschaften, aber nicht mehr mit Intellektuellen und Künstlern wie Richard, der schönen Malerin Aglietti und der kultivierten jungen Elisabeth, sondern mit einfachen Leuten aus dem Volke, Italienern und Schweizern. Sein neuer Mentor und Freund wird Boppi, ein Krüppel, dessen Weisheit Peter Camenzind aufs Neue jenes mütterlicherseits ererbte, im Trubel der Welt verlorengegangene Gottvertrauen verdankt. Er pflegt Boppi bis zum Tod. Von einer weiteren Liebschaft ist keine Rede mehr. Camenzinds erotische Liebe scheint sich gänzlich in caritative verwandelt zu haben, denn als er heimgerufen wird, sich um seinen alten, hinfällig gewordenen Vater zu kümmern, folgt er ohne zu zögern und übernimmt später die einzige Gastwirtschaft in seinem Heimatdorf.

Resigniert Camenzind zuletzt, wie der Romanschluß immer wieder interpretiert wird? Resignierte Grimmelshausen, als er – nach seinen Erfahrungen im Dreißigjährigen Krieg – Gastwirt in Gaisbach wurde? Immerhin brachte er es später auch noch zum Schultheiß in Renchen ... und so bemerkt Camenzind ausdrücklich im letzten Abschnitt seiner bisherigen Lebensgeschichte, nachdem er festgestellt, daß „die Anfänge" seiner „großen Dichtung", sein Lebenswerk, in der Lade lägen: „Vielleicht kommt noch einmal die Zeit, daß ich von neuem beginne, fortfahre und vollende; dann hat meine Jugendsehnsucht recht gehabt, und ich bin doch ein Dichter gewesen." (I, 496)

Einstweilen schließt sich der Kreis: Camenzinds Ausgang aus der ihm anstammenden Natur in eine ihm zutiefst wesensfremde Kulturwelt, aus der heraus er schließlich den Weg zurück zu seinen Ursprüngen findet. Was vermag der Mensch noch mehr? Denn daß auch dies nicht die letzte Lebenserfüllung bedeutet, sieht der Wissende ohnehin ein. Hesses Camenzind mit Gottfried Kellers ‚Grünem Heinrich' zu vergleichen, scheint zu hoch gegriffen zu sein. Umfang und Dichte der einzelnen Kapitel sind in beiden Büchern zu verschieden. Zudem handelt es sich bei Keller, denkt man vor allem an die 2. Fassung seines Romans, um ein Alterswerk, während ‚Peter Camenzind' der erste Bucherfolg eines Autors ist, der erst 27 Jahre alt war, als sein Buch bereits die 5. Auflage erlebte. Zudem erkannte Hesse die stilistischen Mängel des Romans kritisch genug, als er 1951 an französische Studenten, die ‚Peter Camenzind' als Thema der Agrégation vorgelegt bekamen, wörtlich schrieb: „Es wird Ihnen vieles in diesem Büchlein drollig, antiquiert und schrullig vorkommen. Peter Camenzind macht es sich im Denken und Formulieren oft zu leicht, er neigt allzu sehr zu einer Überschätzung des Naturhaften und

Primitiven ... gegenüber der Welt des Geistes und der Kultur." (IX, 27) Dennoch fällt auf, wie gerade die Ansichten Camenzinds über die Schlüsselstellung der Natur auch in unserer heutigen Gesellschaft aktueller sind denn je. „Ich wollte erreichen, daß ihr euch schämet, von ausländischen Kriegen, von Mode, Klatsch, Literatur und Künsten mehr zu wissen als vom Frühling ... und von den Wäldern und herrlichen Wiesen, durch welche eure Eisenbahn rennt ... Viele sagen, sie ‚lieben die Natur'. Das heißt, sie sind nicht abgeneigt, je und je ihre dargebotenen Reize sich gefallen zu lassen. Sie gehen hinaus und freuen sich über die Schönheit der Erde, zertreten die Wiesen und reißen ... eine Menge Blumen und Zweige ab, um sie bald wieder wegzuwerfen oder daheim verwelken zu sehen. So lieben sie die Natur." (I, 432, 453)

Vor allem sollte man vorsichtig sein, Hesses Verhältnis zur Natur allein aus der Zeit um 1900 zu erklären, als „Wandervögel" und „Jugendbewegung" die erste Gegenreaktion auf die zunehmende Industrialisierung Mitteleuropas bildeten. Ist doch, wie Hesse im gleichen Schreiben an jene französischen Studenten betont, „das unterscheidende Merkmal dieses jugendlichen Buches", daß es „*nicht* zu den Wandervögeln und Jugendgemeinschaften gehört". Camenzinds Ziel und Ideal sei es nicht, „Mitwisser in einer Verschwörung ... zu sein. Sondern statt Gemeinschaft, Kameraderie und Einordnung sucht er das Gegenteil, er will nicht den Weg vieler, sondern eigensinnig nur seinen eigenen Weg gehen ..." (IX, 26) Somit erscheint Camenzind *in nuce* als erster typischer Protagonist, wie er auch in späteren Werken Hesses immer wieder auftreten wird. Darüber hinaus handelt es sich nicht nur um einen Bildungsroman, sondern um eine Charaktergeschichte, kommt darin doch Hesses Grundüberzeugung klar zum Ausdruck, daß der Künstler, um „vollkommen" zu sein in seinem Metier, auch als Mensch ein hohes Maß an Integrität erreicht haben müsse. „Sie sind Dichter", sagt Elisabeth, das Mädchen, das er so sehr verehrt, zu Camenzind, und erklärt auf seine Grimasse hin: „Nicht, weil Sie Novellen und dergleichen schreiben. Sondern weil Sie die Natur verstehen und liebhaben. Was ist es anderen Leuten, wenn ein Baum rauscht oder ein Berg in der Sonne glüht? Aber für Sie ist Leben darin, das Sie miterleben können." (I, 430)

Der Erfolg des Romans beruhte auch darauf, daß man ihn als Protest gegen die Nivellierung des Individuums im Industriezeitalter las. Noch im Erscheinungsjahr erhielt Hesse den Wiener Bauernfeldpreis. Im August 1904 heiratete er Maria Bernoulli in Basel und zog in ein „lustiges Bauernhäuschen" in Gaienhofen am Untersee (Jahresmiete: 150 Mark). Erst 1907 bezog er mit seiner Familie ein stattliches für ihn erbautes Haus „Am Erlenloh", ebenfalls in Gaienhofen.

### Romane und Erzählungen aus der Gaienhofener Zeit (1904–1912)

Die Jahre am Bodensee werden in Hesse-Biographien wiederholt als Versuch des Dichters bezeichnet, seine Existenz im Spannungsfeld von Künstler und Bürger so fruchtbar wie möglich für alle Beteiligten zu gestalten. Während seine Prosaschriften in der Zeit vor Gaienhofen (wie auch der in der Ich-Form geschriebene Camenzind-Roman) persönlich und betont lyrisch gefärbt waren, wird sein Stil in den folgenden Jahren – mitbedingt durch seine bis auf drei Söhne angewachsene Familie und den damit verbundenen Alltagserfahrungen – zunehmend nüchterner und konzentrierter. Die realistische Erzählung oder vielmehr Novelle nach dem Vorbild Gottfried Kellers wird sein Lieblingsmedium.

### Unterm Rad

Auftakt zu seiner Bewältigung traumatischer Schulerlebnisse und zugleich Rückgriff auf den noch ungehobenen Schatz von Erinnerungen an seine Heimatstadt Calw ist der Roman ‚Unterm Rad'. Er wurde bereits 1904 in der ‚Neuen Zürcher Zeitung' vorabgedruckt. Mehr als an sich selbst dachte Hesse bei der Darstellung der Zentralfigur, des Anti-Helden Hans Giebenrath, an seinen jüngeren Bruder Hans, dessen erst Jahrzehnte später erfolgter Selbstmord am Schluß des Buches vorausgenommen zu sein scheint – ähnlich wie die spätere Erkrankung von Hesses jüngstem Sohn Martin im Roman ‚Roßhalde‘. Ursachen für den Selbstmord sind bei Hans Giebenrath direkt, bei Hans Hesse nur zum Teil in entsprechenden „Räderungen“ durch Elternhaus und Schule zu suchen, wie sie der Dichter im Roman beschreibt. Theodor Heuss faßt in seiner Rezension von 1905 die Moral von ‚Unterm Rad‘ dahingehend zusammen, daß er in Hans Giebenrath einen „schwäbischen Knaben“ sieht, dessen „stilles und feines Leben“ von der „wohlwollenden und schrecklichen Maschine der Gewohnheit und Gewöhnlichkeit aufgerieben und zerdrückt wird . . . Er wird das Opfer dieses Systems, unter dem treibend, anfeuernd und lebenertötend der verständnislose Ehrgeiz des kleinbürgerlichen Vaters und robuster Philologenseelen steht.“ (A. H. K, 63) Heuss fragt sich zudem, ob es sich bei Hesses Roman um ein „Tendenzwerk“ handle, war doch um die Jahrhundertwende die Schülertragödie auch anderweitig ein bevorzugter Gegenstand der Literatur. Frank Wedekinds ‚Frühlings Erwachen‘ (1891), R. M. Rilkes ‚Die Turnstunde‘ (1899), ‚Freund Hein‘ von Emil Strauß (1902), ‚Die Verwirrungen des Zöglings Törless‘ von Robert Musil (1906), ‚Mao‘ von Friedrich Huch (1907) – um nur einige der bekanntesten Beispiele zu nennen: sie alle behandeln dasselbe Thema wie ‚Unterm Rad‘, jeweils nur mit veränderten Gestalten und Stilmitteln. Also war Hesses Schulroman ein Tendenzwerk? Heuss beantwortet die Frage vorsichtig mit Ja, nämlich dort, „wo es mit warmen Worten das Recht der Jugend auf eine Jugend verlangt“. Das Recht der Jugend: hat es sich seither nicht längst durchgesetzt und kann somit Hesses Unterstützungsversuch wie auch die Bemühung der übrigen Schriftsteller heutzutage als veraltet bezeichnet werden? Gewiß haben sich in der Zwischenzeit Lehrmethoden und Umgangsformen zwischen Lehrern und Schülern, in zivilisierten Ländern wenigstens, fundamental gewandelt, verglichen mit Prügeltechnik, Karzerstrafen, Autoritätshörigkeit, auf Grund deren die Schüler, wie Hesse noch im Jahre 1904 an Karl

Isenberg schrieb, „nur Latein und Lügen" lernten. (B I, 130) Doch ist damit die „Schultragödie" an sich nicht aus der Welt geschafft. Sie liegt heute nur auf anderem Gebiet. „Es gibt keine fröhliche Jugend mehr", so lautet ein Titel-Aufsatz im ‚Spiegel' von 1976. „Leerlaufende Leistungsmühle", Streß, Konkurrenzstreben, Examensangst, neuer Paukbetrieb, ein übermäßig angeschwollenes *Curriculum* – sie führen wie eh und je zu Schüler-Gewalttätigkeiten, Drogenkonsum, neurotischen Fehlhaltungen bis hin zum Selbstmord, dessen Quote unter Schülern in Europa, in Japan und seit 1976 auch in Amerika beträchtlich gestiegen ist.

Als sich wegen zweier mißratener Mathematikarbeiten der Freund seines Sohnes vergiftet hatte, machte sich erst vor wenigen Jahren der Theologieprofessor Walter Lebrecht auf und predigte „wider die Fabriken des Versagens", die Schulen in der deutschen Bundesrepublik, in der ja heute auch noch immer Calw liegt. Lebrechts „Aktion humane Schule" fand einerseits begeisterte Zustimmung bei einer Protestversammlung der Eltern unter dem Motto „Wir lassen unsere Kinder nicht kaputtmachen", andererseits wurde Lebrecht von einem Stuttgarter Kulturbeamten als „Abraham a Santa Clara unseres Schulsystems" verächtlich gemacht. Hesse selbst hat sich damals mit seinem Roman die Empörung der Lehrerschaft zugezogen. Wie er in einem Brief nach Calw vom 2. 4. 1911 schreibt, habe ein Lehrer unter anderm geurteilt: „Schopenhauer und Nietzsche seien ja Muster von gehässigen Grobianen, aber gegen mich seien sie Waisenknaben." (B I, 192) Der ‚Merkur', Württembergs konservative Hauptzeitung, bewarb sich zunächst angelegentlich um das Abdrucksrecht von ‚Unterm Rad'; man schrieb dem Autor jedoch schon nach wenigen Fortsetzungen entsetzt: so etwas könne nicht gebracht werden. Noch Anno 1952 weigerte sich der damalige Kultusminister in Württemberg, Dr. Schenkel, am Staatsakt zur Feier von Hesses 75. Geburtstag teilzunehmen. (B IV, 153 f.) Dafür versicherte Gabriele Wohmann in einem Artikel der ‚Frankfurter Allgemeinen Zeitung' vom 16. 4. 1980 Hesse ihrer Sympathie gerade im Hinblick auf diesen seinen Schulroman: „. . . in jeder Lebenszeit bin ich auf Hesses Seite, wenn über die schrecklichen Resultate der traditionellen Stupidität verhandelt wird, so wie in diesem heute wie damals, wie morgen und übermorgen gültigen kleinen Roman ..." (S. U., 41)

Es wäre jedoch verfehlt, in Hesses Roman – und das gilt ebenso für alle seine Kritik an Schulsystemen und Lehrerschaft – einen Angriff auf „Autorität" und Erziehungsinstitutionen insgesamt zu sehen. Auch ist die Darstellung von Schule und Lehrern in ‚Unterm Rad' keine ausschließliche Schwarzweißmalerei. Man denke nur an den „freundlichen" jungen Repetenten Wiedrich. Und selbst dem Ephorus kann man als Pädagoge kaum Vorwürfe machen, weil er versuchte, den ohnehin so beeinflußbaren Hans Giebenrath vor dem Umgang mit seinem rebellischen Freund Hermann Heilner zu warnen. Von wirklich tüchtigen, verantwortungsbewußten Lehrern, die nicht in erster Linie ihre Machtbefugnisse ausnutzen, hat Hesse stets mit Hochachtung gesprochen, selbst von dem strengen, aber gerechten Rektor Bauer in der Göppinger Lateinschule. Mit seinem Lehrer am Canstatter Gymnasium, Dr. Ernst Kapff, war der junge Dichter noch in jahrelanger brieflicher Verbindung.

### Italienische Monographien. Legenden

Noch während Hesse ‚Unterm Rad' schrieb, beschäftigte er sich eingehend mit der italienischen Renaissance und den Novellen jener Zeit. Das Ergebnis waren drei Prosaschriften, die alle 1904 erschienen: ‚Boccaccio', eine Biographie, im pikanten Stil seines Protagonisten erzählt, dazu eine Würdigung des ‚Decamerone' und schließlich eine Monographie des heiligen ‚Franz von Assisi', dessen Lebensgeschichte, einigen Legenden, Hesses Übersetzung der *Laudes creaturarum* und einem Überblick über die Wirkung des Heiligen auf die italienische Renaissance. Der Dichter bediente sich dabei einer altertümlichen Sprache im Sinn der traditionellen Hagiographie. Das Nebeneinander von Boccaccio und Franziskus deutet, wie schon in ‚Peter Camenzind', auf die Bipolarität künftiger Romangestalten hin, die zugleich Sünder und Heilige sind. Hesses Neigung zur Hagiographie und sein – stark von Jacob Burckhardt genährtes – Interesse an der italienischen Renaissance riß während seiner ganzen Gaienhofener Zeit nicht ab. Zwischen 1904 und 1912 schrieb er acht ‚Legenden‘ in leicht archaisierender, witziger Sprache. Literarisches Vorbild waren die ‚Sieben Legenden‘ von Gottfried Keller gewesen, ferner die Fresken im Campo Santo von Pisa: der Triumph des Todes und das Leben der seligen Einsiedler. Ägypten und Palästina, Italien, England zur Zeit der frühen Christenheit sind die Schauplätze. Einsiedler in der Wüste werden bei ihren Versuchen, ein Gott ergebenes Leben zu führen, fortwährend von Dämonen in Versuchung geführt – oft in Gestalt von Versucherinnen – und letztlich doch von wohlwollenden Engeln behütet. So in den ‚Drei Legenden aus der Thebais‘, deren dritte, ‚Die beiden Sünder‘, wie eine Präfiguration des Beichtvater-Lebenslaufs im ‚Glasperlenspiel‘ anmutet. ‚Der Tod des Bruders Antonio‘ ist ein ergreifendes Bekenntnis zum Leben angesichts des Todes, ein *Memento vivere,* statt eines *Memento mori.* Und das aus dem Munde eines Heiligen, der damit seine gesamte Reputation aufs Spiel setzt, wenn er bis zuletzt daran zweifelt, ob er der Liebe Gottes auch wirklich gewiß sein dürfe. Versammelt wurden sämtliche Legenden, deren Anzahl sich bis dahin in etwa verdoppelt hatte, im ‚Fabulierbuch‘ (1935). Italienische Geschichten und Legenden bilden jedoch nur einen Bruchteil des erzählerischen Werkes, das in Hesses Gaienhofener Zeit entstand.

## Erzählungen, Gerbersau

‚Diesseits‘, ‚Nachbarn‘ und ‚Umwege‘ lauten die Sammeltitel für drei Bücher mit Erzählungen, die zwischen 1907–1912 erstmals erschienen. Sie enthalten insgesamt 15 von den 100 gesammelten Erzählungen, die 1977 in einer sechsbändigen Jubiläumsausgabe zusammengestellt wurden. Auch diese Ausgabe umfaßt keineswegs das gesamte Opus an kleineren Erzählungen des Dichters, vor allem wenn man bedenkt, daß die ausdrücklich ‚Erzählung' genannten Prosaschriften, wie oben schon angedeutet, nur provisorisch von den sogenannten ‚Betrachtungen' und der ‚Kurzprosa aus dem Nachlaß' abgegrenzt werden können. Diese inbegriffen, ließe sich das Hundert in der sechsbändigen Ausgabe leicht verdoppeln. In der Tat sind darin auch frühere ‚Betrachtungen' als ‚Erzählungen' aufgenommen, wie ‚Der Europäer' und ‚Wenn der Krieg noch fünf Jahre dauert'.

In beinahe der Hälfte aller Erzählungen Hesses sind Erinnerungen aus Kindheit und Jugend aufbewahrt, da der Dichter die Meinung vertrat, daß der Mensch nur etwa bis zum 13., 14. Lebensjahr mit ganzer Schärfe und Frische zu erleben imstande sei. Davon zehre er sein Leben lang. So kann man, wie Volker Michels in seinem zusammenfassenden Essay über ‚Die Erzählungen H. Hesses' sagt, die ersten 15 Jahre von Hesses schriftstellerischer Tätigkeit geradezu „à la recherche tu temps perdu", als ein Aufarbeiten und peinlich genaues Rekonstruieren dieser frühen Erlebnisse bezeichnen". Was den Dichter dabei immer wieder reizt, sei „die Spannung zwischen Freiheit und erster Domestizierung, zwischen Gemeinschaft und ... instinktiven und konventionellen Verhaltensmustern". (V. M. E, 457) Die Mehrzahl der in den drei genannten Erzählbänden enthaltenen Stücke entstammen dem Umkreis von „Gerbersau", d. h. Calw. Bis zur Veröffentlichung von Siegfried Greiners Berichten, Bild- und Textdokumenten unter dem Titel ‚Hermann Hesse, Jugend in Calw' (1981) war kaum bekannt, wie unauflöslich der Dichter seine Calwer Jugendheimat in seine Schriften bis in sein vielschichtiges Alterswerk ‚Das Glasperlenspiel' hineinverwoben hat. Statt aufgrund von Mutmaßungen und mehr oder weniger fundierten Spekulationen so mancher Literaturwissenschaftler aus nah und fern hat Greiner als gebürtiger Calwer, Lokal- und Heimatforscher durch sorgfältiges Aufspüren und Vergleichen von „Fakten" besonders in Hesses Gerbersau-Erzählungen und noch immer nachprüfbaren Entsprechungen in Wirklichkeit feststellen können, daß zwischen dem realen Calw und dem fiktiven Gerbersau nur das Zufällige, wie die Namen bestimmter Orte und

Menschen, ausgetauscht und scheinbar „verfremdet" wurden, nicht aber das, was ihr Wesen und Schicksal ausmacht. Was den jungen Hesse damals sinnlich ansprach, wird in diesen Erzählungen realistisch nachgezeichnet und zugleich vertieft durch jene erst später bewußt werdenden Einsichten, durch die Bilder überhaupt erst zu Sinnbildern verschmelzen. So schildert er in der Novelle ‚Die Marmorsäge' einerseits Schwarzwaldlandschaft und Menschenschlag im Umkreis des noch heute aktiven kleinen Betriebes im Teinachtal, andererseits erhält die unglückliche Liebe der jungen Helene Lampart und ihr Selbstmord im Mühlbach translokale Bedeutung und wird zur tragischen, „überregionalen" Liebesgeschichte vom Rang der Kellerschen Novelle ‚Romeo und Julia auf dem Dorfe', mit der sie auch wiederholt verglichen wurde.

Der kleine „Heimkehrerroman" (S. Greiner) ‚Schön ist die Jugend' handelt von einem mehrwöchigen Besuch Hesses in Calw nach erfolgreich abgeschlossener Buchhändlerlehre im August 1899. Bei der Wiederbegegnung mit Altem und Neuem in der Architektur des Städtchens und im Leben von Verwandten und Bekannten rückt auch das alte „Steinhaus" in der Bischofstraße in den Blickpunkt, worin damals Tante Berta ( = Tante Jettle Ensslin, langjährige Mitarbeiterin im Verlagsverein) und heute auch noch immer Angehörige der weitverzweigten Gundertfamilie wohnen. (S. G., 88) Auch andere Erzählungen aus Gerbersau sind „liebevoll-realistische Psychogramme" (V. Michels). ‚Karl Eugen Eiselein', ‚Garibaldi', ‚Walter Kömpff', ‚Die Verlobung' und ‚In der alten Sonne' enthalten eine faszinierende Welt von Handwerkern, Lehrlingen, Fuhrleuten, Hausierern, Asylinsassen, Ausrangierten – Ausnahmeexemplare von „Proletariern" sozusagen, denen Hesses Sympathie von jeher gehörte: sehr zum Leidwesen eines Kritikers wie Carl Busse, der sich in seiner Besprechung von ‚Umwege' (1911) lebhaft darüber beklagt, daß Hesse etwa den Barbier Ladidel, ein „so jämmerliches Jüngelchen", zum Helden einer großen Geschichte erhebe. Was fände er überhaupt „an den dürftigen Philistern", mit deren „billigen Zielen" er uns vertraut mache? Hesse sei „zu gut dazu, um sich in kleiner

Münze auszugeben und das verliehene Talent an das Nichtige zu verschwenden". (A. H. K, 110)

Der Erzähler selbst rechtfertigte sich damit, daß in seiner Bescheidenheit bei der Stoffwahl auch ein gewisser Stolz liege und der Versuch, „auf das Glänzende zu verzichten" seine Gründe habe. In einem Brief von 1912 heißt es: „Ein Lehrbub, der seinen ersten Sonntagsrausch erlebt, und ein Ladenmädel, das sich verliebt, sind mir, offen gestanden, eigentlich ganz ebenso interessant wie ein Held oder Künstler oder Politiker oder Faust, denn sie leben nicht auf den Gipfeln seltener Ausnahmeexistenzen, sondern atmen die Luft aller und stehen allen Dingen näher, auf denen das natürliche menschliche Leben ruht und aus denen wir in schlechten Zeiten den Trost der Gemeinschaft und Zugehörigkeit schöpfen . . ." (S. G., XI) Was Seldwyla für Gottfried Keller, Dublin für James Joyce, das war für Hesse Gerbersau. Dazu gehörte der Rhythmus der Jahreszeiten, Krebsfang und Angeln in der Nagold, Heuernte, Mostpressen, Kartoffelfeuer ebenso wie die Begegnung mit Unterprivilegierten und auch mit der Kleinstadtnoblesse, mit dem unheimlichen Hausierer Hottehotte wie mit dem wohlhabend aus Amerika in seine Heimatstadt zurückgekehrten Fabrikanten August Schlotterbeck.

## Im Presselschen Gartenhaus. Knulp

Zwei der bekanntesten Schwäbischen Erzählungen, deren Entstehung in die späte Gaienhofener und frühe Berner Zeit zurückreicht, sind ‚Im Presselschen Gartenhaus' und ‚Knulp'. Die erste ist, wie ihr Untertitel lautet, eine „Erzählung aus dem alten Tübingen". Darin ruft Hesse die für Tübingen so glorreichen Zwanzigerjahre des vorigen Jahrhunderts zurück, als in der alten Universitätsstadt gleichzeitig Waiblinger, Mörike und Hölderlin lebten. Die Erzählung beruht auf sorgfältigem Quellenstudium lokal- und literaturgeschichtlicher Verhältnisse und wird zudem lebendig durch Anreicherungen aus Hesses eigener Lehrzeit am gleichen Ort. Das Presselsche Gartenhaus war einst ein einfaches Hüttchen am Österberg, ungefähr da, wo heute die Schlatterer-Mensa steht. Wie mancher Student in unserer Zeit, so hatten auch schon damals die drei schwäbischen Dichter typische „Stiftlerneurosen", wie Hugo Ball bei der Besprechung dieser seiner Meinung nach „schönsten Novelle Hesses" bemerkte. (H. B., 56)

Hölderlin hatte in Maulbronn unsäglich gelitten, Mörike im Tübinger Stift nicht minder. Ihr gemeinsamer Freund Waiblinger, Verfasser eines ‚Phaeton' und zahlloser Reisebriefe, präsentiert sich als „Wanderpoet", wie ihn Schwaben in einem halben Jahrhundert nur einmal hervorgebracht hat. Er liebt weniger das königliche Stipendium als vielmehr ein Mädchen von „königlich ossianischem Geist". Mit dem genialisch flakkernden Waiblinger kontrastiert sichtlich der wortkarge, nachdenkliche Mörike. Auch von Peregrina, seiner Jugendliebe Maria Meyer, ist die Rede; sie wird jedoch nicht zu einer Hauptgestalt wie in der psychologisch subtil durchleuchteten Geschichte ‚Die dreifache Maria' von Peter Härtling, obschon auch Hesse die Durchdringung der rätselhaften Künstlerpsyche wichtig ist, die fortwährend zwischen Verstand und Irrsinn hin und her zu schwanken scheint. Das kommt gegen Ende der Erzählung im Verhalten des älteren Hölderlin zur Sprache. Er, der schon jahrelang geistig Umnachtete, schreibt, als ihn seine jungen Freunde nach dem geselligen Abend behutsam wieder in sein Turmzimmer drunten am Neckar zurückbegleitet haben, „mit seiner schönen, eleganten Handschrift" eine seiner reifsten Gedichtstrophen nieder. „Noch gegen zwanzig Jahre (hat er) in seiner toten Dämmerung dahingelebt." (IV, 420) So endet diese Erzählung oder eigentlich, ihrer straffen Form und Sprache nach, eher Novelle.

Knulp, der bei aller selbstgewählten Armut alles andere als ungepflegte und geistig „simple" Landstreicher, scheint auf den ersten Blick wenig mit Hesse selbst gemein zu haben, weshalb er auch in der Literaturkritik immer wieder als Wiederholung von Eichendorffs ‚Taugenichts' verstanden wird. Mit feinem Gespür für andere als nur literarhistorische Klischeevorstellungen schrieb dagegen Eduard Korrodi in seiner Besprechung der ‚Drei Geschichten aus dem Leben Knulps': „Wie mag man nur den ungebrochenen Wanderburschen Eichendorffs mit dem doch so unvergleichlich sensibleren und problematischeren Knulp, dem Kind einer anderen Zeit, vergleichen!" (S. U., 61) Wie seelenverwandt Knulp in Wirklichkeit mit seinem Dichter ist, als dessen Inbegriff der Gerbersauer Jugendzeit er geradezu betrachtet werden kann, darüber geben erst 1989 veröffentlichte ‚Erinnerungen der Söhne an ihren Vater' unmißverständlichen Aufschluß. So schildert Hesses ältester Sohn Bruno, wie sein Vater bei einem gemeinsamen Rundgang durch Calw (1913) immer wieder gesagt habe: „Da ist Knulp gewesen" und – mit einem Blick auf den „Langen", den letzten verbliebenen Turm der ehemaligen Stadtbefestigung –: „In dem Stübchen dort oben hat der Schneidermeister gewohnt", wogegen Hesse auf sein eigenes Geburtshaus am Markt nur nebenbei hingewiesen habe. Gefragt, warum er nichts aus seiner eigenen Jugend erzähle, habe der Vater geantwortet: die Geschichte des Knulp sei ihm viel lebendiger als seine eigene Jugend. (U. R., 19)

Der Vergleich mit Eichendorff hält erst recht nicht auf kompositorischem und sprachlichem Gebiet stand. Während auf der Wanderschaft des Taugenichts romantische Konfusion vorherrscht (besonders bei seinen Liebesabenteuern), die sich erst am Ende, nach langem und gefälligem, durch fortwährende Nebenhandlungen unterbrochenen Fabulieren in Prosa und Versen, in Wohlgefallen auflöst, greift Hesse drei entscheidende Episoden aus Knulps Lebensgeschichte heraus: ‚Vorfrühling', ‚Meine Erinnerung an Knulp' und ‚Das Ende'. In ‚Vorfrühling' erscheint Knulp als noch jüngerer Mann beim Besuch seines inzwischen verheirateten Freundes, des Weißgerbers Emil Rothfuß in Lächstetten (fiktiver Name für Calw). Ein unbekannter Chronist beobachtet „unsern Freund Knulp" wohlwollend, aber kritisch auf dem Rundgang durch die Heimatstadt, skizziert knapp und konzentriert Wiedersehen sowie Gespräche mit alten Freunden und Bekannten. Nachdruck liegt auf dem Verhalten des „Vagabunden" zwei Frauen gegenüber, einer verheirateten und einem noch ledigen jungen Mädchen. Die hübsche Meisterin Rothfuß findet sogleich Gefallen an Knulp und kommt ihm weiter entgegen als ihm lieb ist, was die leichtfertige Bürgerin nicht wenig befremdet. Denn ihrer Vorstellung nach paßte es doch gerade zur Lebensform eines Landstreichers, flüchtigen Liebesgenuß ohne Bindung und Verpflichtung nicht nur zu suchen, sondern auch ohne Bedenken anzunehmen, wo immer sich Gelegenheit dazu bietet. Und gerade das schließt er im Falle der Madame Rothfuß, nicht ganz ohne Schadenfreude, konsequent aus seiner Lebensart aus. Stattdessen macht er sich's lieber etwas schwer, unter Aufbietung seines ganzen Charmes und aller seiner kleinen Kunstfertigkeiten, um die junge Magd im Nachbarhaus zu werben, die ihm nicht auf den ersten Blick entgegenkommt. Später aber nutzt er seine Chancen nicht über Gebühr aus, sondern läßt es sich am Vergnügen genug sein, mit Bärbele einen Abendspaziergang zu machen und sie hinterher zu einem Tänzchen einzuladen. Ihr Abschied bleibt eine tröstende Erinnerung ohne bitteren Nachgeschmack für beide.

‚Meine Erinnerung an Knulp‘ ist offenbar vom gleichen Chronisten geschrieben, unterscheidet sich aber von der ersten Geschichte durch die bevorzugte Ich-Form der Erzählweise, und zwar von seiten des Chronisten ebenso wie Knulps. Wie schon der Titel nahelegt, ist nur von *einer,* des Chronisten, Erinnerung an Knulp die Rede. Was die beiden Freunde – bereits in vorgerückten Jahren – bei der Rast auf einem ländlichen Friedhof beschäftigt, ist das Problem von Tod und Unsterblichkeit. Sie ruhen beide aus im „wildwachsenden Gras" (biblisches Sinnbild des Menschenlebens). Knulp pflückt sich – Kardinalsymbol der Vergänglichkeit des Schönen – eine Resede von einem Grab und steckt sie sich „leichtsinnig" an den Hut. Nach dieser heiter gestimmten Einleitung geht das Gespräch fast unmerklich in eine Diskussion metaphysischer Probleme über. Wie beiläufig nur erinnert eine mögliche „Reinkarnation" als schöner Knabe an die Vorstellung, „wie die Alten den Tod gebildet" (im Sinne G. E. Lessings). Man streitet sich freundschaftlich darüber, in welcher Gestalt man wiedergeboren werden möchte: als „kleiner Bub" oder als „alter Mann"? Sind unsere Wünsche überhaupt absolut zu verstehen? Vor die Wahl gestellt: möchte nicht jeder lieber bleiben, der er ist? Seine Liebeserfahrungen haben Knulp gelehrt, daß es nichts Bleibendes auf der Welt gibt. Denn, trotz noch so inniger Verbundenheit miteinander, habe „am Ende doch ein jeder Mensch das Seinige ganz für sich". Und wie lange trauert man wirklich um einen Verstorbenen, selbst wenn man ihn noch so sehr geliebt hat? Trotz dieser fragwürdigen, im Grunde agnostischen, Lebenseinsichten ist Knulp nicht etwa zum Nihilisten geworden. Gleichgültig, was danach komme oder nicht, bedeutet ihm der Tod keinen Freibrief für wertfreies, amoralisches Handeln. Für ihn muß das Gute auch das Richtige sein, weil man dabei „zufrieden" bliebe und „sein gutes Gewissen" habe. (IV, 480) Dennoch bleibt die Frage nach dem Sinn des Lebens offen. Sie wird erst in der dritten Geschichte gelöst. ‚Das Ende': es ist einzig Knulps und keines anderen Weggefährten.

Im Bewußtsein, daß er früher oder später doch sterben muß, wandert der gealterte, todkranke Knulp nicht, wie auf Anraten seines Arztfreundes, ins Spital, um sich dort sein Leben um eine kleine Zeit verlängern zu lassen. Das wäre nicht in Knulps Sinn gewesen, der nie mit dem Leben gegeizt und stets ein erfülltes kürzeres einem bürgerlich satten und langen vorgezogen. So wandert er allein auf zunehmend verschneiter Straße bergauf in der freien Natur, bis er nicht mehr weiter kann. Da überkommt es ihn wie eine Rückschau in sein Leben. Er vergegenwärtigt sich noch einmal alle wesentlichen Momente, schöne und traurige; er stimmt zu, bedauert, klagt sich an, was für ein „schlechter Kerl" er gewesen. Übrig bleiben ungelöste Versäumnis- und Schuldgefühle, die letztlich alle in die große Frage münden: hat sein Vagabundenleben nach alledem schließlich doch einen „Sinn" gehabt? Schon längst, während der Schnee immer dichter fällt, redet er unaufhörlich, nun nicht mehr mit sich selbst, sondern mit Gott. Und Gott allein, kein Priester der Menschen, ist es auch, der ihm die ersehnte „Absolution" erteilt, ohne die er nicht sterben kann, nicht sterben will. „‚Sieh', sprach Gott, ‚ich habe dich nicht anders brauchen können, als wie du bist. In meinem Namen bist du gewandert und hast den seßhaften Leuten immer wieder ein wenig Heimweh nach Freiheit mitbringen müssen. In meinem Namen hast du Dummheiten gemacht und dich verspotten lassen; ich selber bin in dir verspottet und bin in dir geliebt worden. Du bist ja mein Kind und mein Bruder und ein Stück von mir, und du hast nichts gekostet und nichts gelitten, was ich nicht mit dir erlebt habe.'" (IV, 524) Knulp muß nun selbst aus „entzündeten", d. h. sehend, einsehend gewordenen Augen lächeln: „,Ja, es ist so, ich habe es eigentlich immer gewußt.' ,Also ist nichts mehr zu klagen?' fragte Gottes Stimme. ,Nichts mehr', nickte Knulp und lachte schüchtern. Als er die Augen nochmals auftat, schien die Sonne und blendete so sehr, daß er schnell die Lider senken mußte." (IV, 525)

Es ist das Ende Knulps, des Landstreichers mit dem nach außen hin verpfuschten Leben. In den Augen Gottes aber hat er den Sinn seines Lebens erfüllt gleich wie Franziskus, Hesses Lieblingsheiliger, mit dem Knulp ebenso verwandt zu sein scheint wie mit einem buddhistischen Bettelmönch, der nach Vorstellung der Inder die letzte und höchste Lebensstufe erreicht hat. Insofern ist Knulp ein Bruder auch des – jungen – Siddhartha.


## Hesses Sprache und Erzählstil

Das Erzählen bedeutet für Hesse „Festhalten des Vergänglichen . . . im Wort, ein etwas Don Quiichottehafter Kampf gegen den Tod . . ." (V. M. E, 456) Ein Kritiker wie Otto Flake betonte im Knulp-Triptychon jene „verführerische Klarheit der Sprache". Sie gilt erst recht auch für die Erzählungen, welche nicht dem Gerbersau-Typus angehören und ist darüber hinaus ein Kennzeichen von Hesses gesamter Erzählkunst. Was Ludwig Binswanger als die „drei Formen mißglückten Daseins" bezeichnet hat, nämlich „Verstiegenheit, Verschrobenheit und Maniriertheit" – sie gehören weder zu Hesses Psyche noch spiegeln sie sich in seinem Stil wider. Wie könnte es auch anders sein? *Le style c'est l'homme.* Wo immer er eine dieser mißglückten Daseinsformen im sprachlichen Ausdruck wiederfindet, begegnet er ihr mit Humor und Ironie. So notiert er nach dem „Genuß von etwas Heidegger-Lektüre 1961 in Sils Maria" einen ‚Satz von Heidegger, bzw. H. H.': „Die Zahl im Zustandekommen des Zustandes des Innewerdens ihrer Zahlheit hört auf als Zahl zu zählen." (BN, 165) Sicher gibt es auch Leser, die vorzugsweise komplizierte Stoffe und Sprachkunststückchen schätzen –: Texte, die um jeden Preis originell sein wollen. Solche Leser kommen bei der Lektüre von Hesses Büchern nicht immer auf ihre Kosten. Doch gerade bei so scheinbar einfachen Geschichten wie ‚Der Wolf', ‚Der Waldmensch', ‚Pater Matthias', ‚Casanovas Bekehrung', ‚Doktor Knölges Ende', ‚Ein Abend bei Doktor Faustus' erkennt man Hesses Kunst, seine Leser vor allem durch das Wie seines Erzählens zu faszinieren. Nicht also durch spannende Handlungen? Gerade vor „spannenden Handlungen", schreibt Hesse während der Entstehungszeit von ‚Narziß und Goldmund', habe er „den größten Abscheu", namentlich in seinen eigenen Büchern. So versucht er auch, „die eine spannende Seite", mit der er sich am Arbeitstisch herumplagt, „so kurz und wenig spannend wie möglich zu fassen". (IX, 82) Warum aber kann man weder ‚Narziß und Goldmund' noch eine der anderen Dichtungen, ja selbst ein angefangenes Kapitel aus dem ‚Glasperlenspiel' kaum je aus der Hand legen, ehe man es bis zu Ende gelesen hat?

Kurt Tucholsky scheint dem Geheimnis Hessescher Faszinationskunst auf der Spur gewesen zu sein, als er schrieb: „Hesse kann, was nur wenige können. Er kann einen Sommerabend und ein erfrischendes Schwimmbad und die schlaffe Müdigkeit nach körperlicher Anstrengung nicht nur schildern – das wäre schwer. Aber er kann machen, daß es uns heiß und kühl und müde ums Herz ist." (V. M. E., 456) Dabei hat diese scheinbare Einfachheit seiner Darstellungskunst nicht das geringste mit Simplizität zu tun. Nachahmungsversuche sind bis zu einem gewissen Grade durchaus möglich bei Dichtern mit besonderen Sprachmanierismen wie George, Rilke, Benn und ihren zahlreichen auf den ersten Blick erkennbaren Schülern.

Worin liegt letztlich Hesses Unnachahmlichkeit? Volker

Michels kommt einer Erklärung sehr nahe, wenn er „Leben und Werk dieses Autors wie die Komponenten einer mathematischen Gleichung" betrachtet, so daß „jede exakte Analyse seiner Schriften notwendig auf ihre biographische Entsprechung stößt". Demzufolge schlage sich eine so „bruchlose Identität stets als Klarheit und Einfachheit nieder". Denn „nicht die Dinge sind kompliziert, sondern nur ihre Darstellung, sobald mangelhaft Erlebtes formalistisch oder geistreich wettgemacht werden muß. Wir haben uns immer noch nicht abgewöhnt, das Unverständliche für genial zu halten." Mit „wir" meint Michels hier offensichtlich deutsche Leser und deren Mentalität. Er berührt damit ein Charakteristikum des Deutschen und namentlich auch deutsch-sprachiger Literatur, und zwar auf dem Gebiet der Belletristik ebenso wie der Wissenschaft, wie es aus der Distanz des Auslandes und jahrzehntelangem Umgang mit der zur Klarheit zwingenden (und für einen Deutschen alles andere als einfach zu schreibenden) englischen Sprache vollauf bestätigt werden kann.

Hesse versteht durch seine Erzählkunst alle Sinne anzusprechen: Geist und Gemüt, Gefühl und Intellekt. Er hat jedem etwas zu sagen, was ihn angeht, was eine verwandte Saite in ihm anschlägt. Während der ausländische Leser und Kritiker, vor allem, wenn er sie nur in Übersetzung lesen kann, Hesses Schriften hauptsächlich nach Ideen absucht und beurteilt, hat der Deutsche mit musikalischem Feingefühl für seine Muttersprache den Vorzug, auch beim lauten Lesen von Hesses Dichtungen das, wie es scheint, aus der Vokalmusik her übernommene Grundprinzip an sich zu beobachten: wie genau nämlich Bau und Rhythmus seiner Sätze dem natürlichen Atem angepaßt sind. Man lese hierzu als illustratives Beispiel das Gedicht ‚Prosa' über einen wesensverwandten Dichter: „So schlicht, unfeierlich und fast alltäglich/Geht seine Prosa! Sie ihm nachzuschreiben/Scheint Kinderspiel, doch laß es lieber bleiben./Denn schaust du näher hin, so wird unsäglich,/Was harmlos einfach schien, aus Nichtigkeiten/Wird eine Welt, aus Atem Melodien . . ." (G II, 680) Es ist dies ein Reiz des Hesseschen Sprachduktus, wie ihn ein 13jähriges Mädchen, das seiner Mutter etwas von dem Dichter hatte vorlesen müssen, folgendermaßen beschrieb: „Das ist so fein bei Hesse, daß immer gerade da, wo man schnaufen muß, ein Komma oder ein Punkt kommt." Hesse selbst berichtet darüber in einem Brief vom 24. 1. 1932. (V. M. E, 469) Das scheinbar paradoxe Axiom gilt offenbar auch für andere Künste, in Tanz und Akrobatik und speziell auch für die musikalische Interpretation, wie es der jüngst verstorbene Pianist, Vladimir Horovitz, einmal formuliert hat: „Das, was ganz leicht aussieht, ist das Schwierigste."

## Gertrud. Fragmente. Aus Indien

In Tübingen war Hesse außerberuflich mit einer kleinen Gruppe von Studenten zusammen gewesen, sonst aber für sich allein geblieben. In Basel hatte er gelegentlich in Akademikerkreisen verkehrt. In Gaienhofen freundete er sich vorzugsweise mit Künstlerkollegen an, mit Schriftstellern wie Ludwig Finckh, Ludwig Thoma, Stefan Zweig. Thomas Mann traf er bereits 1904, doch kam es zu einer dauerhaften Freundschaft und Korrespondenz der beiden erst nach dem I. Weltkrieg. Vorzugsweise suchte er die Gesellschaft von Malern und Musikern. Mit seiner Frau Mia verband ihn die gemeinsame Liebe zur Musik. Zu ihren Freunden und Bekannten unter zeitgenössischen Komponisten und Interpreten zählten Othmar Schoeck, Ferrucio Busoni, Edwin Fischer und die Altistin Ilona Durigo.

Zwei seiner Bücher aus der Gaienhofener und der frühen Berner Zeit sind Künstlerromane. Vom Musikerroman ‚Gertrud' gibt es drei Versionen. Die zweite Fassung wurde erstmals 1909/10 in ‚Velhagen und Klasings Monatsheften' vorabgedruckt; die dritte – endgültige – erschien 1910 bei Albert Langen in München. Fragmente von Frühfassungen fanden sich im Nachlaß. Hesse war mit den verschiedenen Versionen nie ganz zufrieden. Er hatte sich dabei nicht nur mit der Psyche eines schöpferischen Musikers befaßt, sondern wollte auch, wie er in einem Brief vom 21. 11. 1910 an Th. Heuss schrieb, stofflich insofern Neues probieren, als „das Buch von der schwierigen Balance handelt, die im echten Künstler zwischen Liebe zur Welt und Flucht vor der Welt, … zwischen Befriedigung und Durst ständig vibriert". (B I, 186) Ihm schien die im Roman vertretene Lebensauffassung einigermaßen passabel zu sein, nicht jedoch die Form. Wie jeder bedeutende, nie ganz mit seinem Werk zufriedene und nach getaner Arbeit stets weiter strebende Künstler, so sah auch Hesse in ‚Gertrud‘ nur die Fehler und das Nichtgekonnte. „Eben darum gehe ich immer sehr bald an Neues, da ich eigentlich nur an der Arbeit, nicht am Fertigen Freude finde", heißt es in einem Brief vom 26. 2. 1911 an Professor Karl Hampe. (S. U., 46)

‚Gertrud‘ ist keineswegs zuletzt ein Buch für Musikliebhaber mit tiefen Einsichten in den schöpferischen Prozeß des Komponisten ebenso wie seines Interpreten. Der Name „Gertrud" begegnet wiederholt schon in früheren Hessebüchern. Ihr waren bereits die ‚Romantischen Lieder‘ mitgewidmet; ‚Frau Gertrud‘ lautet ein Gedichttitel der gleichen Sammlung. Ob es sich beim Urbild dieses Frauennamens um Gertrud Klett handelt, die Tochter der mit Hesse befreundeten Calwer Familie, später Lehrerin an der „Lette-Schule" in Berlin und 1906 mit einem Gedichtband ‚Aus jungen Tagen‘ hervorgetreten, kann vermutet aber nicht definitiv entschieden werden. Jedenfalls ist die Gertrud im Roman eine vornehm-schöne Frauengestalt. Sie steht zwischen beiden Künstlern: dem lebensscheuen Komponisten Kuhn, für den sie – ähnlich wie Beatrice für Hermann Lauscher und Emil Sinclair – zur lebenslangen Inspirationsquelle wird, und seinem Freund, dem faszinierenden, aber innerlich zerrissenen und maßlosen Sänger Muoth. Ihm ist Gertrud sogar als Ehefrau noch in leidenschaftlicher Liebe ergeben, vermag jedoch am Ende, ebensowenig wie Kuhn, den seelischen Ruin ihres Mannes zu verhindern. Der Roman wurde, wie zu erwarten, kein rechter Publikumserfolg. Doch war Hesse keineswegs enttäuscht, als das Buch erst 1927 vergriffen war. Er hätte die Neuauflage von 1947 am liebsten vermieden.

Wie alle Schriftsteller, die große Ansprüche an sich selbst

und damit an ihr Werk stellen, hinterließ Hesse nicht nur verschiedene Fassungen eines und desselben Werkes, sondern auch eine ganze Reihe von Fragmenten, Lyrik und Prosa. Einige davon sind in der posthum edierten ‚Prosa aus dem Nachlaß' enthalten, darunter die ‚Geschichten um Quorm' (einem Vorläufer Knulps), ‚Haus zum Frieden' (1910), die beiden Fassungen des ‚Vierten Lebenslaufs' (im ‚Glasperlenspiel' weggelassen). Als ein Fragment in drei Kapiteln ist der Roman ‚Bertold' (1907) erhalten. ‚Aus dem Leben eines Zauberers', ein phantastischer Roman, stockte bereits nach der biographischen Einführung ‚Kindheit des Zauberers' (1923). (Diesen Titel trug auch schon die erste Ausgabe von 1913.) Überliefert sind auch Fragmente literarischer Kommentare sowie Pläne ohne Titel, Notizen aus der Werkstatt und zahlreiche Gedichtfragmente.

In der Zeit zwischen der Niederschrift von ‚Gertrud' und ‚Roßhalde' fand Hesses erste und letzte große Reise statt. Anfang September 1911 fuhr er mit dem Maler Hans Sturzenegger durch die Schweiz und Oberitalien nach Genua und schiffte sich dort an Bord der „Prinz Eitel Friedrich" nach Indien ein – eigentlich nach Hinterindien. Durch den Suezkanal über Aden fährt er nach Colombo (Ceylon), Penang, Kuala Lumpur, Singapore (Malayische Halbinsel), Djambi, Pelaiang, Palembang (Sumatra). Auf der Rückreise bestieg er den höchsten Berg Ceylons (heute: Sri Lanka), den Pedrotallagalla. Schriftstellerischer Ertrag sind zunächst seine ‚Aufzeichnungen von einer indischen Reise' (erstmals 1913 publiziert). Sie wurden aus dem Nachlaß wesentlich ergänzt in einer Neuausgabe durch V. Michels von 1983 unter dem Titel ‚Aus Indien'. Der literarisch-philosophische Extrakt der Reise wird jedoch erst später in ‚Siddhartha' sichtbar. Für Hesse selbst war die Indienreise ein Versuch gewesen, Abstand von Gaienhofen zu gewinnen, wo es nach achtjährigem Aufenthalt „kein Leben mehr" für ihn gab. Seine bäuerlich-seßhafte Existenz war gescheitert. Schon vier Jahre zuvor hatte sich Hesse, durch zunehmende Langeweile ebenso wie intellektuelle Neugier veranlaßt, einer „Kur" auf dem Monte Verità bei Ascona unterzogen. Wie Gusto Gräser, der Dichter, Maler, Pazifist, selbsternannte „Volkwart" und Prophet in Kittel und Sandalen, lebte Hesse eine Zeitlang streng vegetarisch und verbrachte eine Woche nackt und allein in einer primitiven Hütte, fastete und lag einen ganzen Tag lang bis an die Achseln in Erde begraben. Dennoch hatte er bei seiner Rückkehr zu seiner Familie nach Gaienhofen erfahren, daß Gräsers allzu wörtlich verstandene „Rückkehr zur Natur" nicht auch sämtliche übrigen Lebensprobleme löste. Nun, nach der Indienreise, war es seine brüchig gewordene Ehe, die ihm zu schaffen machte.

## Romane und Erzählungen aus der Berner Zeit (1912–1919)

Im Jahre 1912 zog Hesse mit seiner Familie in das Landhaus des verstorbenen Malers Albert Welti am Melchenbühlweg in Ostermundigen bei Bern, oberhalb von Schloß Wittigkofen. Das alte Haus mit dem vernachlässigten Garten ist ziemlich ähnlich im Romanfragment ‚Haus der Träume' beschrieben – einer Erinnerung an seinen Freund Welti, der eines seiner Bilder so benannt hatte.

### Roßhalde. Gedanken über die Ehe

Das Haus des Malers Veraguth im Roman ‚Roßhalde' hat, wie der Dichter in einem Brief von 1955 erklärt, drei Vorbilder: das Belair (die Villa des Malers Hans Sturzenegger in Schaffhausen), das Berner Weltihaus und das Haus des Malers Balmer in Hörswil bei Bern. So ist Vorsicht vor einer einseitig biographischen Deutung dieses Buches geboten. Gewiß ist viel an eigener Ehe- und Familienproblematik in die Darstellung von Hauptcharakteren und Weltihaus-Umgebung eingegangen. Jedoch weist der Dichter im selben Brief darauf hin, daß ihm Balmers Ehe ähnlich wie die von Veraguth und der Maler selbst wie Sturzenegger vorgeschwebt haben. (B IV, 252) Man kann den Roman (in der Erstausgabe von 1913 als „Erzählung" bezeichnet) mit einem einzigen Satz zusammenfassen: Krankheit und Tod von Pierre, dem von Vater und Mutter gleich geliebten jüngsten Söhnchen, wird zum Gleichnis für

Welken und Sterben einer Ehe, speziell einer Künstlerehe. Daß der Ehekonflikt durch eine *dea ex machina,* eben Krankheit und Tod des Kindes, zu einer leichteren Lösung getrieben werde, hat man einerseits als „Marlittiade" (Werner von Schulenburg), andererseits gerade als „das Wertvolle an diesem Buch" bezeichnet, weil es eben „nicht durch Besonderheit der Fabel, anekdotische Reize und Ausbreitung der ehelichen Privatgemächer *urbi et orbi*" besteche, sondern Persönliches nur insofern wichtig sei, als es „die Kristallisierung des Typischen" bedinge (Fritz Ph. Baader). Tatsächlich wirkt ‚Roßhalde' auch noch auf heutige Leser wie ein *nouveau roman* deswegen, weil sich darin eine bei Hesse vordem nicht gekannte Reduktion des Erzähler-Subjektivismus manifestiert, wodurch die Handlung durch möglichst objektive Entzifferung der Umwelt und ihrer sichtbaren Veränderungen aus der Perspektive einer Hauptfigur ersetzt wird. Einig ist sich die Mehrzahl der Kritiker über Hesses Sprach-Disziplin. Der Wortschatz in ‚Roßhalde' sei allgemeinverständlich, auffällige literarische Kunstgriffe habe der Autor tunlichst vermieden; die Sätze seien zwar länger als in vorhergehenden Werken, dafür aber von jeglicher verbalen Schlacke gereinigt. Beispielhaft dafür ist ein Vergleich der Darstellung von Pierres Tod mit dem des Knaben „Echo" in Th. Manns ‚Doktor Faustus'. Beide Autoren hatten sich über den Ablauf der jeweiligen Krankengeschichte und ihrer Symptome bei Fachärzten informiert. Während an den entsprechenden Stellen bei Th. Mann deutlich die Nahtspuren der Montagetechnik und einzelner gesuchter *termini technici* durchscheinen, hat Hesse in seiner Darstellung auf jeglichen Fachjargon und Manierismus verzichtet. Was bei Echo als „Cerebrospinal-Meningitis" diagnostiziert wird, heißt bei Pierre auf gut Deutsch einfach „Gehirnhautentzündung"; Echos „Hauptwehe" sind Pierres „Kopfschmerzen"; des einen „eruptionsartiges Erbrechen" ist beim andern nurmehr „Erbrechen"; „herzzerreißendes Lamentieren und gellendes Aufschreien", der „typisch hydrocephale Schrei" bei Th. Mann sind bei Hesse „Schreie in ohnmächtiger Empörung gegen unerträgliche Qualen". (IV, 154)

Eine neue abgerundetere Bildhaftigkeit durchdringt Hesses von Anfang ebenso malerische wie musikalische Sprache. Nach Jahren, auch wenn man Einzelheiten des Romans längst vergessen hat, erinnert man sich des zentralen Bildes im achten Kapitel – also ziemlich genau in der Mitte des Buches –, auf dem der Maler Veraguth, zurück- und vorwärtsschauend, die ganze Tragik seiner Ehe symbolhaft dargestellt hat: „Im stillen, aufgelösten Licht der hohen Werkstatt stand sein Bild. Auf einer grünen Fläche mit wenigen kleinen Wiesenblumen saßen die drei Figuren: der Mann gebückt und in ein hoffnungsloses Grübeln vergraben, die Frau ergeben wartend in enttäuschter Freudlosigkeit, das Kind hell und arglos in den Blumen spielend, und über ihnen allen ein intensives, wogendes Licht, das triumphierend im Raume flutete und in jedem Blumenkelch mit derselben unbekümmerten Innigkeit aufstrahlte wie im lichten Haar des Knaben und in dem kleinen Goldschmuck am Halse der betrübten Frau." (IV, 89)

Hesse selbst behauptet, daß er in ,Roßhalde' die ihm „mögliche Höhe an Handwerk und Technik erreicht" hatte. Daß er darin jedoch, wie er im gleichen Brief von 1942 fortfährt, „nie weiter gekommen" sei, trifft kaum zu, denkt man etwa an die noch wesentlich dichtere Struktur und Sprache in ,Siddhartha' – von der experimentellen Prosa im ,Steppenwolf' ganz zu schweigen. Jedenfalls hatte er nach Beendigung von ,Roßhalde' von dem schwersten Problem, das ihn bis dahin beschäftigt, einstweilen Abschied genommen. Denn die „unglückliche Ehe", von der das Buch handelt, so schreibt er 1914 an seinen Vater, „beruht gar nicht auf einer falschen Wahl, sondern tiefer, auf dem Problem der ,Künstlerehe' überhaupt, auf der Frage, ob überhaupt ein Künstler oder Denker, ein Mann, der das Leben nicht nur instinktiv leben, sondern vor allem möglichst objektiv betrachten und darstellen will – ob so einer überhaupt zur Ehe fähig ist". (S. U., 54) Der Dichter hoffte, im Leben anders damit fertig zu werden als in seinem Buch, in dem er – *poeta vates est* – die Hirnhautentzündung seines jüngsten Sohnes sowie die erst 1923 erfolgte Scheidung seiner ersten Ehe antizipierte.

*Hesse im Garten des Berner Hauses mit seiner Frau und Heiner, dem zweiten Sohn*

Hesse ist noch zwei weitere Ehen eingegangen. Eigentlich hätte er in beiden Fällen eine Lebensgemeinschaft bevorzugt. ‚Roßhalde‘ ist und bleibt der Roman, der um das Eheproblem als Zentralmotiv kreist. In seinen folgenden Werken spielt es keine Hauptrolle mehr. Nirgendwo hat er sich, wie etwa sein Freund André Gide, dahingehend geäußert, daß die Ehe im Grund das Individuum zerstöre. Dafür versucht er in einem Brief aus dem Jahre 1929 seinen ältesten Sohn Bruno, den späteren Maler und Grafiker, über eine Liebesenttäuschung durch folgende Einsicht zu trösten: „Für den Künstler, überhaupt für den begabten Phantasiemenschen, ist die Ehe beinahe immer eine Enttäuschung. Im besten Fall ist es eine langsame, erträgliche, mit der man sich halt abfindet, aber es stirbt dabei, ohne viel Schmerzen, ein Stück Seele und Lebenskraft ab, und wir sind nachher ärmer, während wir nach dem Erleben eines echten großen Schmerzes eher reicher sind." (B II, 231) Hesse hat keine weiteren Lösungen anzubieten. Die Ehe bedeutete ihm zeitlebens ein zwiespältiges Problem, über das er geistig-künstlerisch zwar hinauswachsen, als Mensch aber nicht hinwegkommen konnte.

## Künstler und Psychoanalyse. Märchen

‚Roßhalde' markiert das Ende einer Epoche in Hesses schriftstellerischer Entwicklung. Wenige Monate nach Erscheinen des Romans brach der I. Weltkrieg aus. Die Ereignisse der Außenwelt führten ihn in eine neue Problematik hinein, vor der, wie er selbst rückschauend schreibt, „das Ästhetische sich nicht halten konnte". (S. U., 54) Seine innere Situation spitzt sich parallel zur Kriegsgeschichte zu. 1916 starb sein Vater. Der jüngste Sohn erkrankt lebensgefährlich. Die bislang latenten Depressionen seiner Frau kommen zum offenen Ausbruch und machen periodische Aufenthalte in Heilanstalten erforderlich. Eine schwere Nervenkrise zwingt den Dichter zu einem Sanatoriumsaufenthalt bei Luzern. Als Arzt behandelt ihn Josef B. Lang, Schüler von C. G. Jung (1875–1961). Hesse hatte Glück im Unglück. Dr. Lang, ein vielseitig gebildeter und für die Künstlerpsyche überaus verständisvoller Therapeut, wird – wie später auch C. G. Jung persönlich – zum lebenslangen Freund des Dichters. Unter seinem Einfluß beschäftigt er sich eingehend mit den Schriften von S. Freud und Jung.

Im Gegensatz zu Rilke und dessen Phobie vor dem Psychoanalytiker, hatte Hesse den Mut, sich der Psychotherapie gründlich zu unterziehen. Zwischen 1916 und 1917 verzeichnet die Kladde des Arztes 60 Sitzungen. Dieses neue Ergründen der eigenen Seele und die Lektüre der damals führenden Psychoanalytiker erweist sich als tiefgreifende Bereicherung seiner späteren Dichtungen, die allerdings von einigen Doktoranden und Literaturkritikern bedeutend überschätzt wurde. Sie erwecken den Anschein, als ob Hesse die Psychoanalyse seiner „ursprünglichen Romantik" nurmehr „aufgepfropft" habe, um „den Anschluß an das 20. Jahrhundert zu finden", da angeblich Hesses Verwendung der Tiefenpsychologie „über das in der Literatur übliche Maß weit hinaus" gehe und Teile des ‚Demian' und ‚Steppenwolf' sich „wie eine Krankengeschichte" läsen. So nach Ansicht von Egon Schwarz. (U. H. II, 89) Dagegen macht sich Hesse selbst in einem „offenen Brief an einen Bücherleser" vom 27. 10. 1928 indirekt über die Psychoanalyse als solche und gezielt über das Buch von H. R. Schmid: ‚H. Hesse' lustig. Darin werde mit Hilfe jener „vergnügten Methode", welche der Dichter „psychoanalytisches Feuilleton" nennt, eine „Hesse-Puppe" samt eigener Biographie „frei erfunden", um „einen wertlosen Lumpen seiner Sägespänefüllung zu berauben". (B II, 203)

Hesse selbst stand, wie allen anderen geistigen und psychologischen Einflüssen, denen er sich aussetzte, so auch der Psychoanalyse stets unabhängig-kritisch gegenüber. Zeugnis dafür ist sein Aufsatz ‚Künstler und Psychoanalyse' (1918). Darin gibt er der Einsicht Ausdruck, daß die Analyse einerseits nurmehr bestätige, was von den Dichtern „stets gewußt" worden sei – so hat auch Freud argumentiert. Andererseits sieht er in ihr eine Art Katalysator für das „Ethische" und „persönliche Gewissen", zwinge die Analyse doch zur „Wahrhaftigkeit gegen sich selbst", nämlich „gerade das zu untersuchen und ernstzunehmen", was wir „am erfolgreichsten in uns verdrängt" hätten. (X, 51) Mit anderen Worten: Für Hesse bedeutet die Psychoanalyse im Endergebnis nicht mehr und nicht weniger als eine neue Methode zur Vertiefung des alten *Nosce te ipsum:* Erkenne dich selbst! Darum auch war er entschieden der Meinung, daß der Künstler sich seine „Sensibilität", sein „fruchtbarstes Produktionsmittel", nicht „wegtherapieren" lassen dürfe, denn „jede kulturelle Leistung" sei „das Ergebnis von Komplexen" und „nicht dort entstanden, wo Komplexe geheilt" werden, sondern „wo ihre Hochspannungen sich schöpferisch erfüllen". (B II, 516)

Hesses durch die Psychoanalyse gewonnene Bewußtseinerweiterung schlägt sich zunächst in seinen ‚Märchen' nieder.

Vier von acht in der Erstausgabe von 1919 versammelten Märchen sind allerdings noch vor, der Beschäftigung mit Freud und Jung entstanden: ‚Flötentraum' (1912), ‚Augustus' und ‚Der Dichter' bereits 1913 und ‚Merkwürdige Nachricht von einem andern Stern' 1915. Die übrigen vier: ‚Eine Traumfolge', ‚Der schwere Weg', ‚Faldum' schrieb er 1916, ‚Iris' (für Mia, seine erste Gattin) 1917. Wie George W. Field in seinem Aufsatz ‚H. Hesses moderne Märchen' hervorhebt, stellt diese Dichtungsgattung in ihrer Originalität eine einzigartige Leistung im Werk des Dichters ebenso wie in der gesamten deutschen Literatur nach der Renaissance dar. (A. H. H, 204–29) Hesse steht in der Tradition des deutschen Kunstmärchens, wie sie seit dem Aufbruch der romantischen Bewegung gegen Ende des 18. Jahrhunderts bis in unsere Zeit floriert. Kurzsichtig wäre es, Hesse lediglich als Nachfahren romantischer Märchenerzähler zu klassifizieren, denn gerade im 20. Jahrhundert befindet er sich mit anderen Vertretern dieses Genre, wie H. v. Hofmannsthal, R. M. Rilke, Joseph Roth, Alfred Döblin, Gerhart Hauptmann, Robert Musil in der besten Gesellschaft. Die Gabe des Märchenerzählers: Gegebenheiten der natürlichen mit einer übernatürlichen Welt konzentriert, phantasievoll und unterhaltsam zugleich zu vereinen, war Hesse angeboren.

Als eines der bekanntesten und bedeutsamsten Hesse-Märchen und zugleich die dichterisch-symbolische Gestaltung des „Weges nach innen" par excellence wird immer wieder ‚Iris' hervorgehoben. Seit 1990 ist es in einer schönen bibliophilen Ausgabe, handgeschrieben und kongenial illustriert durch den Maler Peter Dorn im Verlag ‚Die Silberschnur' (Melsbach/Neuwied) verfügbar geworden.

Der gelehrte Professor Anselm muß erst einmal heilsamen Kindheitserinnerungen auf die Spur kommen, ehe er seine Geliebte, und durch sie sein eigenes Leben, wieder in Einklang mit seiner Natur zu bringen versteht. Stichwort dafür ist „Iris", das zugleich den Namen seiner Freundin und die blaue Schwertlilie im Garten seiner Mutter bedeutet. „Es war Iris, in deren Herz er drang, und es war die Schwertlilie im Garten der Mutter, in deren blauen Kelch er ... hinabschritt, und hinter ihm schritt und glitt die ganze Welt der Bilder mit und versank im Geheimnis, das hinter allen Bildern liegt." (VI, 128 f.) Unbefriedigend wäre es, betrachtete man Hesses ‚Iris‘ lediglich als Versuch, das Märchen ‚Hyazinth und Rosenblütchen‘ aus dem ‚Heinrich von Ofterdingen‘ des Novalis prosaischer und mit den Kenntnissen der modernen Tiefenpsychologie nurmehr zu variieren. Zwar hat Hesse Novalis überaus geschätzt und dessen Schriften gut gekannt, doch erinnert allein der Name „Anselm" eher an E. T. A. Hoffmanns Anselmus aus dem ‚Goldenen Topf‘. Dementsprechend scheint die Schwertlilie als Leitmotiv dem der Feuerlilie bei Hoffmann verwandt zu sein. Und jener Pfad abwärts in die Heimat evoziert Fausts Abstieg zu den Müttern, besonders wenn man bedenkt, daß es ja mit zum Hauptzweck dieses Weges gehört, das Wesen der Frau besser verstehen zu lernen: Faust die Hellena, Anselm seine Iris.

Hesses Märchen haben eklektischen Charakter. Sie sind eine Mischung verschiedener Ideen und Stile, teils aus der Tradition übernommen, teils individuell weitergebildet. Worum es dem Dichter in seinen Märchen ging, war weder Nachahmung noch Neuerungssucht. „Märchen haben nur einen Wert", schrieb er 1946 in einem Brief, „wenn sie dichterisch von vollem Wert sind, sind sie das nicht und bleiben sie didaktisch, dann halte ich nichts von ihnen." (S. U., 86) Wer nicht weiß, daß das Märchen ‚Der Flötentraum‘ (ursprünglich mit dem Titel ‚Ein Traum‘) noch vor dem I. Weltkrieg und ‚Der schwere Weg‘ unter dem Einfluß der Psychoanalyse geschrieben wurde, könnte in beiden Dichtungen C. G. Jungs Begriff des „Individuationsweges" dichterisch gestaltet finden. Denn jener „Steuermann" im ‚Flötentraum‘ und der „Bergführer" im ‚Schweren Weg‘ – beide sind archetypische Gestalten jenes sogenannten „Alten Weisen" im Verständnis von Jungs ‚Symbolik des Geistes‘. Man vergißt dabei leicht aus Gründen der *petitio principii,* daß ja auch Jung die Terminologie für seine Tiefenpsychologie aus schon vorhandenen Quellen geschöpft hat; davon wußten bereits die Erzähler jener Märchen, welche die Gebrüder Grimm sammelten – nur eben unter anderen Vorzeichen. Es ist darum auch unangebracht, weil kurzsichtig, in Hesses Schriften im Anschluß an die analytische Periode fortwährend auf Jung hinzuweisen, als ob der Dichter dessen „Lehre" nur habe popularisieren und nichts Eigenes zur Sache habe hinzufügen können. Schreibt doch der damals 44jährige Psychologe gerade im Hinblick auf ‚Demian' – das Buch, welches von Doktorkandidaten und Literaturkritikern der Alten und Neuen Welt als Paradigma für Jungschen Geist in Hessescher Form vorgestellt wird – in einem Brief vom 3. 12. 1919 an den Autor: „Ihr Buch wirkte auf mich wie das Licht eines Leuchtturms in einer Sturmnacht. Ihr Buch hat ein bestmögliches Ende, nämlich da, wo alles Vorausgegangene auch wirklich ein Ende hat, und wo alles das wiederum beginnt, womit das Buch begonnen hat, nämlich mit der Geburt und dem Aufwachen eines neuen Menschen." (S. U., 73) Jung scheint demnach von Hesse ebensoviel „gelernt" zu haben wie umgekehrt der Dichter von dem universal gebildeten Psychologen. In seinem 1990 publizierten dreibändigen Werk (Rheinfelden: Schäuble-Verlag) forscht Günter Baumann eingehend den Beziehungen Hesses zu J. B. Lang und C. G. Jung nach und versucht aufgrund des Drei-Stufen-Modells menschlicher Entwicklung sowie Zeugnissen der Weltreligionen in tiefenpsychologischer Interpretation einen religionsübergreifenden Heilsweg nachzuweisen, wobei alle wichtigen Bücher vom ‚Demian' bis zum ‚Glasperlenspiel' mit Jungschen Begriffen gedeutet und durch zahlreiche Illustrationen veranschaulicht werden.

## Demian. Schriften aus dem Sinclair-Kreis

Emil Sinclair (nach Isaac Sinclair, einem Freund Hölderlins): unter diesem Pseudonym („um nicht die Jugend durch den Namen eines alten Onkels abzuschrecken") erschien noch bis zur 16. Auflage jene „zündende Dichtung aus Hesses Mannesjahren", deren „elektrisierende Wirkung" in seinem Vorwort zur amerikanischen Ausgabe dieses Buches (1948) auch Thomas Mann noch immer unvergessen geblieben war. Es habe „mit unheimlicher Genauigkeit den Nerv der Zeit und eine ganze Jugend" getroffen. (S. U., 71) Dabei ist diese „Geschichte von Emil Sinclairs Jugend" im Kern denkbar einfach: Der junge Emil vermag sich aus der ihm auferlegten Unselbständigkeit durch Elternhaus und konventionelle Erziehung erst mit Hilfe seines älteren, aber vor allem reiferen Freundes Max Demian, seines guten „Dämon" (den Namen fand Hesse im Traum), zu befreien. Er entdeckt durch ihn erst das „Universum" in seinem eigenen Innern und wird dadurch schließlich selbst mündig. Wie Bergführer und Steuermann in den Märchen, so verschwindet am Ende auch Demian, als Emil ihn nicht mehr nötig hat. Er stirbt, schwerer im Krieg verwundet als Emil, nachdem er sich von seinem Freund mit einem letzten Kuß verabschiedet – symbolisch dafür, daß er, falls Emil ihn je wieder brauchte, „nicht mehr so grob auf einem Pferd geritten oder mit der Eisenbahn" käme. „Du mußt dann in dich hinein hören, dann merkst du, daß ich in dir drinnen bin." (V, 162 f.) Sinclair hat Demian, psychologisch gesprochen, „introjiziert".

Wiederum ist nicht das Was, sondern das Wie von Hesses Darstellung das Entscheidende. (Man könnte ja auch für die Gleichung Jung/Hesse in Anspruch nehmen, wie verwandt sich beide auch in Gedanken sein mögen – in ihrem sprachlichen Personalstil sind sie grundverschieden.) Ein vermutlich nur schwacher Nachklang dessen, wie das Buch unmittelbar nach seinem Erscheinen kurz nach dem I. Weltkrieg besonders auf die Jugend gewirkt haben mag, ist mir aus eigenem Erleben erinnerlich. Ich weiß nicht, welcher unserer „Oberen" es uns in die Hände gespielt hat oder ob es nicht längst schon in unserer Bibliothek vorhanden gewesen war – jedenfalls verschlangen wir im Thomas-Alumnat zu Leipzig, in den Jahren nach dem II. Weltkrieg, ‚Demian' wie eine Delikatesse, die es damals nur selten gab. Wir kopierten, memorierten und zitierten ganze Seiten daraus oder auch nur einzelne Abschnitte, wie das berühmte Motto im Vorwort des Erzählers: „Ich wollte ja nichts als das zu leben versuchen, was von selber aus mir heraus wollte. Warum war das so schwer?" (V, 7) Oder Sätze, die uns, Jüngere und Ältere (sicherlich auch einige Germanisten über Dreißig), sogar heute noch immer ansprechen, weil seither die Welt an Massenmenschen noch bedeutend reicher, an eigenständigen Individuen verschwindend ärmer geworden ist: „Jeder Mensch ... ist nicht nur er selber, er ist auch der einmalige, ganz besondere, in jedem Fall wichtige und merkwürdige Punkt, wo die Erscheinungen der Welt sich kreuzen, nur einmal so und nie wieder. Darum ist jedes Menschen Geschichte wichtig, ewig, göttlich, darum ist jeder Mensch, solange er irgend lebt und den Willen der Natur erfüllt, wunderbar und jeder Aufmerksamkeit würdig. In jedem ist der Geist Gestalt geworden, in jedem leidet die Kreatur, in jedem wird ein Erlöser gekreuzigt." (V, 7 f.) *Individuum est ineffabile.*

Seither ist die Literatur über ‚Demian‘, eines der meistdiskutierten Hesse-Bücher, im In- und Ausland ins Uferlose angewachsen. So viele Leser, so viele Interpretationen. Aufschlußreiche und abwegige, wie in neuerer Zeit die Auffassung Hermann Müllers: Gusto Gräser, der Naturapostel, den Hesse in seiner Erzählung ‚Der Weltverbesserer‘ eher karikiert als ernstgenommen zu haben scheint, sei das Vorbild für Sinclairs vor allem tiefenpsychologisch so hochkultivierten Mentor Demian gewesen. Vollends ad absurdum führt H. Müller das postulierte Guru-Verhältnis Gräser – Hesse mit der Behauptung: die „Schuldgefühle", die sich aus der „Loslösung" Hesses nach 1919 von seinem „Guru" ergeben hätten, spiegelten sich noch im ‚Steppenwolf‘, in ‚Narziß und Goldmund‘ und sogar in den vier Lebensläufen im ‚Glasperlenspiel‘ wider. (H. M., 171) Als hätte Hesse nur diesen einzigen Freund und „Guru" gehabt! Dabei wurde er von Jugend an bis ins hohe Alter von den verschiedensten „Lehrern" beeinflußt, jeweils aber nur so lange, bis er sich seine eigene Meinung gebildet und sich in seinem Leben und Werk allein zurechtgefunden hatte. Mit ebenso gutem Recht (und Unrecht) wie Gräser könnte man Heine, Burckhardt, Nietzsche, ja selbst Laotse, Buddha, Jesus, Nikolaus von Cusa, Mozart etc. als Hesses

„Gurus" bezeichnen. Bei allem Respekt vor dem eigenwilligen Wanderpoeten, Künstler und Menschenfreund Gräser, hat dessen konsequent gelebte Weltanschauung Hesse vorübergehend durchaus beeindruckt, nicht aber Gräsers Sprache und Stil.

In den Sinclair-Kreis gehört auch ,Sinclairs Notizbuch' (geschrieben in den Jahren 1917–20). Es enthält eine Sammlung thematisch zusammengehöriger Betrachtungen wie ,Der Europäer', ,Der Weg der Liebe', ,Eigensinn', die ergänzt werden durch die längeren Essays ,Blick ins Chaos' und vorab ,Zarathustras Wiederkehr'. Warum hielt es Hesse für nötig, sich hinter einen Decknamen zu verstecken und zur deutschen Jugend mit Anklängen an Nietzsches Zarathustra zu sprechen? Bereits bei ,Demian' war es ihm nicht um einen sensationellen und erst recht nicht materiellen Erfolg gegangen. Als man dem fiktiven Autor Sinclair den Fontanepreis zuerkannte, gab er ihn bereitwillig zurück und ließ das Buch fortan unter seinem eigenen Namen erscheinen. Die erste Auflage von ,Zarathustras Wiederkehr' wurde zunächst sogar als anonyme politische Flugschrift veröffentlicht. Der Untertitel lautet: „Ein Wort an die deutsche Jugend. Von einem Deutschen." Hesse hatte, ähnlich wie einst Nietzsche, das deutsche Kaiserreich mit seiner prätentiösen Scheinkultur abgelehnt und erst recht auch jenen unreflektierten Hurrah-Patriotismus, durch den Deutschland zum Krieg angetrieben wurde. Der Dichter hatte ihn längst für sich selbst und durch seine Schriften als fatale Selbsttäuschung entlarvt. Nun erlebte er das Ende des I. Weltkriegs als vorausgesehenen Zusammenbruch eines überalterten politischen Systems, aber auch als Neuordnung der Werte auf praktisch allen Gebieten des öffentlichen und privaten Lebens. Wie Angehörige der älteren Generation nach jeder Katastrophe, besonders vom Ausmaß eines Weltkriegs, setzte auch Hesse – im Sinne von Nietzsches Zarathustra – seine Hoffnung auf die Jugend beim Aufbau eines neuen Staatswesens, das nicht in erster Linie auf nationalen Privilegien, sondern „übernationaler Menschlichkeit" beruhen sollte. Sodann versuchte er durch eine Beschwörung Zarathustras an Nietzsches

„Mut zur Einsamkeit" zu erinnern, an die Selbstverantwortung des Einzelnen im Gegensatz zu „Herdengesinnung" und „Herdengeschrei". Hesse wußte auch, daß die geistige Jugend, besonders die „Expressionisten" darunter, eine „bis zur Verachtung und bitterstem Haß gesteigerte Auflehnung" gegen alles bekundeten, was als „impressionistisch" bekannt war. Daß seine bisherigen Schriften dazu gerechnet wurden, schien ihm „zweifellos". Infolgedessen würde auch eine Schrift mit seinem Autorennamen gar nicht erst gelesen werden. (Tatsächlich war selbst ein Intellektueller wie Alfred Döblin, der Hesses Bücher sonst nicht mochte, auf das Pseudonym „Sinclair" hereingefallen und hatte ‚Demian' nicht nur begeistert gelesen, sondern für seine Verhältnisse auch geradezu enthusiastisch rezensiert.) Die zweite Frage, warum Hesse sich an Nietzsche angelehnt und den Ton des Zarathustra sogar „imitiert" habe, beantwortet der Dichter dahingehend, daß „ein Leser mit zartem Sprachgefühl" sofort merken würde, daß „keine Stilnachahmung" vorläge, vielmehr „der Geist Zarathustras" zwingend auch in sprachlichen Anklängen habe gegenwärtig sein müssen. Denn: „Wo ist der deutsche Dichter, der deutsche Gelehrte, der deutsche geistige Führer, der so wie Nietzsche das Vertrauen der Jugend genoß, der so wie er an das Heiligste und Geistigste mahnte? Es ist kein anderer da." (S. U., 82)

Nietzsches Kulturkritik ist – besonders im Ausland – von jeher vorbelastet durch opportunistische Umdeutungen und Kollaboration der Schwester des Philosophen mit frühen Anstiftern der Nazi-Ideologie. Hier ist auch (besonders wenn man deutsche Geschichte in der Regel erst mit Hitlers „Machtergreifung" notdürftig zur Kenntnis nimmt wie im Schulbetrieb Amerikas) ein Grund dafür zu suchen, warum einzelne Kritiker in Hesses ‚Demian' und ‚Zarathustra' vorbereitendes Gedankengut für das Dritte Reich zu entdecken vermeinen. „... die Zukunft war in Wahrheit das Land seiner Liebe (i. e. Nietzsches), und den Kommenden, wie uns, deren Jugend ihm Unendliches dankt, wird er als eine Gestalt von zarter und ehrwürdiger Tragik, umloht vom Wetterleuchten dieser Zeitenwende, vor Augen stehen." Der das schrieb, war nicht etwa Hesse, sondern Thomas Mann, und zwar in seinem Vortrag über ‚Nietzsches Philosophie' vor Studenten des Hunter College, New York, Anno 1947, wenige Jahre also nach Ende des II. Weltkriegs. Th. Mann scheint hier Einsichten Hesse-Zarathustras fast dreißig Jahre später zu wiederholen, ohne dafür von der Kritik des Nachhalls einer Sympathie für die „Herrenmoral" verdächtigt zu werden ... Abgesehen von seinen eigenen Aufschlüssen, sollte man Hesses Pseudonym vor allem auch als ostentativen Ausdruck seiner Wesensänderung nach überstandener Krise verstehen, die sich fortan in seinen Werken auch im ständigen Inbegriff des Ethischen im Ästhetischen zeigen wird. Denn: „Die Welt braucht, das haben wir erlebt, Moral nötiger als Gescheitheit, und Ordnung der Werte nötiger als Psychologie." So lautet eine Briefstelle auch aus dem Jahre 1947. (B III, 453)

## Romane und Erzählungen der ersten Montagnoleser Periode (1919–1931)

Der amerikanische Literaturhistoriker Ralph Freedman begreift in seiner Hessebiographie (1982) den Dichter als „Autor der Krisis". Hesses Wandlungsfähigkeit nach jeder Lebenskrise scheint auch auf das Geheimnis hinzudeuten, warum vorab die Jugend verschiedener Länder seine Dichtungen in Krisenzeiten, politischen ebenso wie persönlichen, immer wieder erneut bevorzugt. Ein anderer wäre vermutlich längst an entsprechenden Jugendkrisen und den schweren geistigen und privaten Erschütterungen während und besonders Ende des I. Weltkrieges zugrundegegangen. Hesse dagegen beginnt ein neues Leben (nach R. Freedman erst das dritte) dadurch, daß er sich im Frühjahr 1919 von seiner Familie trennt und allein ins Tessin übersiedelt. Er mietet zwei Räume in der Casa Camuzzi, einem schloßähnlichen, barocken Gebäude aus dem 19. Jahrhundert in Montagnola bei Lugano.

Hesses erste größere Arbeit in seiner neuen Heimat (die er bis zu seinem Lebensende nicht wieder verlassen wird) ist die Novelle ‚Klein und Wagner'. Durch ein Doppelmotiv wird Friedrich Klein, ein schwäbischer Schulmeister, mit dem beziehungsreichen Decknamen Wagner verknüpft, der natürlich an Richard Wagner erinnern soll, besonders an dessen Gestalt des Lohengrin. Der ehrbare Schulmeister, belastet mit dem – imaginären – Verbrechen, Frau und Kinder ermordet zu haben, ist in den Süden geflohen. Sein ganzes Leben hat er unter einem neurotischen Zwang gelitten, die blutige Tat zu begehen. Und immer wieder hatte ihn Wagners Lohengrin bezaubert, dessen Vergangenheit niemand erkunden soll. Auch Friedrich Kleins neue Liebesbeziehung zu Teresina, einer attraktiven, doch seelisch haltlosen, dem Glücksspiel ergebenen jungen Frau, kann ihn nicht davor retten, seinen eigenen Tod im See zu suchen. Die Novelle ist, wie von Hesse zu erwarten, alles andere als eine fiktive Kriminalgeschichte, sondern eine der schonungslosesten seiner vielen Selbstenthüllungen, wie der Dichter selbst nahelegt: „Klein ist ein Stück Hesse . . ., und ohne ihn, ohne die Übertragung seines Leidens in diesen Spiegel, hätte ich dies Leiden nicht ertragen. Es ist meine Rettung gewesen, daß ich in die Einsamkeit ging und vollkommen Tag und Nacht in meiner Dichtung lebte." (S. U., 92) Diese Novelle macht den konsequenten Bruch mit seinen früheren Arbeiten deutlich, als er noch unter dem Einfluß vor allem von Goethe und Keller als Dichter „eine schöne und harmonische, aber im Grunde verlogene Welt" aufbaute, in der er „alles Dunkle" in ihm selbst verschwiegen hatte. Als neues literarisches Leitbild schwebt ihm Dostojewski vor, der auch davon gewußt, daß Gut und Böse in Wirklichkeit nicht getrennt existiert. An sich eine gefährlich „anarchistische" Einsicht, die bei Hesse jedoch nie absolut, nie außerhalb eines bestimmten Kontextes verstanden werden sollte.

Der Traum als *via regia* zum Unbewußten im Verständnis von S. Freud tritt in dieser Novelle als signifikantes Stilmittel hervor. Hesse, wie Freud und Jung in ihren Traumlehren, bedient sich der Methoden von Amplifikation und Assoziation des Trauminhaltes und erkennt, wie bereits Jean Paul auf ganz anderer Ebene, daß die Untrennbarkeit von „manifestem" und „latentem" Trauminhalt, seine unerschöpfliche Symbolik und Eigendeutungsmöglichkeiten ein vorzügliches Medium der Dichtung ist. Aus der partiellen Traumstruktur der Psyche ergibt sich ein entsprechender Traumstil in der Dichtung gleichsam hermeneutisch. Mit ‚Klein und Wagner', ausgeprägter noch in der Erzählung ‚Klingsors letzter Sommer', rückt Hesses Weltgefühl im Spiegelbild seiner Sprache in den Bannkreis des Expressionismus – ganz im Einvernehmen mit der zwischen 1875 und 1895 geborenen Generation und der allseitigen Erschütterung durch den I. Weltkrieg. „Klingsors Zaubergarten ist gefunden!" rief Richard Wagner aus, als er nach Ravello kam und in der Villa Ruffoli von der breiten Zypressen- und Blumenterrasse auf das Tyrrhenische Meer hinaussah. Entsprechendes hatte Hesse in Montagnola gefunden, als er von seinem Balkon der Casa Camuzzi über den exotischen Terrassengarten zum Luganersee hinunterschauen konnte. Nur daß er bei seinem Klingsor nicht so sehr an den mächtigen Zauberer aus Wagners ‚Parsifal' oder an den Patriarchen der Poesie in ‚Heinrich von Ofterdingen' dachte, sondern an den Maler Vincent van Gogh (1853–1890), der versucht hatte (nach seinen eigenen Worten) „mit Rot und Grün die fürchterlichen menschlichen Eigenschaften zu schildern" und durch seinen Malstil ausschlaggebend für den späteren Expressionismus auch in der europäischen Literatur wurde.

Hermann, naher Freund des Malers Klingsor, wurde, wie Hesse selbst, am 2. Juli geboren, ist 42 Jahre alt und allein, tätig als Maler (auch Hesse hatte mit Vierzig zu malen begonnen), als Dichter und Philosoph. Wie später Narziß und Goldmund, stellt er eine von zwei Selbstprojektionen des Autors dar. Klingsor, jenseits der Lebensmitte, ist einerseits von ekstatischer Leidenschaft für das Dasein und seine Kunst, andererseits von Depressionen angesichts eines nicht mehr fernen Todes (denn es ist ja sein „letzter Sommer") ergriffen. Die

Klingsor-Erzählung birgt Hesses Erlebnis von 1919, das „vollste, üppigste, fleißigste und glühendste Jahr" seines Lebens. Die Rückkehr aus der Kriegsgefangenenfürsorge ins Leben war zwar das Wichtigste gewesen; hinzu aber kam Atmosphäre, Klima und Sprache des Südens und „als Gnade vom Himmel" ein Sommer von seltener „Kraft und Glut", die durchdrang „wie starker Wein". (S. U., 96)

Dieser berauschte Seelenzustand spiegelt sich im hektischen Fluß und raschen Rhythmus der Sätze wider, verbleibt dabei aber keineswegs im eruptiv Emotionalen, sondern glänzt vielmehr an vielen Stellen durch Distanz zu sich selbst und Galgenhumor: „Juli ist verbrannt, August wird schnell verbrannt sein, plötzlich fröstelt uns aus gelbem Laub am betauten Morgen das große Gespenst entgegen. Plötzlich fegt November über den Wald. Plötzlich lacht das große Gespenst, plötzlich friert uns das Herz, plötzlich fällt uns das liebe rosige Fleisch von den Knochen, in der Wüste heult der Schakal, heiser singt sein verfluchtes Lied der Aasgeier. Ein verfluchtes Blatt der Großstadt bringt mein Bild, und darunter steht: „Vortrefflicher Maler, Expressionist, großer Kolorist, starb am sechzehnten dieses Monats." (V, 326 f.)

Im selben Jahr wie die Malererzählung ‚Klingsor' (1920) erschienen auch die Aufzeichnungen und Gedichte mit ersten Reproduktionen von Hesses Tessiner Landschaftsaquarellen unter dem Titel ‚Wanderung'. Dieses heiter-schwermütige Tagebuch von einer Fußwanderung über den Gotthardpaß in die Südschweiz enthält für manche Leser einige der schönsten, nachhaltigsten Natur-Meditationen des Dichters. Der Theologe Paul Tillich, wie mir einst seine Privatsekretärin, die verstorbene Frau Else Ocskay in Santa Barbara, mitteilte, schätzte ganz besonders das Kapitel über die Bäume, das mit den Worten beginnt: „Bäume sind für mich immer die eindringlichsten Prediger gewesen" und mit den Sätzen schließt: „Wer gelernt hat, Bäumen zuzuhören, begehrt nicht mehr, ein Baum zu sein. Er begehrt nichts zu sein, als was er ist. Das ist Heimat. Das ist Glück." (VI, 151, 153) Die letzten drei Sätze, so einfach und selbstverständlich sie klingen, enthalten gleichwohl Hesses höchste Zielvorstellung aller seiner Bemühungen: das uneingeschränkte Einssein mit sich selbst.

## Siddhartha

„Auf den ersten drei Seiten des Demian steht, was ich etwa weiß, es gehört dann noch mein Buch ‚Siddhartha' dazu", heißt es in einem Brief von 1931. (S. U., 108) Es ist eine im Untertitel ausdrücklich so genannte „indische Dichtung"; nichts Angelesenes, sondern Angeeignetes, und zwar von früher Jugend an im Elternhaus, auf der Reise nach Indien und durch ständige Beschäftigung mit fernöstlicher Religion, Philosophie, Literatur. Regelrechte indische Studien betrieb Hesse, wie er in einem Brief an den Indologen Heinrich Zimmer berichtet, bereits kurz nach der Jahrhundertwende. Doch erst als Siebenundzwanzigjähriger, angeregt von den Schriften Schopenhauers, lernte er die ‚Bhagavadgita' kennen. Darin wird ihm zum entscheidenden Erlebnis die hintergründige Einheit noch so entgegengesetzter Weltanschauungen. Außer der ‚Bhagavdgita' interessierte ihn – wie seine umfangreiche ostasiatische Handbibliothek bezeugt – jegliche Literatur aus dem ostasiatischen Raum in deutscher Übersetzung: Eugen Neumanns Übertragung der Reden Buddhas ebenso wie Neuerscheinungen über klassische Philosophie des alten China, für dessen Bekanntwerden im deutschen Sprachraum er sich durch zahlreiche Rezensionen einsetzte, so unter anderem für P. Eberhardts ‚Indische Weisheit' (1912), ‚Das wahre Buch vom quellenden Urgrund' (Liä Dsi, 1912), chinesische Anekdoten sowie für erstmalige oder auch neue Übersetzungen seines Freundes und Briefpartners, des bedeutenden Sinologen Richard Wilhelm.

Zwischen Dezember 1919 und Juli 1920 entsteht der erste Teil des ‚Siddhartha', d. h. die ersten drei Kapitel. Das Manuskript bricht da ab, wo Siddhartha erkennt, daß er auch dem bewunderten Gotama Buddha – in dessen Lebenszeit, also zwischen ca. 560–480 v. Chr., Hesse fast die gesamte Handlung des Buches verlegt hat – nicht zu folgen vermag. Warum nicht? Es ist dies die wichtigste Vorfrage, die beantwortet werden muß, ehe Siddhartha als Träger von Hesses Hauptanliegen überzeugen kann: wie man endlich jenes uneingeschränkte Einssein mit sich selbst erreichen kann. Dann nämlich, so meint der Dichter, habe man gefunden, was in der mystischen Formel des Hermes Trismegistos mit den Worten ausgedrückt sei: „Nichts ist außen, nichts ist innen, denn was außen ist, ist innen!" Im Neuen Testament findet sich derselbe Gedanke: „Das Himmelreich ist in euch." Und in der Psychoanalyse spreche man von der „freien Verfügbarkeit der Libido". Genügte es nicht, eine Variante dieses Grundgedankens aus dem Munde eines großen Lehrers ein für alle Male für sich selbst zu übernehmen? Hier nun widersetzt sich Hesse (Siddhartha) entschieden. Wenn er sich selbst eine Religion hätte wählen können, dann wäre es gewiß eine der konservativen Weltreligionen gewesen: Konfuzianismus, Brahmanismus oder Katholizismus. Seine Herkunft und sein Naturell sei aber protestantisch, heißt es im ‚Kurzgefaßten Lebenslauf', wogegen seine Antipathie auch gegen vorhandene protestantische Bekenntnisse keinen Widerspruch bildete, wehre sich doch der Protestant gegen die eigene ebenso wie gegen jede andere Kirche. (VI, 404)

Außer der Begegnung mit Hugo Ball, der ihm in jener Krisenzeit zum Freund und Gesprächspartner wird, sind es nach achtzehnmonatiger Pause vor allem drei Erlebnisse, die ihn zur Fortsetzung des Romans bewegen: drei psychoanalytische Sitzungen mit C. G. Jung in der ersten Jahreshälfte 1921, sodann Hesses Verlagerung geistiger Interessen von der allgemeinen zur spezifisch religiösen Literatur Indiens und schließlich, so notiert Hesse am 5. 2. 1923, die Lektüre des ‚Tao-te-king', für ihn „das befreiendste Erlebnis". (S. U., 113)

Nach Wiederaufnahme der Niederschrift schreibt er an Stefan Zweig: „Mein Heiliger ist indisch gekleidet, seine Weisheit steht aber näher bei Laotse als bei Gotama." Daraus hat sich für die Hesseforschung ergeben, im ersten Teil des ‚Siddhartha' mehr nach indischen, im zweiten Teil mehr nach chinesischen Einflüssen zu suchen, obschon dies Hesse selbst für die Interpretation seines Buches irrelevant erschien. Denn es ging ihm ja gar nicht darum, „Japaner zum Christentum, Europäer zum Buddhismus oder Taoismus zu bekehren", vielmehr gerade das zu ergründen, „was allen Konfessionen und allen menschlichen Formen der Frömmigkeit gemeinsam ist, was über allen Verschiedenheiten steht, was von jeder Rasse und jedem Einzelnen geglaubt und verehrt werden kann", wie er 1958 an einen persischen Leser des ‚Siddhartha' schrieb. (S. U., 114)

Jedenfalls schloß er am 7. 5. 1921 die Arbeit an diesem Roman ab. Ihm war mittlerweile bewußt geworden, worauf es ihm in ‚Siddhartha' letztlich ankam. „Eh nicht das Äußerste erreicht ist, kehrt sich nichts ins Gegenteil", so hatte Hesse, in Abwandlung des Grundprinzips der Enantiodromie bei Heraklit, in ein Exemplar der 1911 erschienen Übertragung des taoistischen ‚Lia Dsi' durch Richard Wilhelm geschrieben. Einer seiner stärksten Reiseeindrücke – in häufig variierter Form in seinen Aufzeichnungen ‚Aus Indien' auftretend – war sein Erlebnis der jedem Zufall preisgegebenen Psyche des Abendländers im Vergleich mit der vertrauensvollen Religiosität des Asiaten gewesen. Das Prinzip der Enantiodromie, wovon in fast jedem der 81 Sprüche des ‚Tao-te-king' des Laotse (entstanden um 300 v. Chr.) die Rede ist, bestimmt auch den Fortgang von ‚Siddhartha'. Während dieser im ersten Teil des Romans bis zu seinem „Erwachen" nach seiner Begegnung mit Gotama Selbsterkenntnis durch Askese und Weltentsagung zu finden gehofft hatte, schlägt er in den acht folgenden Kapiteln des zweiten Teils den umgekehrten Weg ein, indem er versucht, gerade durch Hingabe an die Welt das Geheimnis der Selbstwerdung an sich zu erfahren. So lernt er durch die schöne, anspruchsvolle Hetäre Kamala – Mutter auch seines Sohnes – das Maß an Liebe kennen, zu der beide fähig sind; er wird als Kaufmann reich an materiellen Gütern, muß aber einsehen, daß auch sie kein dauerndes Glück garantieren. Die unbeschränkten Vergnügungen, die er sich dadurch erkaufen kann, führen im Gegenteil zu Lebensekel und Selbstmordgedanken. Er weiß sich auch davon rechtzeitig loszureißen, kehrt als Gewandelter zurück an den Fluß und zum Fährmann Vasudeva, seinem letzten und größten Lehrer in Menschengestalt. Er glaubt sich bereits am Ziel, da muß er bei der Erziehung seines Sohnes erfahren, daß er bei aller Liebe und Vorsorglichkeit denselben Fehler begeht wie sein eigener Vater, von dem er sich deswegen einst gelöst hat: einem anderen Menschen seinen Lebensweg vorzuschreiben, anstatt es ihm zu überlassen, ihn selbst zu finden. Dabei geht Siddhartha auf, was er später, von seinem Freund Govinda beim Abschied nach einer Lehre befragt, in die Worte kleidet: „Wissen kann man mitteilen, Weisheit aber nicht." (V, 462) Für den Rest seines Lebens erblickt Siddhartha im Fluß das vollkommene Spiegelbild seiner selbst, in dem Außen- und Innenwelt zur Einheit zusammenfließen. Adrian Hsia hat in seiner Untersuchung des Flußsymbols nachgewiesen, wie Hesse hier „das strömende Wasser nicht zufällig als unpersönliche Verkörperung des Tao" gewählt habe, wie es aus den Gesprächen des Konfuzius ebenso wie aus dem ‚Tao-te-king' hervorgehe, besonders aus dem 32. und 78. Spruch (A. H. C, 240–245)

Mit seiner Dichtung von der Selbstbefreiung eines jungen Menschen aus familiärer und gesellschaftlicher Konvention zum selbständigen Leben eines Weisen hat Hesse ein Buch geschrieben, das von östlichen Lesern mit ebensolchem Gewinn aufgenommen werden kann wie von westlichen, besonders solchen, denen es eine heilsame Alternative zur angespannten Denk- und Lebensweise durch einseitigen Rationalismus, inhumaner Technologie und vor allem Nivellierung und Manipulierung des Individuellen anbietet. Was jedoch ‚Siddhartha' zur Dichtung macht, ist die Sprache. Im Gegensatz zu den Stilumschwüngen im ‚Steppenwolf'-Roman, ist ‚Siddhartha' in einer gleichmäßig gehobenen poetischen Prosa von geradezu klassischem Zuschnitt geschrieben. Triadische Struktur der Sätze und Inversion von Subjekt und Prädikat verstärken die beinahe liturgisch-gesanghafte Wirkung mancher Abschnitte: „Sprach Siddhartha . . .: jeder kann sein Ziel erreichen, wenn er denken kann, wenn er warten kann, wenn er fasten kann." (V, 372, 401)

*Glossen eines Badener Kurgastes. Die Nürnberger Reise.*
*Kultur verso Natur*

Hesse hatte durch ‚Siddhartha' dem Kulturverfall und der gefährdeten Psyche des Europäers (heute wohl ebenso des Amerikaners wie Japaners) ein Alternativmodell entgegengestellt, dessen Wurzeln tief in mytische Vergangenheit hinabreichen. Anders in der ‚Psychologia Balnearia oder Glossen eines Badener Kurgastes', wie der ursprüngliche Privatdruck des 1925 mit dem Titel ‚Kurgast' erschienenen Buches lautet. Anders auch in der ‚Nürnberger Reise' (1927). Beide Bücher sind eine gesellschaftskritische Bestandsaufnahme seiner eigenen Zeit im Sinne konstruktiver Bewußtwerdung durch den Einzelnen. Phänomenologisch dargestellt und psychologisch ausgewertet wird das vorliegende Problem bei einem „kleinen Spaziergang" durch Baden, jenes Schweizer Kurortes im Kanton Aargau, wo Hesse seit 1923 regelmäßig zu diathermischen Behandlungen weilte. Was er dabei im Kurgarten, im Spielsaal, in den Andenken-Geschäften sowie im Kunst-Ausverkauf wahrnimmt, ist ihm beredtes Zeugnis dafür, daß es hier nicht um Bedürfnis und Vergnügen geht, die für den Einzelnen im einzelnen Wert und Bedeutung haben, sondern um – unwissentliches oder auch verzweifeltes – Übersättigen und Verkitschen von allem und jedem. Es ist in Wirklichkeit ein „Spaziergang" durch die Kultur, ähnlich wie vormals in Friedrich Schillers gleichnamigem Gedicht. Besonders Hesses Hinweis auf die (damals noch) heile Natur, in die er sich aus der so künstlich gewordenen Kulturwelt immer wieder flüchtet, erinnert an den Schluß von Schillers Gedicht, in dem auch „die Sonne Homers" noch immer „lächelt". Dabei ist ‚Kurgast' ein durchwegs unterhaltsames, ja ausgesprochen humorvoll geschriebenes Buch, wie es ja auch die Intention des Autors war, der damit eine Hommage speziell an Jean Paul und dessen ‚Dr. Katzenbergers Badereise' richten wollte.

Vor erst wenigen Jahren – heute vielleicht noch immer und erst recht anderswo – hing vor der Sebalduskirche in Nürnberg ein Spruchband: „Hier stirbt ein Kunstwerk". Mehr als sechzig Jahre zuvor faßte Hesse seinen Haupteindruck der Stadt Nürnberg, wohin ihn eine Vortragsreise geführt, folgendermaßen zusammen: „Die alte Stadt mit ihrem Mittelalter und ihrer Gotik ist durch die Industrie und durch einen ungewöhnlichen lärmenden Straßenverkehr ganz an die Wand gedrückt und kann nicht mehr atmen. Ich habe nie so deutlich gesehen, daß wir jenen Werken der alten Kultur gar nichts an die Seite zu setzen haben und daß uns nichts übrigbleibt, als sie mit unserer vollkommen geistlosen Technik vollends zu zerstören." (B II, 125) Hesse sah „alles nur noch in die Auspuffgase dieser verfluchten Maschinenwelt gehüllt, alles unterwühlt, alles vibrierend von einem Leben", daß er „nicht als menschlich, nur als teuflisch empfinden" konnte. (VII, 173) Hatte Hesse etwa damals schon die Vision von einem bevorstehenden Zusammenbruch unseres Ökosystems?

Ähnlich wie Rilke im Sonett an Orpheus ‚Alles Erworbne bedroht die Maschine', hatte Hesse – übrigens auch, wie Rilke, in den Jahren nach dem I. Weltkrieg – in seinem (sogar von O. Schoeck vertonten) Gedicht ‚Die Maschinenschlacht' formuliert: „Wütend greifen uns an die Maschinen,/Drücken uns brüllend an die zementnen Wände,/Rennen uns um, überfahren uns Köpfe und Hände ..." (G II, 502) Prosaisch prägnanter noch bezeichnet sich der Dichter in einem Brief von 1947 als „Antipoden aller technischen Kultur." (B III, 416) Zwiespältig dagegen heißt es in dem Gedicht ‚Der Maler malt eine Fabrik im Tal': „Du auch bist schön, Fabrik im grünen Tal,/Ob auch verhaßter Dinge Sinnbild und Heimat:/Jagd nach Geld, Sklaverei, düstre Gefangenschaft." (G II, 469) Und mit abgewogener „Objektivität" schreibt der Dichter in seiner Tessiner Betrachtung ‚Madonna d'Ongero (1923), nachdem er sich vorgestellt, wie ein „amerikanischer Landwirt" über die damals noch „von Hand betriebene Zwergenwirtschaft" im Tessin „lachen" würde: „Ich liebe dies alles sehr, ohne mich gegen den „Fortschritt" irgend zu wehren, ohne die lebendige Flut der Veränderungen anzuklagen, bedaure ich doch im Herzen jede neue Autostraße, jeden Betonbau, jeden korrigierten Lineal-Flußlauf, jeden eisernen Leitungsmast ... es wird auch hier bald vollends die Maschine über die Hand, das Geld über die Sitte, die rationelle Wirtschaft über die Idylle siegen, mit gutem Recht, mit gutem Unrecht." (VI, 327 f.) Doch gibt sich Hesse eher fatalistisch, verglichen wenigstens mit D. H. Lawrence und dessen Roman ‚Lady Chatterley's Lover‘, der vom ratlosen Grauen vor der künftig noch wachsenden Technisierung und damit Verschandelung der englischen „Midlands" geprägt ist. Hesse drückt in dem Gedicht ‚Maschinenschlacht‘ immerhin auch die Hoffnung aus: „Bald haben wir Menschen die Oberhand,/Und die ganze verfluchte Mechanik muß sterben./Maschinen, Rechenschieber und Fabrikanten .../Singend bleiben übrig wir Menschenkinder,/Pflanzen Bäume über den öden Ruinen,/Tanzen noch lang auf dem Grab der dummen Maschinen." (G II, 502)

Was Hesse, psychologisch betrachtet, als die eigentliche Wurzel des Übels erscheint, ist weder das Problem von Fortschritt und Rückschritt noch die Scheu vor Eisenbahn und Auto, sondern „das Vergessen Gottes und das Verflachen der Seelen und daß erst hoch über allen diesen Gegensatzpaaren von Maschine und Herz, Geld und Gott, Vernunft und Frömmigkeit der Himmel wahren Lebens, echter Wirklichkeit sich wölbt." (VI, 328) Mit anderen Worten: es geht Hesse um das, was Horst Bieber kürzlich erst in seinem Artikel „Die neue alte Überheblichkeit" (,Die Zeit‘, Nr. 45, v. 10. 11. 89) gegeißelt hat: statt daß der Mensch die Natur von innen her, d. h. „als Wert an sich" (H. Bieber) zu schützen trachtet, sieht er in ihr nurmehr die „menschliche Umwelt" und „Überlebensbedingung", die es durch „neue Umwelttechnologien" – also wiederum nur von außen her – vor „zerstörerischer Beschädigung" zu schützen gilt. „Manche von uns wissen mit Lächeln", schrieb Hesse vor bald siebzig Jahren mit der ihm eigenen, versöhnlichen Heiterkeit, „daß dem Mangel unseres Sinnes für Rentabilität und Unternehmerlust bei unsern Antipoden, den Unternehmern und Rentablen, der Mangel einer seelischen Dimension entspricht und daß unsere romantisch-poetische Infantilität nicht infantiler ist als die kinderstolze Zuversicht des welterobernden Ingenieurs, der an seinen Rechenschieber glaubt wie wir an unsern Gott, und der in Zorn oder Angst gerät, wenn die Unbedingtheit seiner Weltregeln durch Einstein erschüttert wird." (VI, 3218) Hier berührt sich Hesse (und auch Bieber) eng mit Jean-Jacques Rousseaus Grundgedanken, wie sie (frei von den üblichen schlagwortartigen Simplifizierungen) Jacques Barzun in seiner brillianten Begriffsanalyse ‚Classic, Romantic, Modern' (1961) klargestellt hat. Demnach bräuchten wir nämlich keineswegs wieder wie Höhlenmenschen zu leben und Tierfelle zu tragen. Das lag weder in der Absicht von Rousseau noch von Hesse. Was sie beide zu ihrer Zeit klar erkannten (und was auch heutzutage wieder als heilsame Alternative auftaucht), waren die Komplikationen, wie sie die moderne Zivilisation mit sich bringt und im Menschen etwas Wertvolles zerstört, was nicht straflos verächtlich gemacht werden kann. Das nannte Rousseau „nature" und Hesse „Seele": zwei Aspekte, gleichsam Außen und Innen, eines und desselben unschätzbaren Wertes, nämlich: ganzheitlich ausgerichtetes Menschsein, das weder der einseitige Rationalist noch der reine Mystiker kompromißlos zu erreichen vermag.

## Der Steppenwolf. Narziß und Goldmund

„Vielleicht war doch, wie ich je und je gemeint hatte, etwas wie ein Humorist in mir verborgen ... Er war nur noch nicht ganz entwickelt, es war mir noch nicht schlecht genug gegangen." (VII, 179) Mit diesen ominösen Sätzen schließt ‚Die Nürnberger Reise'. Sie scheinen die schwere persönliche „Krise des Mannes von fünfzig Jahren" zu antizipieren, welche dem gesamten Steppenwolf-Komplex zugrundeliegt. Es war davon bereits im Zusammenhang mit den Krisis-Gedichten in Hesses Lyrik die Rede. Zahlreiche private Schwierigkeiten begleiten Hesse in den Jahren zwischen 1923–27: neben physischen Leiden (Augenschmerzen, Gicht, Ischias) treten seelische in den Vordergrund. 1923 wird seine erste Ehe geschieden. Ein Jahr später, nachdem er unter aufreibenden bürokratischen Schwierigkeiten die schweizer Staatsbürgerschaft zurückerworben hatte, heiratet er die Konzertsängerin Ruth Wenger, Tochter der schweizer Schriftstellerin Lisa Wenger. Auf Betreiben der jungen Frau erfolgt nach drei Jahren schon die Scheidung. In den Wintermonaten 1925–31 wohnt Hesse am Schanzengraben in Zürich – Schauplatz der Hauptszenen des Steppenwolf-Romans. Sein Inhalt bildet die „Höllenreise" zu sich selbst. Sie bewegt sich zwischen Traum, Vision und Wirklichkeit und gewinnt dadurch eine Intensität wie keine andere Prosadichtung Hesses. Labyrinthe der Leidenschaft, der Laster und Irrtümer, des Nihilismus und eines nahezu zynischen *taedium vitae* (Titel schon einer frühen Erzählung) werden bis an die Grenze des – ursprünglich auch geplanten – Selbstmords durchschritten. Im Spiegelkabinett des „Magischen Theaters" erhält Harry Haller (die Initialen H. H. scheinen für Hermann Hesse selbst zu stehen, der Vorname Harry erinnert auch an Harry Heine) Einblick in den Bildersaal der Wirklichkeit seines eigenen Innern.

„Ein Werk auf die Katastrophe hin bauen": diesem Nietzschewort folgte Hesse in seinem Roman. Der dualistisch begründete Zerfall des Steppenwolfs in Menschen- und Wolfsnatur hat immer wieder den Vergleich mit der „Zweiseelentheorie" in Goethes ‚Faust' heraufbeschworen. Nicht zu Unrecht spielt die Gestalt Goethes im ‚Steppenwolf' eine wichtige Nebenrolle als Maßstab zwischen einst und jetzt. Doch behauptet Hesse von seinem Steppenwolf, was Goethe für seinen Faust nie ausdrücklich beansprucht hat: Harry Hallers „Seelenkrankheit" sei „nicht die Schrulle eines Einzelnen, sondern die Krankheit der Zeit selbst, die Neurose jener Generation, welcher Haller angehört." Infolgedessen ist sein Roman auch als Versuch zu verstehen, „die große Zeitkrankheit ... selber zum Gegenstand der Darstellung zu machen", und zwar diesmal nicht, wie im ‚Kurgast', durch Außenbezirke der Kultur, sondern „durch das Chaos einer verfinsterten Seelenwelt." (VII, 203) Daran anknüpfend, verweist Adrian Hsia auf Überlegungen C. G. Jungs, wonach der europäische Geist des 19. Jahrhunderts zu einem unverbindlichen Intellektualismus entartet sei. Die Reaktion dagegen fände sich, nach Hsias

Meinung, im ‚Steppenwolf' unter eben jenem Begriff der „Zeitkrankheit" wieder. Im Verständnis Jungs klammert der Intellekt das Gemüt aus, während der Geist es integriert. Wie Faust, so strebe auch Hallers Geist (Yang) zu den Unsterblichen. Doch stehe ihm jenes gemüthaft Weibliche (Yin) entgegen. Darum auch müsse er in einem Zwischenreich leben, das seine Schizophrenie in Wolf und Mensch bewirke. Erst durch Integration des Gemüthaften in die Gesamtpsyche und damit auch Auflösung der Wolf-Menschennatur in unzählige polare Spiegelungen durch das Medium des „Magischen Theaters" erfolge die Heilung. (A. H. C, 252)

Als Romanwerk steht der ‚Steppenwolf', wie schon Thomas Mann bemerkte, „an experimenteller Gewagtheit" dem ‚Ulysses' von James Joyce und den ‚Faux monnayeurs' A. Gides nicht nach, namentlich auch in Bezug auf den (literarischen) Surrealismus und den Expressionismus. Durch die Aufteilung des Romans in ‚Vorwort des Herausgebers', ‚Tractat vom Steppenwolf' und – nicht weiter betitelt – Einführung in das „Magische Theater" nimmt der Autor gleichsam aus drei verschiedenen Perspektiven an seiner eigenen Erzählung teil: als objektivierender Bürger (Außenaspekt), als in sich selbst befangenes Künstler-Ich (Innenaspekt) und schließlich als distanziert-überschauende Instanz (Integrationsaspekt). Die dreiteilige Struktur des Romans hat Theodore Ziolkowski, an eine Briefstelle Hesses aus dem Jahre 1930 anknüpfend, zum Anlaß für eine illuminierende Analyse unter dem Titel „H. Hesses ‚Steppenwolf', eine Sonate in Prosa" genommen. (MSt, 353–77) Daß Harry Haller seine scheinbar so menschenfremde Wolfsnatur – vorübergehend wenigstens – brauchte, um schließlich die „Zivilisationskrankheit" in sich selbst zu erkennen und damit zu überwinden, findet neuerdings eine (noch so entfernte) Entsprechung in der zeitgenössisch-russischen Literatur. In Tschingis Aitmatows Roman ‚Die Richtstatt' (1986) ist es die Wölfin Akbar, die, wie eine Urmutter alles kreatürlichen Seins, „instinktiv" mehr zu „wissen" scheint als der seine natürliche Umwelt gedankenlos vernichtende Mensch mit seiner nach wie vor intellektuellen (und oft sogar ja auch noch

*Hermann Hesse und Ruth Wenger (1924)*

biblisch begründeten) Zwangsvorstellung, er müsse sich die Erde um jeden Preis „untertan" machen. Aitmatow bietet freilich, im Unterschied zu Hesse, keine betont individualpsychologische, sondern eine umfassend anthropologische „Lösung" einer global verbreiteten „Zeitkrankheit".

„Eine neue Dichtung beginnt für mich in dem Augenblick zu entstehen, wo eine Figur mir sichtbar wird, welche für eine Weile Symbol und Träger meines Erlebens, meiner Gedanken, meiner Probleme werden kann. Die Erscheinung der mythischen Person (Peter Camenzind, Knulp, Demian, Siddhartha, Harry Haller usw.) ist der schöpferische Augenblick, aus dem alles entsteht." (IX, 80 f.) So schreibt Hesse aus seiner Werkstatt in der Casa Camuzzi über ‚Eine Arbeitsnacht' (1928), als er, „neben sich ein Töpfchen Yoghurt und eine Banane" (also weder Alkohol noch anderweitig unnötige Drogen zur angeblichen „Bewußtseinserweiterung" als Sonderform letztlich ja auch der sogenannten „Inspiration") wichtige Passagen seiner neuen großen Erzählung niederschrieb: ‚Der Weg zur Mutter', ‚Lob der Sünde', ‚Die Geschichte einer Freundschaft', wie die Titelvarianten lauteten, ehe er sich endgültig für ‚Narziß und Goldmund' entschied. Im März 1928 hatte er mit seiner späteren dritten Frau Ninon Dolbin, geb. Ausländer, Würzburg besucht. Dort war er der Gestalt des großen Bildschnitzers Tilman Riemenschneider begegnet. Ihm nachempfunden ist in der Erzählung Meister Niklaus, bei dem Goldmund eine Lehre durchmacht. Auf Riemenschneiders Steinfigur des Adam vom Südportal der Würzburger Marienkirche hat Hesse selbst ausdrücklich hingewiesen. So könnte Goldmund seinen Freund und Antipoden, den Abt Narziß vom Kloster Mariabronn geschnitzt haben.

Hesses bevorzugt kontrapunktische Erzählstruktur spiegelt sich im ‚Steppenwolf' als Kampf gegensätzlicher Mächte in der Seele eines einzelnen Menschen in der Zeit zwischen den beiden Weltkriegen wider. In ‚Narziß und Goldmund' wird die – in den Worten Annie Carlssons – „beengende Umklammerung von Raum und Zeit" dadurch gelöst, daß der Dichter sich, unter bewußter Abkehr vom geschichtlichen Realismus, mit einem „ewigen Mittelalter, einem weiten, locker begriffenen Deutschen Reich" begnügte. Außerdem werden die einander widerstreitenden und sich zugleich ergänzenden „psychologischen Typen" auf zwei Charaktere verteilt. Zwar sei der ‚Goldmund' „um nichts besser als der ‚Steppenwolf'", dessen Thema sogar „noch klarer umrissen" wäre, schreibt Hesse

1930 ironisch an Erwin Ackerknecht, aber beim ‚Goldmund‘ könne „der gute deutsche Leser Pfeife rauchen und ans Mittelalter denken" und brauche „nicht an sich und sein Leben, sein Geschäft, seine Kriege, seine „Kultur" und dergleichen zu denken." (S. U., 154) Das Buch – eines seiner erfolgreichsten bis zum II. Weltkrieg – wurde, angeblich aus „Papiermangel", in Wirklichkeit aber wegen Hesses Weigerung, die Seiten zu streichen, auf denen eine Jüdin von einem Pogrom erzählt, im Deutschen Reich einstweilen nicht wieder aufgelegt. Das breite Publikum verschlang (und verschlingt noch immer) die Erzählung wegen der lebensnahen Gestaltung des Don-Juan- und Casanova-Motivs und einiger explizit erotischer Szenen. Dabei handelt das Buch vorab von einem Künstler und dessen Ringen mit der Materie bis hin zu letzten Annäherungen an das „Urbild", der eigentlichen Lebensaufgabe eines Bildschnitzers vom Genie Goldmund-Riemenschneiders.

Die Literaturkritik über ‚Narziß und Goldmund‘ bewegt sich zwischen den Extremen scharfer Ablehnung (K. H. Deschner) und euphorischer Zustimmung (E. R. Curtius). Allzu oft vergißt man darüber, das Buch vor allem als Dichtung zu lesen und sprachliche Feinheiten sowie Motivzusammenhänge werkgerecht zu interpretieren. Einen Schatz an subtilen, textanalytischen Einsichten bietet der Aufsatz des georgischen Hesseforschers Reso Karalaschwili: ‚Der Romananfang bei H. Hesse‘ (1981).

Bereits die Einleitungssätze zu ‚Narziß und Goldmund‘, sorgfältig gelesen, können zu einem literarischen Erlebnis von Hesses Prosadichtung werden: „Vor dem von Doppelsäulchen getragenen Rundbogen des Klostereinganges von Mariabronn, dicht am Wege, stand ein Kastanienbaum, ein vereinzelter Sohn des Südens, von einem Rompilger vor Zeiten mitgebracht, eine Edelkastanie mit starkem Stamm; zärtlich hing ihre runde Krone über den Weg . . ." (VIII, 7) In diesen anscheinend belanglosen Einleitungssätzen, so bemerkt Karalaschwili, seien bereits „die beiden wichtigsten Themen aufgestellt", die im Folgenden ihre Ausarbeitung erfahren werden: das Narziß- und das Goldmundthema. Narziß verkörpere ja das männlichgeistige Prinzip, das beschauliche ebenso wie das analytische Lebensideal, während umgekehrt Goldmund die mütterliche Sphäre, das Streben zur sinnlichen und synthetischen Aneignung der Welt. Demzufolge seien die beiden Bilder, die im ersten Satz erscheinen – das Bild der Kastanie und das des Klosters – zwei Sinnbilder, welche auf die Hauptbereiche der Romanwirklichkeit hinweisen. Der Kastanienbaum verkörpere Goldmunds Ideenkreis, das Kloster die Sphäre des von Narziß vertretenen Geistigen. Karalaschwili führt noch weiter aus, daß die Exposition von ‚Narziß und Goldmund‘ auch die Anspielung auf das wichtige Motiv der Wanderschaft enthalte, denn dem Leser werde mitgeteilt, daß der Kastanienbaum „dicht am Weg" stand und seine „runde Krone über den Weg hing". Um die freundschaftlichen Beziehungen der beiden Titelgestalten vorwegzunehmen, teile der Erzähler dem Leser mit (dem der Augen hat, zu sehen, und Ohren, zu hören): der Kastanienbaum ließe seine Krone überm Eingang des Klosters „zärtlich wehen." Und kurz darauf betont er jene „geheime Verwandtschaft des Baumes mit den schlanken und steinernen Doppelsäulchen des Portals" –: ein Hinweis auf Gegensatz, aber zugleich auch Wesensverwandtschaft der beiden Hauptcharaktere, wie sie im Verlauf der Romanhandlung plastisch hervortritt. Einem Leser wie Karalaschwili, dem auch minutiöse Sprachnuancen nicht entgehen, die selbst gewitzte Germanisten zumeist übersehen, wird textkritisch bedeutsam, daß das mütterliche Bild der Kastanie, eines weiblichen Pflanzensymbols, in Hesses Erzählung einen Keim des Männlichen in sich berge, was sich – grammatikalisch – darin bekunde, daß der weibliche mit dem männlichen Artikel abwechsle, einmal „der Kastanienbaum", ein andermal „die Kastanie" erwähnt werde. (R. K. A, 450 f.)

## Die Hauptwerke der zweiten Montagnoleser Periode (1931–1962)

Im Sommer 1931 zog Hesse aus der Casa Camuzzi in die Casa Hesse, ein Haus, das ihm in Montagnola von Hans C. Bodmer auf Lebenszeit zur Verfügung gestellt worden war. Noch im

*H. Hesse und seine Frau Ninon 1957*

selben Jahr heiratete er Ninon Dolbin, geb. Ausländer, die geist- und verständnisvollste seiner drei Ehefrauen. Sie hatte bereits als junges Mädchen mit ihm korrespondiert und davon geträumt, bei ihm zu bleiben. Zunächst war sie mit dem Karikaturisten Benedikt Fred Dolbin verheiratet gewesen, hatte – ohne formalen Abschluß – Medizin und Kunstgeschichte studiert, beschäftigte sich später aber vorzugsweise mit griechischer Sprache und Archäologie, die sie durch wiederholte Studienreisen nach Griechenland vertiefte. Von ihrer wissenschaftlichen ebenso wie literarischen Begabung zeugen feinfühlige Gedichte, Reisetagebücher, Briefe sowie auch – zum Teil veröffentlichte – Beiträge zur griechischen Mythenforschung, ganz abgesehen von der Edition von Hesses Prosa aus dem Nachlaß. Zudem befreite sie ihren Mann weitgehend von der Sorge um das Alltägliche, führte den Haushalt und übernahm die meisten organisatorischen und repräsentativen

Pflichten der zunehmend exponierten gesellschaftlichen Stellung, um Hesses „Privatleben" so weit wie möglich von äußeren Störungen freizuhalten. Der Einfluß von Ninons Persönlichkeit auf Leben und Werk des Dichters in den letzten drei Jahrzehnten seines Lebens ist lange Zeit nicht genügend gewürdigt worden. Seit 1982 bildet daher Gisela Kleines ausgezeichnet dokumentierte und mit ungewöhnlichem psychologischen Einfühlungsvermögen geschriebene Publikation ‚Ninon und Hermann Hesse, Leben als Dialog' für die Hesseforschung ein wichtiges Korrektiv zur überkommenen Vorstellung vom Dichter als eines autarken alten Weisen im Bambusgehölz zu Montagnola. Bei allen ihren unabhängigen Interessen und als eigenständige Frau und Partnerin wußte Ninon auch, worauf es in einer komplizierten Künstlerehe ankommt. Sie hat es einmal selbst mit dem Satz ausgedrückt: „Das richtige Dienen, wie ich es denke, besteht nicht nur darin, dazusein, wenn der andere einen braucht, sondern vor allem darin, nicht dazusein, wenn der andere einen nicht braucht." Vor allem . . . nicht dazusein: mit diesem Satz bestätigt Ninon Hesses Bedürfnis nach Einsamkeit während des Schaffens, was Gisela Kleine in ihren Ausführungen ignoriert. (G. K., 191) Das Wort „Dienen" in Ninons Mund – auch eine Lieblingsvokabel von Hesse selbst, der sein Leben und Wirken als Dienst am Geist, an der Kunst und am Menschen verstanden wissen wollte – erscheint gewiß mancher Frauenrechtlerin unserer Tage wie ein rotes Tuch. Doch mag gerade darin das Geheimnis der Gemeinsamkeit und lebenslangen Dauer der Beziehung zwischen Ninon und Hermann Hesse gelegen haben.

„Ich bin immer wieder überrascht von Deiner Vielfältigkeit", hatte Ninon noch vor ihrer Ehe an Hesse geschrieben. Er erschien ihr als „der sich ewig Wandelnde" und in einem andern Sinn „Ewig-Gleiche", und sie war stolz darauf, zu „seiner" Welt, der geistig-dichterischen, zu gehören und sich doch auch in der anderen, der praktischen, zurechtzufinden. Denn das war für beide gut. (G. K., 271) In den folgenden zwölf Jahren wandelte sich Hesse, geläutert durch die „Höllenfahrt" des Steppenwolfs und des Ausgleichs seiner Künstlerpsyche zwischen Narziß und Goldmund zum Morgenlandfahrer und Glasperlenspieler.

## Die Morgenlandfahrt

Die Wandlung seiner „inneren Existenz" begann, wie Hesse selbst 1936 seinem Freund und Verleger, Peter Suhrkamp, mitteilte, mit der Erzählung ‚Die Morgenlandfahrt' (B III, 37). Der Dichter hielt sie, so selbstkritisch er manches andere seiner Bücher betrachtete, für eines seiner „liebsten" und vor allem aber, zusammen mit ‚Siddhartha' und ‚Steppenwolf', „wichtigsten" Werke. (B III, 404) Mehr noch: zwanzig Jahre später, nachdem er selbst als Nobelpreisträger noch berühmter geworden war, bezeichnete er die Erzählung als sein „einzig geglücktes Märchen", als ein allgemeines, „archetypisches" Stück Dichtung. (B IV, 139) Warum aber spricht er davon auch wiederholt als von einem „ein wenig allzu persönlichen" Werk? (B II, 282)

Zweifellos ist ‚Die Morgenlandfahrt' *nicht,* wie Heinz Stolte meint, „eine der schwächsten Arbeiten des Dichters, wenn nicht die schwächste überhaupt". (H. S., 227 f.) Sonst wären über diese in der Werkausgabe nur ganze 67 Seiten umfassende Dichtung wohl kaum unzählige Artikel, Untersuchungen, ja sogar ganze Dissertationen im In- und Ausland geschrieben worden. Noch immer erscheinen in der Fachliteratur neue Probleme und Deutungsversuche im Zusammenhang mit dieser „kleinen Zauberflöte in Prosa", wie der Maler Karl Hofer Hesses Erzählung charakterisierte. (S. U., 175) Auch Günter Eich, dem Hesse für seine Kritik in einer Dresdner Zeitschrift (1932) besonders dankte, betont „die erzählerische Kunst im einzelnen und die Sicherheit, mit der die Geschehnisse zwischen Traum und Wirklichkeit gehalten ... werden". Eich weist außerdem nachdrücklich darauf hin, daß Hesse hier „ebenso ein Bekenntnisbuch geschrieben" habe wie im ‚Steppenwolf', nur einheitlicher und mehr zur Erzählung geformt als dort. (B II, 345 ff., 507)

‚Die Morgenlandfahrt' (1929–31 entstanden) ist eine „dem

Suchen nach Versöhnung von Persönlichkeit und Gemeinschaft gewidmete Erzählung" (Friedrich Bran). Zeitgenossen aus vielen Zeiten unternehmen eine „Bundesfahrt" durch Süddeutschland, die Schweiz und Oberitalien bis zur Endstation „Morbio inferiore". Einer der Teilnehmer, der Musiker H. H., versucht die Geschichte der Reise und des Bundes zu schreiben, muß aber erkennen, daß das Geheimnis des Bundes jenseits alles Mitteilbaren liegt. Es ist dies eine Erkenntnis, womit sich in der Zwischenzeit auch Autoren wie A. Robbe-Grillet, M. Butor, und J. L. Borges beschäftigt haben. Darum auch kann Ralph Freedman Hesses Erzählung geradezu als Vorläufer des *nouveau roman* betrachten. Andere Gründe, warum sich zahlreiche Literaturwissenschaftler und Kritiker auf diese Dichtung Hesses förmlich gestürzt haben, sind darin zu suchen, daß das schmale, gleichwohl ‚gewichtige' Buch vom breiten Publikum, im Verhältnis zu Werken wie ‚Peter Camenzind', ‚Siddhartha' und besonders ‚Narziß und Goldmund', wenig gekauft, also offensichtlich kaum verstanden wurde. (Bis 1962 wurden immerhin 47 000 Exemplare gedruckt.) Es fordert auch deswegen zu Kommentaren und Nachforschungen heraus, weil Hesse darin jene ihm allzu „privat" erscheinenden Personen und Gegenstände nicht abschirmt, sondern umgekehrt, ihnen (ganz insgeheim und versteckt) gerade eine Hommage zuteilwerden läßt. Sie werden ins Spiel einbezogen, aber so, daß nur Eingeweihte im Bild sind. Geheimnisvolle Urkunden, Schwüre zur Verschwiegenheit, Bünde, Losungsworte, Gerichtshöfe spielen in dieser Dichtung überall eine besondere Rolle, ähnlich wie in manch anderem Schlüsselroman; einige kryptische Anspielungen hat Hesse später selbst aufgelöst: hinter dem „schwarzen König" beispielsweise verbirgt sich der Winterthurer Kunstsammler und Mäzen, Georg Reinhart, hinter dem Ortsnamen Bremgarten das Schloß von Hesses Freund Max Wassmer in der Nähe von Bern. Als Bernard Zeller bei einem Besuch in Montagnola den Dichter fragte, ob „Morbio inferiore" ein erfundener Name wäre, lachte Hesse. „O nein, er findet sich versteckt im Muggiotal zwischen Comer und Luganer See." (Ha., 445) Andere ironisch-spielerische Verschlüsselungen autobiographischer Fakten werden von den Gelehrten noch immer zu enträtseln versucht. So fand Th. Ziolkowski heraus, daß jene Eintragung in den Bundesarchiven *„Chattorum r. gest. XC. civ. Calv. infid. 49"* (VIII, 384) bedeuten soll: „Hesses Taten und Werke 90, Bürger der Stadt Calw, der 49 untreu wurde", und zwar, weil er 1926 dem Orden abtrünnig wurde, als er 49 Jahre alt war, also zur Zeit des ‚Steppenwolf'. (T. Z., 263 f.) Hesses Gewohnheit/, Gestalten seiner Dichtung die eigenen Initialen zu geben (J. S. Bach tat dasselbe einst durch zahlensymbolische Tonfolgen), ist schon von früheren Werken bekannt: H. H. für Harry Haller, Hermann Heilner (‚Unterm Rad'), Hermann, der Dichter (‚Klingsors letzter Sommer').

Unter den Morgenlandfahrern finden sich jedoch keineswegs nur persönliche Freunde und Zeitgenossen von Hesse, wie Collofino und Jup der Magier (Feinhals und Joseph Englert) sowie Paul Klee, sondern auch historische Gestalten, längst Verstorbene, wie Laotse, Zoroaster, Plato, Pythagoras, Albertus Magnus, Novalis, Baudelaire und Hugo Wolf. Ebenso ist das Reich der Dichtung für sie zeit- und grenzenlos. Jeder Morgenlandfahrer hat sein individuelles Ziel, was er aber – paradoxer- und doch zugleich auch logischerweise – nicht ohne Unterstützung durch den gemeinsamen Bund zu erreichen vermag. Man sollte dabei nicht vergessen, daß ‚Die Morgenlandfahrt' ja zu Beginn der Nazizeit geschrieben wurde. Die Erzählung deutet nicht in erster Linie auf den Orient zurück, sondern – ähnlich wie ‚Das Glasperlenspiel' – auf ein künftiges Morgen-Land, jenseits der barbarischen Gegenwart. So hätte sich der Dichter, politisch betrachtet, sicherlich auch einen ganz realen „gemeinsamen Bund" gewünscht. Es gab damals aber nur die üblichen Parteien, deren keine ihm in allen Stücken zusagte. Deshalb suchte er sich Verbündete jenseits seiner Zeit und Umgebung.

Als individuelles Ziel bietet sich dem einen „die Gewinnung eines hohen Schatzes" an, den er „Tao" nannte. Das Reiseziel des Erzählers war: „die schöne Prinzessin Fatme zu sehen und womöglich ihre Liebe zu gewinnen." (VIII, 327) Zentral ist die

Rolle von Leo, dem Diener, dessen mysteriöses Verschwinden zum Glaubensverlust der übrigen Pilger führt. Leo erweist sich denn auch dem Namen nach als heimlicher „Oberster" der Morgenlandfahrer. Ob „Leo" freilich auf den Löwen als Symbol des Evangelisten Markus, auf gleichnamige Päpste oder auf Hesses eigenen Bruder Hans (wie der Dichter in einem Brief von 1936 nahelegt) oder auf seinen geliebten Kater namens Löwe anspielt, muß, vorläufig wenigstens, dahingestellt bleiben. Nachdruck liegt auf alle Fälle auf der polaren Eigenschaft Leos als Diener und Oberster – eine Vordeutung auf den Glasperlenspielmeister Josef Knecht.

## Das Glasperlenspiel

Dieser Roman ist Hesses letzte große Dichtung, die Summe seines Lebens und Denkens. Das in der Werkausgabe über 600 Seiten umfassende Buch bietet eine einzigartige Synopse des menschlichen Geistes aus vielen Zeiten und Völkern, des Okzidents und Orients. Es gründet auf einem überwältigenden Sachwissen. Hesse war unterdessen zum vielleicht belesendsten Autor unter seinesgleichen im deutschen Sprachraum vorgerückt und schrieb, wie es Theodor Heuss scheinen wollte, „unter den Heutigen das schönste Deutsch". (B. Z. S, 187) Der Roman weist vor und zurück in einem persönlichen und überpersönlichen Sinn. Das Problem der Selbstfindung, der Spannung zwischen Individuum und Gesellschaft, zwischen *vita activa* und *vita contemplativa,* Geist und Natur, die Polarität und zugleich Einheit der Weltgesetze – all diese Themen, die Hesse in früheren Werken einzeln entfaltet hatte, vereinigen sich im ‚Glasperlenspiel' zur umfassenden Synthese. Entstehung, Einflüsse und Wirkung dieses monumentalen Werkes sind bis in viele Einzelheiten dokumentiert in zwei Materialienbänden bei Suhrkamp und einer von Friedrich Bran und Martin Pfeifer herausgegebenen Sammlung der Vorträge beim 4. Internationalen Hermann-Hesse-Kolloquium in Calw 1986, das ganz im Zeichen des ‚Glasperlenspiels' stand.

Jahre vor der Niederschrift, vermutlich schon 1927, hatte

Hesse „die Vision eines individuellen, aber überzeitlichen Lebenslaufes". Er dachte sich einen Menschen, der „in mehreren Wiedergeburten die großen Epochen der Menschheitsgeschichte miterlebt". (EB, 436) Geblieben sind davon die drei Lebensläufe Knechts: ‚Der Regenmacher' (mit seinem Schüler Knecht in prähistorischer Zeit), ‚Der Beichtvater' (mit Josephus Famulus – „Knecht" auf Lateinisch – in frühchristlicher Zeit) und ‚Indischer Lebenslauf' (mit dem angehenden Yogin Dasa: „Knecht" auf Sanskrit). Ein ‚Vierter Lebenslauf', Knechts Inkarnation als schwäbischer Theologe im 18. Jahrhundert, der schließlich als ein von J. S. Bachs Musik begeisterter Organist „resigniert", wurde von Hesse, trotz langwieriger Quellenstudien, als „mißlungen" betrachtet und in zwei Fassungen erst posthum veröffentlicht. Friedrich Bran macht in seinem Aufsatz ‚Hesses Heimat im Glasperlenspiel' nachdrücklich aufmerksam auf die besonders in jenem ‚Vierten Lebenslauf' so anschaulichen Schilderungen von Calwer Gebäuden, Straßen, Plätzen sowie historischer Persönlichkeiten, die mit der Geschichte von Hesses Heimatstadt eng verbunden sind. (B. P. 86, 141–45) Den deutschen Namen „Knecht" leitete der Dichter vermutlich nicht von einer volkstümlichen Heiligenfigur wie „Knecht Ruprecht" her, sondern von einer gleichnamigen Gestalt seiner Kinderzeit: Jakob Knecht, der 1886 in den Dienst des ‚Calwer Verlagsvereins' eintrat und dort als „Diener" und auch „Kontorherr" fungierte. (S. G., XV f.) Nicht ausgeschlossen ferner, daß für Hesses Grundkonzeption des ‚Glasperlenspiels' die bislang von Seiten der Forschung kaum beachteten beiden Bücher seines Vaters einflußreich waren, nämlich Johannes Hesses ‚Das Spiel im häuslichen Kreise' und ‚Rätselraten' – beide noch vor der Jahrhundertwende erschienene, überaus phantasievolle, aus internationalen Spiel- und Rätselschätzen geschöpfte „Ratgeber für Jung und Alt", die wohl verdienten, auch heutzutage als Anleitungen zur Freizeitgestaltung, besonders innerhalb der Familie, in modernisierter Form wieder aufgelegt zu werden.

Gewidmet ist ‚Das Glasperlenspiel' den Morgenlandfahrern. Hesse hat dem Roman ein deutsches und mit Hilfe seiner

Freunde Schall (Clangor) und Feinhals (Collofino) ins Lateinische übersetztes Motto beigegeben, das die Idee des Glasperlenspiels *in nuce* enthält: „... denn mögen auch in gewisser Hinsicht und für leichtfertige Menschen die nicht existierenden Dinge leichter und verantwortungsloser durch Worte darzustellen sein als die seienden, so ist es doch für den frommen und gewissenhaften Geschichtsschreiber gerade umgekehrt: nichts entzieht sich der Darstellung durch Worte so sehr und nichts ist doch notwendiger, den Menschen vor Augen zu stellen, als gewisse Dinge, deren Existenz weder beweisbar noch wahrscheinlich ist, welche aber eben dadurch, daß fromme und gewissenhafte Menschen sie gewissermaßen als seiende Dinge behandeln, dem Sein und der Möglichkeit des Geborenwerdens um einen Schritt nähergeführt werden." (IX, 7)

Den Hauptteil des Buches bildet die Lebensbeschreibung des Magister ludi Josef Knecht in zwölf sorgfältig aufeinander abgestimmten Kapiteln, die Knechts Leben von seiner Berufung in den Orden bis zu seinem legendären Tod enthalten. Konzeption und dichterische Gestaltung des Buches haben in mehr als zwölfjähriger Entstehungszeit fundamentale Wandlungen erfahren. Aus der ursprünglich geplanten „Konjekturalbiographie" und Hesses Ehrgeiz, „eine Oper zu schreiben", in der „das menschliche Leben in seiner sogenannten Wirklichkeit wenig ernst genommen" werden sollte, entwickelte sich unter dem Druck der politischen Ereignisse in Deutschland bis zum Ausbruch des II. Weltkriegs der Entwurf eines mathematisch-musikalischen Geist-Spiels, das in absolutem Gegensatz zum Einbruch der faschistischen Barbarei steht, deren bevorstehender Zusammenbruch dadurch vorausgenommen wird, daß die Haupthandlung des Romans in die Zukunft verlegt wird, etwa um das Jahr 2400.

So bedeutet das Glasperlenspiel (für Hesse ebenso wie für die wenigen einsichtigen Leser der damaligen Epoche) Zeitkritik und Zeitüberwindung. Ähnlich wie Th. Manns Faustus-Roman, mit dem Hesses Buch so oft verglichen wird, ist auch das ‚Glasperlenspiel' ein Schlüsselroman, der auf bedeutende Gestalten der westlichen und auch ostasiatischen Kulturgeschichte Bezug nimmt. Zudem bedient sich Hesse wie Th. Mann häufig der Montagetechnik. Näher jedoch als ‚Doktor Faustus' steht ‚Das Glasperlenspiel' dem 3. Band von Hermann Brochs Roman ‚Die Schlafwandler', den Hesse gleich nach Erscheinen (1932) rezensierte. Charakteristisch für beide Romanwerke ist die Bewegung von der äußersten Objektivität eines abstrakten Essays (Einführung ins Glasperlenspiel) bis hin zur äußersten Subjektivität (Knechts hinterlassene Schriften). Auch als utopischer Zukunftsroman steht das ‚Glasperlenspiel' innerhalb der deutschen literarischen Tradition. Verwandte Beispiele gerade auch aus den Vierzigerjahren dieses Jahrhunderts sind Franz Werfels ‚Stern der Ungeborenen' (1946), Hermann Kasacks ‚Die Stadt am Strom' (1947) und Ernst Jüngers ‚Heliopolis' (1949). Da das Buch 1942 in Berlin nicht erscheinen durfte, datiert die Erstausgabe des ‚Glasperlenspiels' – nach verschiedenen Vorabdrucken einzelner Teile – aus dem Jahre 1943. Der erste Verleger war Fretz & Wasmuth in Zürich. In Deutschland konnte der Roman bei Suhrkamp erst 1946 publiziert werden.

Einem Bildungsroman aus der deutschen Klassik steht ‚Das Glasperlenspiel', gedanklich mehr als stilistisch, besonders nahe: Goethes ‚Wilhelm Meister', vornehmlich den ‚Wanderjahren'. Daher auch übernahm Hesse das Konzept einer – bei Goethe unspezifizierten – „Pädagogischen Provinz", in der Knecht vom Schüler bis zum Meister aufsteigt, sie schließlich aber „transzendiert". Hesse nennt sie „Kastalien", nämlich nach der Kastalischen Quelle in Delphi, wo sich die Pilger zu reinigen pflegten, ehe sie das Heiligtum des Gottes Apollo betraten. Kastalien, die elitäre Gelehrtenprovinz, ist seither zu einem ähnlich irreführenden Schlagwort geworden wie Robert Musils „Kakanien" für das Kaiserliche und Königliche Österreich vor dem I. Weltkrieg. Die kastalische Ordensprovinz – eine nur von vielen ähnlichen – wurde, Hesses Fiktion gemäß, nach dem „kriegerischen Zeitalter" im 20. Jahrhundert gegründet und von den politisch Mächtigen sogar unterstützt. Sie ist eine Pflegestätte geistiger Werte und steht uneingeschränkt im Dienst der Wahrheit, deren Verlust als Hauptgrund für den „Untergang des Abendlandes" angesehen wird. Jedes Land der Erde hat sein Pseudo-Kastalien. Die zugehörigen Adademien vermitteln Wissen um seiner selbst willen, aber auch utilitaristisch zur Bildung von Lehrern in der externen Welt. Oberste Eliteschule bei Hesse ist Waldzell – an Maulbronn ebenso wie an das Tübinger Stift erinnernd. Dort spezialisiert man sich auf die Vervollkommnung im Glasperlenspiel, dessen Meister, dem *Magister ludi,* Organisation und Technik der alljährlich zelebrierten und auch für Externe zugängliche Spiele obliegt. Er genießt nahezu priesterliche Verehrung und steht als einer von zwölf Magistern, wie etwa dem Musik-, Mathematik- und Grammatikmeister, an der Spitze der Ordenshierarchie.

Wofür aber steht nun eigentlich der Begriff „Glasperlenspiel"? Das „Spiel der Spiele", so erklärt Hesse in der Einführung, habe sich „unter der wechselnden Hegemonie bald dieser, bald jener Wissenschaft oder Kunst, zu einer Art Universalsprache ausgebildet, durch welche die Spieler in sinnvollen Zeichen Werte auszudrücken und in Beziehung zu setzen befähigt waren". (IX, 39) Abstrakte Spielmethoden macht der Dichter durch Gleichnisse aus der Musik klar. „Zu allen Zeiten stand das Spiel in engstem Zusammenhang mit der Musik und verlief meistens nach musikalischen und mathematischen Regeln. Ein Thema, zwei Themen, drei Themen wurden festgestellt, ausgeführt . . . variiert und erlitten ein ganz ähnliches Schicksal wie das Thema einer Fuge oder eines Konzertsatzes." (IX, 40) Der Glasperlenspieler, so heißt es, spiele „diese ganze ungeheure Material von geistigen Werten . . . wie eine Orgel", und diese Orgel sei „von einer kaum auszudenkenden Vollkommenheit, ihre Manuale und Pedale tasten den ganzen geistigen Kosmos ab, ihre Register sind beinahe unzählig, theoretisch ließe mit diesem Instrument der ganze geistige Weltinhalt sich im Spiele reproduzieren." (IX, 12) An dieses Gleichnis anknüpfend, vermeint Timothy Leary im Glasperlenspiel sogar einen Vorläufer des Computers entdecken zu müssen.

„Mit der Aufnahme österlicher Meditationsübungen und einer Wendung ins Religiöse hat sich das Spiel rasch vollends zu dem entwickelt, was es noch heute ist: zum Inbegriff des Geistigen und Musischen, zum sublimen Kult, zur *Unio Mystica* aller getrennten Glieder der *Universitas litterarum* … Das Spiel vereinigte alle im Sinne eines Gleichnisses der Harmonie, es schloß Frieden zwischen den einzelnen Disziplinen und weckte die Erinnerung an die Einheit, welche über aller Vielheit stand." Es sei „eine erlesene, symbolhafte Form des Suchens nach dem Vollkommenen, … ein Sichannähern an den über allen Bildern und Vielheiten in sich einigen Geist, also an Gott." (IX, 37, 40)

Hier ist der Kern des Glasperlenspiels. Alle Künste und Wissenschaften stellen in ihrer Gegensätzlichkeit Pole vor. Pole aber können nur einem einheitlichen Ganzen angehören, einem Magneten etwa. Jetzt erklärt sich auch, warum Hesse die Gleichnisse für sein Spiel hauptsächlich aus dem Gebiet der Musik nahm. Ist es doch einer ihrer Hauptwesenszüge – wenigstens seit Beginn der Polyphonie – Gegensätze zur Einheit vereinigen zu können – ja, eine musikalische Komposition besteht im wesentlichen aus miteinander kämpfenden polaren Kräften, aus Stimmen und Gegenstimmen, aus Konsonanzen und Dissonanzen, aus hohen und tiefen Tönen: jede Fuge, jede Sonate lebt aus ihren gegensätzlichen Themen, die in sich die Einheit, das Ganze meinen.

Von der Musik läßt sich eine Verbindung zu anderen Künsten und Wissenschaften herstellen. Um Musik niederschreiben zu können, bedarf es einer Formellschrift, die sich eng an die Mathematik anlehnt. Denn Takt und Notenwerte eines Musikstückes sind letzten Endes nichts anderes als mathematische Zahlenverhältnisse: wir reden von Dreiviertel-, Vierviertelaktakt, von achttaktigen Perioden. Die Töne selbst, ihre verschiedenen Schwingungen, die Instrumente und ihre Resonanz werden von physikalischen Gesetzmäßigkeiten beherrscht. Die Beziehung gewisser Dur- und Molltonarten, hoher und tiefer Töne zu bestimmten Tönen des Farbspektrums und namentlich auch seelischer Gestimmtheiten beschäftigt von jeher Komponisten, Musikwissenschaftler, Psychologen, Filmproduzenten und anderweitige Synästhetiker. Wer glasperlenspielt, dem sind alle Künste und Wissenschaften als Inbegriff der vom Menschen geschaffenen Werte, glasklaren Perlen gleich, durchsichtig geworden.

Die Leitidee eines solchen universalen Spiels findet sich nicht erst bei Dichtern der deutschen Romantik. Sie führt viel weiter zurück: auf die Hegelsche Philosophie und die Universal-Formelsprache des Philosophen der frühen Aufklärungszeit, Gottfried Wilhelm Leibniz (1646–1716). Sie zeigt sich schon bei dem Mystiker Jakob Böhme (1575–1624) und dem tief um psycho-physische und zahlensymbolische Zusammenhänge wissenden Arzt Paracelsus von Hohenheim (1494–1541). Hesse selbst zitiert in seiner Einführung den spätmittelalterlichen Bischof und Philosophen, Nikolaus von Cusa (1401–64), der *expressis verbis* eine *coincidentia oppositorum,* einen Zusammenfall der Gegensätze in Gott, postuliert hatte. Noch weiter zurück begegnet der Einheitsgedanke bei den Vorsokratikern, bei Heraklit, vor allem aber auch in den heiligen Schriften der Weltreligionen, in der Bibel, im Koran, in den Lehren Buddhas und in der klassisch-chinesischen Philosophie des Laotse. In letzter Instanz also, wie auch der Urmonotheismus „primitiver" Völker nahelegt, ist die Einheitsidee religiösen Ursprungs und damit auch das Wesen der Musik. Ähnlich wie Hesse in der Einführung ins Glasperlenspiel, hat in neuerer Zeit der britische Musikethnologe, David Tame, die altchinesische Musikethik wiederentdeckt. In seiner Studie ‚The Secret Power of Music' (1984) zitiert er dieselbe Stelle über den Ursprung der Musik aus Lü Bu Wes ‚Frühling und Herbst' wie Hesse. (IX, 27)

Die spezifisch chinesischen Wesenszüge des Musikmeisters, aber auch die drei Hauptquellen chinesischer Einflüsse auf Hesses ‚Glasperlenspiel' (die Lehre des Kung-tse, die Weisheit des Laotse und das ‚Buch der Wandlungen I Ging') hat Ursula Chi eingehend untersucht. (U. C., 61–92, 123–136) Zwar ist der Einfluß chinesischer Religionsdenker bedeutend größer, als viele Forscher und Leser auf den ersten Blick wahrhaben wollen (und können), doch sollte er dennoch nicht überinterpretiert werden. Ebenso wichtig für diesen Roman ist die Geschichtsphilosophie Jacob Burckhardts, dem der Dichter in der Gestalt des Pater Jacobus ein Denkmal gesetzt und von ihm sogar einige wörtliche Zitate übernommen hat. (B III, 240) Burckhardts ‚Weltgeschichtliche Betrachtungen' und die darin enthaltenen Gedanken über die Rolle des Individuums in geschichtlichen Krisenzeiten sowie über die gegenseitige Abhängigkeit der drei Potenzen: Staat, Religion und Kultur werden von ausschlaggebender Bedeutung für Knechts Entschluß, sein Amt als Magister ludi niederzulegen und die Provinz Kastalien zu verlassen, um in der Welt draußen Privatlehrer von Tito, dem Sohn seines Freundes und einstigen Antiopoden, Plinio Designori, zu werden. Daß er kurz nach Übernahme seiner neuen Tätigkeit als Erzieher, nicht von Massen, sondern eines einzelnen „Eliteschülers", beim Baden im See ertrinkt, hat unter der Leserschaft Enttäuschung und in der Hessekritik die wildesten Spekulationen und Meinungsverschiedenheiten provoziert.

Wer den Text genau liest und sich objektiv – und nicht gleich mit Geschmacksvorurteilen – an die dargebotenen Tatsachen der Handlung und ihrer Symbolik zu halten versucht, kann feststellen, daß Struktur und Sprache des gesamten Legendenkapitels (und auch Andeutungen im Vorangegangenen) diesen Tod Knechts unausweichlich rechtfertigen, wie ich das auch in meinem Aufsatz ‚Josef Knechts Abschied und Neubeginn' versucht habe darzulegen. (MG II, 270–92) In seiner ‚Variation zum Perlenthema' (kleiner Nachtrag zur Deutung der Schlußszene im ‚Glasperlenspiel') bringt Reso Karalaschwili Knechts Leben und Tod mit dem berühmten Perlenlied der Thomasakten, auch „Seelenhymnus" genannt (einem Zeugnis vorchristlicher Gnostik) in Verbindung. Unter den sieben aufgeführten Sinnzusammenhängen hebt Karalaschwili vor allem das Motiv der „schwer erreichbaren Kostbarkeit" hervor: in dem apokryphen Hymnus die Perle, im Legendenkapitel des ‚Glasperlenspiels' die Seele des Knaben Tito. Ferner weise die wiederholte Deutung von Knechts Tod durch Hesse als „Opfer" auf die zentrale Symbolik der Perle als „Selbstaufopferung" hin. (B. P. 86, 109–16)

Obschon der Dichter selbst (besonders in seinem Briefwerk) zahlreiche weitere Hinweise zum besseren Verständnis des ‚Glasperlenspiels' gegeben hat, ungeachtet auch der schier unübersehbaren Sekundärliteratur dazu, ist der Roman in seiner zeitgeschichtlichen und kulturpsychologischen Bedeutung bis heute noch nicht genügend erkannt worden. Darauf spielt treffend Günter Baumann an, wenn er die Meinung vertritt, daß der gesamte Roman „eine Darstellung der archetypisch gültigen Merkmale eines Heiligenlebens mit dem Ideal einer Synthese von *vita activa* und *vita contemplativa*" vermittle. Dadurch schaffe er nicht nur „eine Verbindung zwischen den religiösen Idealen des Westens und Ostens", sondern auch „eine Versöhnung von Romantik und Klassik als den beiden zentralen Antagonismen in der Literaturgeschichte und im deutschen Bildungsroman." Daraus ergibt sich (für Baumann) eine Schlußfrage von derzeitig erneut globaler Aktualität, nämlich: „. . . was bräuchten wir mehr in einer Zeit, die nicht nur im Verhältnis zwischen Ost und West und in der Beziehung zur Natur jegliches Einheitsbewußtsein verloren zu haben scheint, als einen Dichter, der uns daran erinnert, daß es nur einen menschlichen Geist, nur eine menschliche Seele, nur einen Gott gibt und – der unbequem ist?" (B. P. 86, 63) Bisher wenigstens war es so. Die Zeichen unserer neuesten Zeit deuten auf eine Änderung zum Positiven hin, worauf letztlich ja auch der Entwurf des ‚Glasperlenspiels' in die Zukunft zielt. Freilich beginnt sich der unerschöpfliche Reichtum aus den Quellen europäischer und asiatischer Geisteskultur sowie die vielfältige Beziehung des Romans zur Gegenwart (und Zukunft) erst durch wiederholte, auf Jahre und Jahrzehnte hin verteilte Lektüre allmählich zu erschließen. Das fordert freilich vor allem Geduld.

## Späte Ehrungen. Späte Prosa

„Schade, daß die äußeren Erfüllungen im Leben meistens erst dann kommen, wenn sie einem keinen Spaß mehr machen." (B III, 389) So schrieb Hesse, nachdem ihm im November 1946 der Nobelpreis für Literatur zuerkannt worden war. Im

Sommer des gleichen Jahres war ihm der Goethe-Preis der Stadt Frankfurt verliehen worden. 1950 erhielt er den Wilhelm-Raabe-Preis der Stadt Braunschweig und 1954 den Friedenspreis des deutschen Buchhandels. Ehrendoktorat der Universität Bern und Aufnahme in die Friedensklasse des Ordens Pour le Mérite folgten ebenfalls. Der Dichter nahm all diese späten Ehrungen mit Gelassenheit entgegen, ohne dabei persönlich über Gebühr in Erscheinung zu treten.

In den beiden Dekaden nach dem Erscheinen des ‚Glasperlenspiels‘ hat Hesse kein größeres Buch mehr geschrieben, dafür aber, neben seinem ihn mehr und mehr beanspruchenden Briefwerk, eine Anzahl von Gedichten und Prosastücken, die zu den Juwelen nicht allein von Hesses Dichtung, sondern der gesamten deutschen Literatur – besonders im 20. Jahrhundert – gehören. – Einzelne der späten Gedichte wurden bereits zuvor im Zusammenhang mit Hesses Lyrik erwähnt. Die Sammelbände ‚Späte Prosa‘ (1951) und ‚Beschwörungen‘ (1955) enthalten Erzählungen, Rundbriefe und Tagebuchblätter aus den Jahren 1944–1955; jedes einzelne Prosastück ist ein Meisterwerk der kleinen Form. Anlaß zu dem „erstaunlichen Wunder dieser späten Prosa“ (Siegfried Melchinger) sind ‚Begegnungen mit Vergangenem‘, Kindheitserinnerungen (‚Schulkamerad Martin‘, ‚Unterbrochene Schulstunde‘, ‚Der Bettler‘), aber auch Erlebnisse und Einsichten aus der gegenwärtigen Lebenszeit des Dichters, vertieft um die Dimension früherer Reminiszenzen: ‚Glück‘, ‚Rigi-Tagebuch‘, ‚Weihnacht mit zwei Kindergeschichten‘ und ‚Kaminfegerchen‘ – „eins der tausend Bilder“, das Hesse von einem Karnevalsnachmittag in Lugano skizzierte. Bei einer Umfrage nach dem stärksten Erlebnis des Jahres 1953 nannte Ernst Pentzold gerade jenes kleine Prosa-Meisterwerk Hesses und zeichnete dazu eine Folge von Illustrationen. Daß „Glück“ und „Glücksgefühl“, wie die Philosophen schon seit alters wußten, wenig mit materiellen Glücksgütern und erst recht nichts mit einem seelischen Dauerzustand zu tun hat, sondern vielmehr mit der jeweils eigenen Glücksfähigkeit und einem – stets vorübergehenden, aber auch wiederholbaren – Zustand inneren Einklangs von

Wunsch und Befriedigung – das hat Hesse in seiner Betrachtung ‚Glück' erneut bestätigt. (VIII, 480–91) Es spiegelt sich darin die hohe Kunst eines hoch verfeinerten Altersstils, in dem vollkommene Übereinstimmung von Sprache und Gedanke, Gefühl und Ausdruck, Wort und Sinn vorherrscht.

Martha Vogtmann vergleicht Thomas Manns und Hesses Altersstil und kommt dabei zu dem Ergebnis, daß sich der eine „selbst noch in der autobiographischen Mitteilung hinter der kunstreichen Formulierung verschanzt", während der andere „mit dem Instrument der Sprache auf den Grund zu kommen sucht", Hesse nämlich, der „behutsam, aber unerbittlich sondierend, jede Möglichkeit bequemen Selbstbetrugs vermeidend, allein bestrebt ist ... von den Spätproblemen des eigenen Lebens zu zeugen." (A. H. K, 493 f.) Die Psychoanalyse ist beim späten Hesse weit eher zur Psycho-Synthese geworden, zum unbestechlichen Werkzeug der Selbsterkenntnis. Spätprobleme des eigenen Lebens: Hesse hütet sich bis zuletzt, sich den Anschein eines „Alten Weisen" zu geben. Vom „Olympiertum" Goethes, besonders des alten, mag zwar immer noch eine fühlbare Strahlkraft ausgehen, der sich auch Hesse selbst nicht zu entziehen vermochte, wie er im ‚Steppenwolf' bekundet. Doch war er Nietzscheschüler genug, um zu wissen, daß Goethe seine Altersweisheit wie durch eine Maske sprach, mit der er andere täuschte. Hesse dagegen hat geradezu eine Aversion gegen den Begriff „Altersweisheit". In seinem Rundbrief unter dem Titel ‚Geheimnisse' (1947) erzählt er von einem jungen Mann, der ihm geschrieben: „Ich habe Vertrauen zu Ihnen, ... denn ich weiß, daß Sie alt und weise sind." Hesse, der damals Siebzigjährige, prüft diese Worte und antwortet: „Alt und weise ..., das konnte freilich einen müde und mürrisch gewordenen alten Mann zum Lachen reizen, der in seinem langen reichen Leben der Weisheit sehr oft unendlich viel näher zu sein geglaubt hatte als jetzt in seinem reduzierten und wenig erfreulichen Zustand." (X, 269)

Doch wie es auch ein „Geheimnis" des Menschen und Dichters Hesse ist, über den Bitternissen und Enttäuschungen im Leben und in der Kunst nicht, wie mancher gerühmte literari-

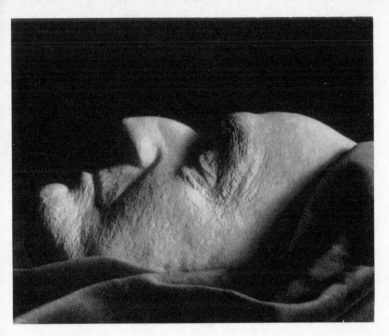

*Die Totenmaske*

sche Zeitgenosse, zum Zyniker und Nihilisten zu werden, prüft er die Worte des jungen Mannes und seine erste Antwort nochmals und fügt dann hinzu: „. . . doch konnte ja das Wort ‚alt' ganz anderes ausdrücken! Wenn man von alten Sagen, alten Häusern und Städten, alten Bäumen . . . sprach, so war mit dem ‚alt' durchaus nichts Entwertendes, Spöttisches oder Verächtliches gemeint." Einer ähnlich assoziativen Verstehensmethode unterzieht er im Folgenden das Wort „weise". Dabei kommt er zu dem Ergebnis, daß er ja selbst wie einst Sokrates dastehe: vom „Katheder herab" als ein „vollkommen Unwissender" betrachtet; andererseits aber sei sein „Nichtwissen und Nichtglauben an das Wissen" gerade sein „Instrument zur Befragung der Wirklichkeit". So möchte Hesse möglichst auch den Begriff „Weisheit" frei von jeglicher Klischeevorstel-

107

lung definieren und den jungen Mann dazu bringen, selbst darüber nachzudenken, sich einen eigenen Begriff davon zu bilden, denn „es ist seine (des Briefschreibers) Kraft, die mir die Hand führt, seine Wirklichkeit, die meine konventionelle Altersweisheit durchbricht, eine Reinheit, die auch mich zur Lauterkeit zwingt, nicht irgend einer Tugend, einer Nächstenliebe, einer Humanität wegen, sondern dem Leben und der Wirklichkeit zuliebe, so wie man, wenn man ausgeatmet hat, trotz allen Vorsätzen oder Weltanschauungen nach einer kleinen Weile notwendig wieder einatmen muß. Wir tun es nicht, es geschieht mit uns." (X, 275)

Es war Hesse vergönnt, noch bis ins hohe Alter Einsichten in das Leben zu gewinnen und sie in später Prosa zur Sprache zu bringen wie kaum ein anderer uns bekannter Dichter deutscher Zunge. Auch schienen die verschiedenen Altersleiden, die ihn zunehmend zu plagen begannen, eher physisch zu sein. Denn bis zuletzt bewahrte er sich eine Geistesklarheit und sprachliche Ausdruckskraft, die es ihm ermöglichten, noch als Fünfundachtzigjähriger, am Vorabend seines Todes, die dritte Fassung seines letzten Gedichtes zu vollenden.

## 3. Dramatik

Schon der achtzehnjährige Hesse bekennt, daß er sich „dramatisch nicht veranlagt" fühle. (KJ I, 466) Fast 60 Jahre später bestätigt er, zum Theater, außer zur Oper, „nie eine Beziehung" gehabt zu haben. Obschon selbst auch schwäbischer Herkunft, war ihm „das Pathos, die Maniriertheit und Theatralik" seines Landsmannes Friedrich Schiller „zeitlebens verdächtig". (EB, 376) Es wäre hier zu prüfen, inwieweit Hesses Kunst des Dialogs, wie sie in frühen Erzählungen und Romanen bis hin zum ‚Glasperlenspiel‘, ähnlich wie bei Plato, nicht doch von einer dem Dichter unbewußten dramatischen Begabung zeugt. Tatsächlich aber hat Hesse – ungleich Plato, der seine Dramenversuche verbrannte – zwischen 1890 bis 1919 nur zehn Dramolette geschrieben.

Das früheste ist ein Trauerspiel mit dem Titel ‚Ein Weihnachtsabend' (1890 entstanden). Die Hauptgestalt, ein armes Bettelmädchen, das am Weihnachtsabend nach dem Paradies sucht, bereits stark fiebert, im Traum seine Mutter sieht und zuletzt stirbt, mutet im Grundmotiv wie eine Antizipation von ‚Hanneles Himmelfahrt' an. (Gerhart Hauptmanns Theaterstück erschien vier Jahre später.) ‚Die Rosen duften heut so stark', ein Spiel in Versen, entstand im Jahre 1900, ‚Der blaue Tod' etwa 1904. ‚Romeo' (1915) existiert als Dramolett und auch als Opernlibretto in vier Akten nach August Wilhelm Schlegels Übertragung von Shakespeares ‚Romeo und Julia'. Hesse schrieb es für den mit ihm befreundeten Dirigenten Volkmar Andreä, während ein Operntext in drei Aufzügen, ‚Bianca' (1908–1909 verfaßt), zur Vertonung durch den bedeutendsten seiner Musikerfreunde, Othmar Schoeck, bestimmt war. ‚Bianca' war ein Versuch gewesen, die romantische Oper zu erneuern. Der Inhalt, Sturz eines Feudalherrn durch die Bürger, seine Verbannung und Untreue, Rivalität und Mord, vermochte, wie Werner Vogel in seiner Schoeckbiographie (1976) hervorhebt, die musikalische Fantasie des Komponisten nur einen Abend lang zu entzünden. „Er ließ die Kerle auf den Tasten tanzen", doch blieb am Ende Hesses Text unvertont liegen.

‚Die Flüchtlinge', eine andere lyrische Oper in drei Akten (1910), im Typoskript der zweiten Fassung von Werner Kaegi, Hans Reinhart und Meinrad Schütter bearbeitet und gekürzt, war ursprünglich für seinen Freund Alfred Schlenker „hingeworfen mit einer ahnungslosen Frechheit, wie man sie nur in der sorglosen Jugend und in der anregenden Luft einer lebhaften Freundschaft besitzt", so erinnert sich der Dichter im Nekrolog ‚Zum Tode von Alfred Schlenker' im Jahre 1950. (HMu, 189 f.) Die mittelalterliche Klosteratmosphäre und Handlung der ‚Flüchtlinge', des ehemaligen Mönches Angelico und der schönen jungen Grafentochter Giulietta lassen in einzelnen Zügen ‚Narziß und Goldmund' vorausahnen, so etwa im Motiv der stillschweigenden Billigung des Fluchtplanes durch Angelicos Freund und Confrater Tommaso; auch fällt die Ähnlichkeit im richterlichen Verhalten von Giuliettas und Julias (!) Vater auf, der eine Graf, der andere Ritter.

Von den zehn Dramoletten und Librettos wurden bislang nur drei veröffentlicht: ‚Der Dichter‘ (1921), eine Jugenddichtung aus dem Jahre 1900, ‚Der verbannte Ehemann‘ oder ‚Frau Schievelbeins Männer‘ oder ‚Die Familie Schievelbeyn‘, entstanden 1905–1907, aber erst 1977 publiziert, und ‚Heimkehr‘, erster Akt eines Zeitdramas, erstmals abgedruckt in ‚Vivos voco‘ (Heft 1, 1919/20, S. 461 ff.), zuletzt 1989 im Druck erschienen (B. P. 88, 17–38). Es ist, soweit bekannt, Hesses bedeutendstes Dramenfragment. Der Vater-Sohn-Konflikt darin weist kafkaeske Züge auf, und die Situation des aus dem I. Weltkrieg heimkehrenden Soldaten Paul, der sich in russischer Gefangenschaft innerlich stark gewandelt hat, die Daheimgebliebenen indessen nicht, mutet nachgerade wie eine Präfiguration des Beckmann in Wolfgang Borcherts Drama ‚Draußen vor der Tür‘ an, das die Gemüter nach dem II. Weltkrieg bewegte. Hesses Stück dagegen ist unvergleichlich weniger expressionistisch. Seine Urlesung erfolgte 1953 im Heidelberger Zimmertheater, die eigentliche Uraufführung erst 1988 durch Schüler und Lehrer am Hermann-Hesse-Gymnasium in Calw.

## 4. Essayistik

Einzelne Kategorien, die Gero von Wilpert in seinem ‚Sachwörterbuch der Literatur‘ (1964) für den Essay als literarische Gattung aufführt, können fast lückenlos auf jene Prosaschriften Hesses angewendet werden, die unter der Bezeichnung ‚Betrachtung‘, ‚Gedenkblätter‘, ‚Schilderungen‘, ‚Aufzeichnungen‘, ‚Rundbriefe‘ erschienen, nicht jedoch ausdrücklich unter dem Begriff „Essay“. Dazu gehören, streng genommen, auch Hesses Buchrezensionen, besonders die ausführlicheren. G. v. Wilpert hat vor allem auch auf dem Gebiet des deutschen Essays als „Spiel höchster Geistigkeit“ und „letzter ästhetischer Verfeinerung“ Hesses Leistungen gewürdigt, und das zu einer Zeit, als der Dichter von seiten der offiziellen deutschen Literaturkritik so gut wie völlig übersehen oder unterschätzt worden war. Hesses allein vom Thema her eindeutig faßbare „Essays" sind seine autobiographischen und politischen Schriften sowie die ‚Gedenkblätter', wogegen ‚Betrachtungen' und ‚Kurzprosa aus dem Nachlaß' Themenvielfalt und ein weites Spektrum der verschiedensten stilistischen Strukturmerkmale und sprachlichen Farbtönungen umfassen.

## 1. Autobiographische Schriften

Das autobiographische Element galt von Anfang an als Leitfaden zum Verständnis von Hesses Gesamtwerk. Doch geben einzelne kleinere Schriften ganz besonders prägnante, gezielte Einblicke in seine Denk- und Schaffensweise. So vorab die vier kurzgefaßten „Lebensläufe", die Hesse aus verschiedenen Anlässen in den Jahren 1903 bis 1925 aufzeichnete. Die ersten beiden (von 1903 und 1907) beschränken sich knapp und nüchtern fast ausschließlich auf die bis zu den jeweiligen Stichjahren reichenden Lebensdaten. Der dritte Lebenslauf ist Fragment geblieben, bildet aber als solches eine kleine abgerundete Dichtung unter dem Titel ‚Kindheit des Zauberers' (VI, 371–90). Sie fand später Aufnahme in die ‚Neuen Erzählungen und Märchen' und liegt auch in einer bibliophilen Einzelausgabe vor: handschriftlich mit Illustrationen von Peter Weiss. Der vierte ‚Kurzgefaßte Lebenslauf' ist eine „Konjekturalbiographie" nach dem Vorbild Jean Pauls, die Dichtung und Wahrheit als Lebensdeutung in sich vereinigt.

In den letzten beiden Lebensläufen, aber auch im ‚Tagebuch eines Entgleisten' (1922), ‚Sinclairs Notizbuch' (1923) und im ‚Bilderbuch' (1926) vom Bodensee, aus Italien, Indien und dem Tessin wird die Außenwelt zum Anlaß für Reflexionen vorwiegend subjektiver Natur. Alles Lehrhafte, faktisch nurmehr Angelesene und unverdaut wieder von sich Gegebene war Hesse wesensfremd. Umgekehrt verhält es sich mit seinen Schriften als Aufschlüssen über das eigene Werk, angefangen mit der frühen Prosa bis hin zum ‚Glasperlenspiel'. (VIII,

7–100) Darin bemüht sich Hesse, aller Eitelkeit fremd und allein um Wahrhaftigkeit sich selbst und seinem Leser gegenüber, um ein Höchstmaß von „Objektivität", sofern es sie überhaupt geben kann. Kaum ein anderer Künstler unserer Zeit kannte sich selbst, seine Stärken und Schwächen, so klar und unerbitterlich und wußte sie so auszudrücken wie Hesse. Verdrängungen hatte er mit Hilfe der Psychoanalyse Freuds und C. G. Jungs bewußt zu machen gelernt. Ein Kritiker, ehe er das Werk Hesses zu analysieren beginnt, sollte, wenn er nicht von Anfang an in die Gefahr irriger Spekulationen geraten möchte, zunächst Hesses Selbstaufschlüsse über das eigene Werk befragen. Tatsächlich beruhen ganze Interpretationen, wie etwa Theodore Ziolkowskis Auffassung des Steppenwolf-Romans als „Sonate in Prosa" auf Fingerzeigen des Dichters selbst. Natürlich weiß der besonnene Kritiker auch, daß ein Autor nicht immer der schlüssigste Interpret seiner eigenen Werke zu sein braucht. So kann Hermann Burger – im Gegensatz zu Ziolkowski – mit ebenso gutem Recht behaupten: die Konstruktion des ‚Steppenwolf' habe „mit einer Sonate oder Fuge nicht das geringste gemein", denn gewiß sind Dichtung und Musik verschiedene Medien der Kunst und folgen jeweils eigenen Gesetzen.

Zwei posthum veröffentlichte Sammlungen autobiographischer Schriften, von Siegfried Unseld ausgewählt und kommentiert, enthalten neben Altbekanntem auch Entlegenes und einige Erstdrucke. Es sind die Bände ‚Mein Glaube' (1971) und ‚Eigensinn' (1972). Eigensinn war eine Tugend, die Hesse überaus liebte und durch sein ganzes Leben und Werk hindurch praktiziert hat. Ganz im Gegensatz zur Autoritäts- und namentlich Kirchenhörigkeit romantischer Dichter ist Hesses Eigen-Sinn von aufklärerischem Geist durchdrungen und entspricht Immanuel Kants deutscher Interpretation der Maxime des Horaz: *Sapere aude:* Habe Mut, dich deines eigenen Verstandes zu bedienen. So ermutigt auch Hesse seine Leser (und besonders seine jungen), nicht wie „Herdenmenschen" gehorsam zu sein, sich nicht bedingungslos „Geld und Macht als Erfindungen des Mißtrauens" anzupassen. Wer dies recht versteht, braucht darum nicht gleich zum Anarchisten zu werden, wie so manche Pädagogen fürchten (und vorab Regierungen). Im Gegenteil: Eigensinn (wie Nietzsches „Freiheit – wozu?") erfordert starke Selbstdisziplin und Gehorsam gegen sich selbst. Er erfordert vor allem auch die Fähigkeit, Schein und Sein voneinander trennen zu können. Das freilich ist eine Frage der Reife und Lebenserfahrung und will gelernt sein. So mißverstehen namentlich junge Leser – und mehr noch Kritiker, die seine Mentalität nur oberflächlich kennen – Hesse als „Rebell" aus Prinzip gegen Staat, Bürgerlichkeit, Kirche, Schule etc. Dabei wendet sich sein – stets vernünftig formulierter – „Protest" entschieden nur gegen überholte, leere Autorität, gegen das Normierte, Mittelmäßige, gegen Konsum, Eigennutz, Profitdenken und gegen solche Staaten und Erziehungsinstitutionen, welche derartige Dekadenzerscheinungen propagieren oder auch nur stillschweigend dulden. „Wer eigensinnig ist, gehorcht einem anderen Gesetz, einem einzigen, unbedingt heiligen, dem Gesetz in sich selbst, dem „Sinn" des „Eigenen". (X, 454)

Eigensinn und Glaube sind verwandte Eigenschaften. So verwundert es nicht, daß auch die religiösen Betrachtungen in dem Sammelband ,Mein Glaube' die bisherigen Ergebnisse ergänzen und bestätigen. Hesse ist bereit, notfalls auch „gegen die üblichen Methoden und Gesetze", das zu verwirklichen, was das Leben von ihm verlangt. Er macht dabei, wie seinerzeit Kierkegaard, mit dem er die Unbedingtheit des Glaubens gemein hat, vor dem offiziellen Christentum nicht halt, wie es „in seiner Entartung bei uns existiert und regiert" und ihm „direkt kulturfeindlich" erscheint. Denn sein Glaube bedurfte keiner Theologie, keiner begrifflichen Definition und am allerwenigsten eines Kathechismus. Darum war ihm, trotz seiner protestantischen Herkunft, Martin Luther kein Vorbild. Eher hielt er sich an den Satz des Thomas von Aquin, wonach „Gott wissen heißt, ihn gerade nicht zu wissen". Konsequenterweise war Hesse, außer in seiner Kindheit, als er dazu angehalten wurde, kein Kirchgänger. Ausgesprochen mißtrauisch verhielt er sich gegen jene „hochkultivierten Pastoren", die

„bei der nächsten Mobilmachung das Tedeum singen" und „die Kanonen preisen" sowie „bei der nächsten Revolution wieder auf Seiten der Geldsäcke" stehen. Denn „die Menschen werden das Evangelium bloß Leuten glauben, die von seiner Verkündigung keinen Vorteil haben ...", heißt es in einem Brief aus dem Jahre 1932 (S. U., 368). Hier treffen sich Hesses Gedanken eng auch mit denen Albert Schweitzers, der sogar als ausgebildeter Theologe der Ansicht war, daß der Geist des Christentums, wie ihn Jesus ursprünglich verkündet, überhaupt erst im Begriff sei, verstanden zu werden. Dennoch vermied Hesse – wie bekanntlich auch C. G. Jung – wohlweislich, „Angehörige einer Kirche und Religionsgemeinschaft in ihrem Glauben irre zu machen", stand doch sein ganzes eigenes Leben „im Zeichen eines Versuchs zu Bindung und Hingabe, zur Religion". (LM I, 100, 103)

Dieselbe Toleranz erwartete er aber auch von anderen ihm gegenüber. P. Dr. Placidius Jordan, einem Konvertiten, der ihn zum zweitenmal in der ‚Benediktinischen Monatsschrift' vom September 1952 wegen Unglaubens zur Rede gestellt hatte (B IV, 447 ff.), antwortet der Dichter freimütig: „Ich gehöre zu jenen Autoren, deren Schriften weitgehend Bekenntnisse sind ... Wenn es ein jüngstes Gericht gibt, so hoffe ich, daß die Aufrichtigkeit meiner Beichte anerkannt wird. Mehr darf ich nicht erwarten. Und mehr erwarte ich auch von Ihnen nicht, der Sie weder unwissend noch fragwürdig noch unglücklich, sondern im Besitz der mir nicht erreichbaren Wahrheiten und Gnaden sind ... Und wenn Sie trotz Ihrer Vollkommenheit noch etwas wie ein Menschenherz haben, dann bitte lassen Sie mich alten ... Mann sterben, ohne mich noch ein drittes Mal mit all meinen beschämenden Schwächen vor die Öffentlichkeit zu ziehen." (B IV, 165 f.)

Hesse wußte, wie gut es für die Mehrzahl der Menschen sei, einer Kirche und einem bestimmten Glauben anzugehören. „Wer sich davon löst, der geht zunächst einer Einsamkeit entgegen, aus der sich mancher bald wieder in die frühere Gemeinschaft zurücksehnt. Er wird erst am Ende seines Weges entdecken, daß er in eine neue große, aber unsichtbare Gemeinschaft eingetreten ist, die alle Völker und Religionen umfaßt. Er wird ärmer um alles Dogmatische und alles Nationale, und wird reicher durch die Brüderschaft mit Geistern aller Zeiten und aller Nationen und Sprachen." (LM I, 103 f.)

Hesse hat in seinen späten Jahren nie den christlichen Glauben verleugnet, in dem er erzogen und unter dessen drückend pietistischer Enge er bis zu Selbstmordversuchen gelitten hatte. Doch hatte er von Kind auf sehen können, daß dieser Glaube bei seinen Eltern ungeheuchelt war, wie er noch selbst in einem Brief an seinen Vater 1910 bestätigt. Darum auch hat er sich, „trotz aller Weltlichkeit" seines Lebens, jene „tiefe Verehrung der echten Frömmigkeit" bewahren können. (GL, 85) Darüber hinaus aber vermochte er anderen – ethisch einwandfreien – Glaubensbekenntnissen jene Ehrfurcht und geistige Aufmerksamkeit entgegenzubringen, die es ihm ermöglichte, ein für Europäer ungewöhnliches Verständnis asiatischer Religionsformen, besonders des Hinduismus und (Zen-) Buddhismus zu entwickeln und es bis an sein Lebensende als kosmopolitisches Erbe zu pflegen. Vielleicht liegt in dieser Richtung auch die alle Völker und Kulturen verbindende „neue Religion" der Zukunft, deren Ansätze sich im 20. Jahrhundert namentlich in den Schriften von Teilhard de Chardin zu bekunden scheinen. Jedenfalls bedeutet Hesses „Glaube" unserer Zeit erst recht eine „ökumenische Herausforderung", wie Hans Küng in seinem Vortrag zum 6. Internationalen Hesse-Kolloquium 1990 in Calw betonte – einem Meinungsaustausch internationaler Hesseforscher, Künstler und Gelehrter, der speziell Hesses Verhältnis zur Religion gewidmet war.

## 2. Politische Schriften

Eine Sammlung politischer Betrachtungen erschien zu Lebzeiten des Dichters unter dem Titel ‚Krieg und Frieden', „Betrachtungen zu Krieg und Politik seit dem Jahre 1914" (1946) sowie – um acht Stücke erweitert – im 7. Band der ‚Gesammelten Dichtungen' von 1957. Darin enthalten sind mehr belletristische Betrachtungen, wie ‚Wenn der Krieg noch zwei

Jahre dauert' (1917), ,An einen Staatsminister' (1917) und ,Der Europäer' und mehr essayistische, d. h. hier sachlicher bezogene, wie ,Weltgeschichte' (1918), ,Soll Friede werden?' (1918) und ,Worte zum Bankett anläßlich der Nobel-Feier' 1946 (an der Hesse selbst nicht teilnahm). Schon zu Anfang seiner Gaienhofener Jahre war er durch den Verleger Albert Langen und Ludwig Thoma in lebendige literarische Beziehung zum Münchner ,Simplicissimus' gekommen, einem politisch-satirischen Blatt, dessen Geist der Kritik, des Spottes und oft Erbitterung sich namentlich gegen das Berlinertum und gegen den Hochmut des preußischen Militarismus richtete. Da dies auch Hesses Feinde waren, lieferte er als Mitarbeiter dichterische Beiträge dazu. Aus dem Bedürfnis süddeutscher Selbstbehauptung gegen die preußische Hegemonie betrachtete er sich, bei aller Affinität zum Weltbürgertum, gern auch als Alemanne, wie die besonders sorgfältige Ausgabe seines ,Alemannenbuchs' (1919; erweiterte Neuauflage: 1986) bezeugt. 1905 gründete er zusammen mit Albert Langen und Ludwig Thoma die Kulturzeitschrift ,März', deren politischer Teil im Kampf gegen das persönliche Regime Wilhelms II. gipfelte. Hesse übernahm die literarische Leitung und blieb auch noch Mitarbeiter während der Kriegsjahre, nachdem Theodor Heuss sein Nachfolger geworden war.

Hesses erster politischer Appell erschien in der ,Neuen Zürcher Zeitung' vom 3. 11. 1914 unter dem zur *vox humana* gewordenen Solo im letzten Satz von Beethovens 9. Symphonie: ,O Freunde, nicht diese Töne'. Darin verurteilt der Dichter leidenschaftlich den Krieg und ruft die Menschen guten Willens auf beiden Seiten zur Überwindung der Trennung auf, welche feindliche Regierungen und Armeen der Welt aufgezwungen haben. Sein Aufruf blieb in Deutschland ohne weitere Resonanz, festigte aber seine Freundschaft mit dem ihm zeitlebens verbündeten Künstlerfreund Romain Rolland (1866–1944), der damals auch in der neutralen Schweiz weilte, um seine Gedanken „au-dessus de la mêlée" (aus dem Kampfgetümmel heraus) zu halten. „Von allen deutschen Dichtern", schrieb Rolland in der Zeitschrift ,Coenobium', „ist derjenige, der die klarsten, die edelsten Worte fand, der einzige, der in diesem dämonischen Krieg eine wahrhaft goethische Haltung bewahrt hat . . .: Hermann Hesse." (B. P. 82, 112)

Erst nach der Veröffentlichung von Hesses Reisebericht ‚Wieder in Deutschland' (1915) setzte im deutschen Reich eine Hetzkampagne gegen ihn ein, deren Vorbehalte im Kern noch die Auseinandersetzungen während des Dritten Reiches und im Nachkriegsdeutschland bestimmten. Dabei hatte er (wiederum in der ‚Neuen Zürcher Zeitung') den Lesern in der Schweiz lediglich vom Alltagsleben in einem kriegführenden Lande erzählt, auf die Unentbehrlichkeit der Kunst, trotz allem, hingewiesen und das Recht bestritten, aufgrund dessen man diese Zeit „herrlich" nannte und am Schluß erneut der Hoffnung auf baldige Beendigung des Krieges und Wiederanknüpfen internationaler Beziehungen Ausdruck gegeben. In signierten und anonymen Schmähartikeln und vielstrophigen Spottgedichten prangerte man daraufhin Hesse als „Drückeberger", „vaterlandslosen Gesellen" und „Nestbeschmutzer" an. „Ich kann kaum Worte finden, dich zu hassen . . ./Du öder Menschlichkeits- und Friedensklänger" – so dichtete man ihm entgegen. (PG I, 146 f.) Seine erst 1924 erfolgte Einbürgerung in die Schweiz wurde als Flucht und Verrat verstanden, zumal Hesses wachsender internationaler Ruhm seine Reklamierung für die deutsche Literatur und die deutsche Sache nur noch verstärkte. Der Dichter sah sich gezwungen, einige Verleumdungen öffentlich zu klären. Hinsichtlich der „Drückebergerei" stellte er fest, daß er sich gleich nach Kriegsausbruch als Freiwilliger gemeldet hatte, seiner Kurzsichtigkeit wegen aber für untauglich befunden worden war. Ab August 1915 hatte er sich über die deutsche Gesandtschaft in Bern ganz der Kriegsgefangenenfürsorge zur Verfügung gestellt, zwei Zeitschriften für Kriegsgefangene redigiert und die „Bücherzentrale für deutsche Kriegsgefangene" eingerichtet. Es handelte sich dabei vor allem um die deutschen Kriegsgefangenen in Frankreich und England; erst später (1917) nahm die Schweiz „Internierte" auf, kranke Gefangene, sowohl Deutsche wie Franzosen. So versorgte Hesse zwischen 1916 bis 1919 über eine halbe Million Gefangener mit zukunftsorientierter Literatur. Durch Spendenaufrufe in Tageszeitungen und Zeitschriften gelang es ihm, einen großen Teil der nötigen Mittel selbst aufzubringen. Als 1917 die Bücher immer knapper wurden, eröffnete Hesse mit selbst zusammengetragenen Geldern einen eigenen Verlag für Kriegsgefangene. Schlagfertig verteidigte er sich gegen den Vorwurf, er schätze den Frieden höher als den Krieg: „Hat nicht der deutsche Kaiser ganz ähnliches gesagt, als er davon sprach, wie ungern er, und nur gezwungen, zum Schwert greife?" (Ak., 356) Gegen die Verleumdung des „vaterlandslosen Gesellen" setzten sich Theodor Heuss und Conrad Haußmann (ein Liberaler, der ab 1918 auch Privatsekretär des Reichskanzlers Prinz Max von Baden war) zur Wehr.

Hatte Hesse den I. Weltkrieg schon als Katastrophe empfunden, als die meisten europäischen Intellektuellen – darunter Richard Dehmel, Gerhart Hauptmann, Stefan George und zunächst auch Thomas Mann – ihn wie eine Wiedergeburt begrüßten, so hat er auch die Hitlerdiktatur und ihren zielstrebigen Weg zum Krieg vorausgesehen, als andere noch immer an die Stabilität der Republik glaubten. 1926 wurde er zum Mitglied der Preußischen Akademie gewählt, aus der er bereits 1930 wieder austrat. Vergebens versuchte Thomas Mann ihn zum Wiedereintritt zu bewegen. Hesse antwortete ihm, er sei „mißtrauisch gegen einen Staat, der weder neu noch republikanisch" sei und er ahne bereits, daß der Versuch, die „freien Geister in einer Akademie zu vereinen", nichts anderes bedeute, als „diese oft unbequemen Kritiker des Offiziellen leichter im Zaume halten zu können." (B II, 273) Deutschland habe versäumt, Anno 1918 „seine eigene Revolution" zu machen. Seine Zukunft sah er „in der Bolschewisierung", der aber „ohne Zweifel eine blutige Welle weißen Terrors" vorausgehen werde. (EB, 57)

Besorgt um des Freundes „unselige Haltung", vertraute damals sogar Ludwig Finckh, der sich Hesse seit der gemeinsamen Tübinger und Gaienhofener Zeit eng verbunden fühlte, dem Herausgeber der nationalsozialistischen Zeitschrift ‚Neues Deutschland', Will Vesper, persönliche Aufschlüsse über den

Dichter an, welche Vesper sofort zu einer der übelsten Pressekampagnen gegen Hesse benutzte. Jene „unselige Haltung" betraf Hesses Mitarbeit an ‚Bonniers Litterära Magazin' seit 1935, einer schwedischen Literaturzeitschrift, für die er Rezensionen auch über Bücher von Autoren verfaßte, die im Deutschen Reich verfemt waren, besonders Juden, denn lange vor Hitlers Machtübernahme hatte Hesse den zunehmenden Antisemitismus gewittert und seinen Abscheu über „eine der häßlichsten und törichtesten Formen jungdeutschen Nationalismus" ausgesprochen: über „die blödsinnige, pathologische Judenfresserei der Hakenkreuzbarden . . ." (X, 85 f.) Dafür wurde er nach 1936 auf Initiative von W. Vesper hin als „Volksverräter" und „Kulturbolschewik" gebrandmarkt, zugleich aber auch von Seiten emigrierter Juden wie Georg Bernhard, dem Gründer und Chefredakteur des Emigrationsorgans ‚Pariser Tageblatt' (1933–37), als „heimlicher Schrittmacher des Dr. Goebels" angegriffen. Vesper erreichte allerdings nicht die vollständige Ächtung Hesses dadurch, daß seine Bücher auf die „Schwarze Liste" gesetzt wurden. Doch wurden nach Ausbruch des Krieges seine Veröffentlichungsanträge genau geprüft, seine politisch unbedenklichen Werke weiter gedruckt, für seine neuen Bücher aber kein Papier mehr zur Verfügung gestellt. So konnte auch ‚Das Glasperlenspiel' vor Kriegsende nicht in Deutschland publiziert werden.

Für die Waffenstillstandsfeier von Radio Basel im April 1945 hatte Hesse ein Gedicht geschrieben, das mit den Versen ausklingt: „Wollet! Hoffet! Liebet!/Und die Erde gehört Euch wieder." (G II, 695) Dafür wurde der Dichter von völlig unerwarteter Seite angegriffen. Der ungarisch-deutsche Unterhaltungsschriftsteller Hans Habe (eigentlich Hans Bekessy), als Captain der amerikanischen Befreiungsarmee mit dem Wiederaufbau der deutschen Presse in der amerikanisch besetzten Zone beauftragt, warf Hesse in einem Brief vom Oktober 1945 vor, nicht wie Th. Mann, Stefan Zweig und Franz Werfel (alle drei weit vom Schuß in den USA bzw. Brasilien) Anklagen gegen das NS-Regime „in den Äther hinausgeschrien", sondern statt dessen „in vornehmer Zurückgezogenheit im

Tessin gesessen" zu haben – Anlaß für Captain Habe, Hesse über die Barbarei der jüngsten Vergangenheit belehren zu müssen, mit dem Schluß: „An eine Berechtigung Hermann Hesses, noch jemals in Deutschland zu sprechen, glauben wir (!) ... nicht." (B III, 533 f.) Hesse äußerte seine Meinung über Habes „dummen und bösen Brief" zwar verschiedentlich in seiner Korrespondenz, schickte aber einen Beschwerdebrief an die amerikanische Gesandtschaft nicht ab. (B III, 313 f.) Aber gerade weil Hesse das ahnungslose Verhalten des „Offizierchens" nicht an die große Glocke hängen wollte, machte ihm der Fall mehr zu schaffen, als ihm lieb war. „Jetzt also, wo die deutsche Literatur beinahe einen Augenblick ohne uniformierte Ober- und Unterbeamte geblieben war, hat sie wieder einen Herrn und Diktator gefunden, und Captain Habe sorgt für ihr Wohl. Für mich ist in dieser wieder stramm ... censurierten Literatur, wenn Habe recht hat, wieder einmal kein Platz frei ..."

(V. M. B, 270) Gewiß beschleunigten die ein Jahr später einsetzenden offiziellen Ehrungen durch Goethe- und Nobelpreis die bislang nur schrittweise Veröffentlichung von Hesses Werken in Deutschland gegen die Boykottierungsdrohung H. Habes. Doch verdächtigte man den „greisen Dichter" sogar noch im Jahre 1955 von Seiten der ‚Schaffhauser Zeitung', diesmal im Gefolge des „Kalten Krieges" und jenes unseligen Mc Carthyismus, von dem damals auch schweizer Rechtsradikale ergriffen waren, ein „verkappter Anhänger und Verbündeter der kommunistischen Termitenwelt" zu sein. (PG II, 908)

Gewiß hatte sich Hesse seit Beginn der zwanziger Jahre, angesichts des wachsenden Einflusses des Nationalsozialismus, mit dessen ideologischer Alternative, dem Marxismus und seiner politischen Verwirklichung in Rußland, eingehend auseinandergesetzt, speziell mit dem Spannungsverhältnis zwischen Marx und Bakunin und den Memoiren Trotzkis. Doch war er differenziert genug gewesen, Faschismus und Kommunismus, Hitler und Stalin, nicht einfach in einen Topf zu werfen. Der faschistische Versuch erschien ihm „rückläufig und töricht", der kommunistische Versuch dagegen als einer, „den die Menschheit machen mußte und der trotz seinem traurigen

Steckenbleiben im Unmenschlichen wieder und wieder gemacht werden muß, um Gerechtigkeit und Brüderlichkeit zwischen Bürgertum und Proletariat zu verwirklichen", heißt es in einem Brief von 1950. (V. M. B, 252) Insofern Hesses Liebe „immer den Unterdrückten, nie dem Unterdrücker" gegolten hatte, fühlte er sich einem so verstandenen „Kommunismus" innerlich nahe. Aber, wie es im gleichen ,Entwurf zum Brief an einen Kommunisten' heißt: er konnte aus drei Hauptgründen nicht aktiver Kommunist sein und hat sich auch nie, wie selbst A. Gide und R. Rolland, der kommunistischen Internationale angeschlossen. Er sah sich außerstande sich einer Partei anzuschließen und ihr Programm ohne Einschränkung zu bejahen; überdies haßte er Gewalt und wollte auch keineswegs auf persönliche Kritik an den Methoden des Kommunismus verzichten. (PG I, 463)

Hesses grundsätzliche Parteilosigkeit, die ihm von Seiten systembedürftiger Kritiker und Leser immer und immer wieder vorgehalten wird, hat, näher betrachtet, tiefere Gründe. Volker Michels hat diesen Grundsatz Hesses einmal analysiert und kam dabei zum Ergebnis: Parteien müssen sich unterscheiden, je radikaler, desto besser. Nie kommt Parteilichkeit ohne verallgemeinernde Unterstellung von Feindbildern aus. Was sich in Hesses Meinung ergänzen sollte, artet in unvereinbare Gegensätze aus. Dieses „wechselseitige Hochschaukeln politischer Aggressionen", diesen *circulus vitiosus* der Gewalt, hat Hesse durchschaut und ist deshalb umso entschiedener für überparteiliche Menschlichkeit eingetreten. Sie schließt selbstverständlich den Verzicht auf Gewalt und das Tötungsverbot ein. (Ü. H. II, 122 f.) „Lieber von den Faschisten erschlagen werden/Als selber Faschist sein!/Lieber von den Kommunisten erschlagen werden/Als selbst Kommunist sein!" lauten die Anfangsverse eines Gedichtes, das 1933 nach Ernennung Hitlers zum Reichskanzler entstand." (PG II, 511) Und in einem Brief von 1950 findet sich die Formulierung: „Gandhi war mehr als sämtliche amerikanische Präsidenten des Jahrhunderts samt sämtlichen Vertretern und Schöpfern des Kommunismus von Marx bis Stalin." (EB, 348)

So zeigt sich, daß Hesses politische Ansichten alles andere als vage gewesen sind. Als „politische Konstanten" hebt Paul Noack (1986) vor allem „den lebendigen Ausdruck einer Überzeugung" hervor, „in deren Mittelpunkt die generelle Fähigkeit des Menschen zur Selbstverwirklichung" stünde. Diese werde durch Politik im Sinne Hesses verhindert, weil sie zur „Fremdverwirklichung" dränge. Durch seine literarische Produktion mache er ungewollt selbst Politik, deren „Fundament", was der Politik normalerweise fehle, „gelebte Anthropologie" sei. (S. B., 21) Die Dokumentensammlung ‚Politik des Gewissens' (1977), welche in zwei Bänden mit zusammen fast 1000 Seiten Hesses politische Schriften darbietet, sei, in den Worten von Adolf Muschg, „ein einziger Anlaß, Hesse abzubitten". Entsprechend preist man in der deutschen Bundesrepublik, wo Hesse vor kaum zwei Jahrzehnten offiziell noch als „apolitischer Träumer" galt, neuerdings seine „völlige Immunität gegenüber Moden und journalistischen Dummheiten" (Joachim Kaiser), hebt die „erstaunlich klare Sprache" hervor, die „in allen Tönungen sachbezogen bleibt" (Bernhard Gajek) und stellt sich „bestürzt" die Frage, warum „dieser engagierte Autor zur Galionsfigur der deutschen Innerlichkeit hatte werden können" (‚Hannoversche Allgemeine Zeitung', 1978).

Am besten hat wohl Robert Jungk in seinem Vorwort zu ‚Politik des Gewissens' Hesses politische Intentionen erkannt, wenn er den Autor im Unterschied zu den „Eng-Politikern" einen „Weit-Politiker" nennt und betont, daß „Geister von größerer Spannweite und Empfindsamkeit" wie Hesse „sich ankündigende Wandlungen meist früher gesehen haben als die Praktiker und Experten der Politik". So eröffne „der Zukunftsdenker Hesse die Hypothese einer Rettung durch Wandlung des Menschen". (PG I, 7–11)

## 3. Gedenkblätter, Betrachtungen, Kurzprosa aus dem Nachlaß

Marcel Prousts „immense édifice du souvenir" besteht für Hesse in einer Reihe sogenannter ‚Gedenkblätter'. Gewidmet sind sie dem Andenken ihm nahestehender Verwandter (‚Zum

Gedächtnis': dem Vater; ,Erinnerung an Hans': seinem Bruder; ,Gedenkblatt für Adele': seiner älteren Schwester), Gestalten aus der Kinderzeit (,Der Mohrle', ,Herr Claasen', ,Eugen Sigel') sowie Freunden und bedeutenden Persönlichkeiten, mit denen er in nahe Berührung kam (,Besuch bei einem Dichter': Wilhelm Raabe; ,Nachrufe' auf Christoph Schrempf, Christian Wagner, Othmar Schoeck) und schließlich auch jenen besonderen Momenten und Ereignissen, in denen man gleichsam die Summe seines bisherigen Lebens zieht (und dessen, was davon noch verbleiben mag), wie ,Beim Einzug in ein neues Haus' oder im Zusammenhang mit einem ,Tessiner Herbsttag'. „Wenn ein Freund gestorben ist, merkt man erst, in welchem Grade und welcher besonderen Färbung man ihn geliebt hat. Und es gibt ja viele Färbungen der Liebe. Und meistens zeigt sich dann, daß lieben und kennen nahezu dasselbe sind, daß man den Menschen, den man am meisten liebt, auch am besten kennt." So heißt es im ,Gedenkblatt für Freund Peter' (1959). Daß er ihn nicht mit Nachnamen „Suhrkamp" und gar mit der Berufsbezeichnung „Verleger" versieht, spricht für sein besonders warmes, menschliches Verhältnis zu dem Verstorbenen.

Worum es dem Dichter in seinen ,Gedenkblättern' ging, war vor allem „das Aufbewahren des Vergänglichen im Wort, das Heraufbeschwören des Vergangenen durch Anruf und liebevolle Schilderung". So faßt er das „Amt des Dichters" nach wie vor im Sinne der „alten idealistischen Tradition" auf, doch weniger um zu belehren, sondern „als Mahnung zur Beseelung des Lebens", wie es in einem Brief von 1955 heißt. (B IV, 227) Von diesen Gedenkblättern und Nachrufen unterscheiden sich die anderen essayistischen ,Betrachtungen' nicht im Stil, nur in ihrer weiter gefaßten Thematik.

Der bereits 1928 erschienene Sammelband ,Betrachtungen' enthält, neben den politischen, auch wichtige literarische Aufsätze Hesses (Nachworte zu C. F. D. Schubart und Novalis), die für Hesses wachsende Differenzierung seines Berufsethos charakteristisch sind. Hinzu treten Reflexionen über verschiedene Gegenstände geistiger Selbstbegegnung, wie etwa ,Alte

Musik' (1913), ,Von der Seele' (1917), ,Chinesische Betrachtung', ,Dank an Goethe', ,Variationen über ein Thema von
Wilhelm Schäfer' und ,Über Gedichte' – alles Betrachtungen
aus den Jahren 1918/19. Im 7. Band der ,Gesammelten Dichtungen' von 1957 sind über 70, in der Werkausgabe von 1970
etwas mehr als 40 solcher verschieden langer und gewichtiger
Essays enthalten.

Zu Hesses posthum veröffentlichter Prosa gehören vor allem drei Sammelbände: zunächst ,Prosa aus dem Nachlaß'
(1965), an deren Edition Ninon Hesse bis kurz vor ihrem Tode gearbeitet hat. Das Buch enthält unbekannte Erzählungen
aus Hesses Basler und Gaienhofener Zeit, u. a. ,Julius Abder-
eggs erste und zweite Kindheit' (1902), ,Hans Amstein'
(1903), die Vorstufen zu ,Knulp' (1902/4), die beiden Fassungen des ,Vierten Lebenslaufs', eine Frühfassung von ,Gertrud'
sowie einige Fragmente aus der Berner und ersten Montagno-
leser Schaffensperiode.

Die beiden von Volker Michels edierten Sammelbände mit
Kurzprosa aus dem Nachlaß: ,Die Kunst des Müßiggangs'
(1973) und ,Kleine Freuden' (1977) sind in der Werkausgabe
nicht enthalten. Ein Teil dieser Betrachtungen, Erinnerungen,
Studien, Parodien und kurzen Erzählungen war verstreut in
Zeitungen, Zeitschriften sowie auch Privatdrucken zuvor
schon veröffentlicht worden. ,Die Kunst des Müßiggangs'
(auch schon für Nietzsche wichtig als Anfang von Kultur)
wurde, wie auch ,Kleine Freuden', aus verstreuten Arbeiten
zum ersten Mal in Buchform zusammengestellt. Wie Volker
Michels in seinem Nachwort hervorhebt, stellt diese Kurzprosa Hesses „Alternative ... zu unserer atemberaubenden, kon-
sumbetäubten Reizüberflutung" dar, um „durch Selbstkritik,
Kontemplation und Entfaltung des Individuellen eine qualitative Änderung zu ermöglichen". ,Verbummelter Tag', ,Wein-
studien', ,Die Nichtraucherin', ,Das erste Abenteuer', ,Liebe',
,Eine Spazierfahrt in der Luft', ,Septembermorgen am Bodensee', ,Falterschönheit', ,Tanz', ,Poetische Grabreden', ,Eduards
des Zeitgenossen zeitgemäßer Zeitgenuß' – überall bezeugen
diese literarischen Miniaturen als Versuche einer neuen Sinn-

gebung des Lebens das so freimütig-ironische Selbstbekenntnis ihres Dichters: „Ich bin auch hierin ein unmoderner Mensch, daß ich Gefühle ... nicht verwerfe und hasse, sondern mich frage: womit leben wir eigentlich, wo spüren wir Leben, wenn nicht in unseren Gefühlen? ... So sehr ich die Sentimentalität an andern hassen kann ... mir sind meine Gefühle tausendmal lieber als alle Schneidigkeit der Welt, und sie allein haben mich davor bewahrt, in den Kriegsjahren die Sentimentalität der Schneidigen mitzumachen." (KF, 366 f.)

# IV. Die Briefe

Peter Weiss erinnert sich Hesses als eines Menschen, „der sich stark für andere Menschen interessierte, und viel Wichtiges in Hesses Werk ist gar nicht in seinem eigentlichen künstlerischen Werk enthalten". Es liege „vielmehr in seinen Beziehungen zu anderen Menschen, eine Hauptqualität von Hesse, die an seiner Korrespondenz sichtbar wird". (HA., 214) Dabei klingt es wie ein Witz für einen, der in seinem Leben schätzungsweise 35 000 Briefe geschrieben hat, von sich selbst zu behaupten, wie in einem Brief an den Sinologen Richard Wilhelm vom 4. 6. 1926: „Obwohl ich gar kein Briefschreiber bin, möchte ich Ihnen doch diese Grüße erwidern." (B II, 142) Wer diesen Selbstaufschluß wörtlich verstünde, hätte es ebenso schwer, den Beweis dafür zu erbringen, daß Hesse „apolitisch" gesinnt war.

In Wirklichkeit war der Dichter schon als Kind ein eifriger Briefschreiber, wie die zahlreichen Beispiele in den beiden erst posthum veröffentlichten Dokumentarbänden ‚Kindheit und Jugend vor Neunzehnhundert' bezeugen. Viele Tausende von Briefen schrieb er, ohne Abschriften zurückzubehalten oder je an ihre spätere Veröffentlichung zu denken. Erst seit dem Zusammenleben mit seiner dritten Frau Ninon, von 1927 an, begann er Briefe, die thematisch von allgemeinem Interesse zu sein schienen, aufzubewahren. Manchmal auch schrieb sich seine Frau einen Brief ganz oder teilweise ab. Bei der Auswahl zur Publikation wurde dann das Private möglichst ausgeschaltet und von den Äußerungen über ein und dasselbe Thema die jeweils knappste und schärfste Formulierung bevorzugt. Dieses selektive Editionsprinzip wurde auch für die jüngsten Briefveröffentlichungen beibehalten. Bis 1951, als die erste Sammlung von 200 Briefen herauskam, waren nur etwa 130 in verschiedenen Zeitungen und Zeitschriften erschienen. Die in den letzten Jahren publizierten vier Bände von ‚Gesammelten Briefen' enthalten insgesamt 1762 Schreiben aus 67 Jahren. Sie überliefern einen charakteristischen Querschnitt aus einem bislang zugänglichen Bestand von mindestens 15 000 Briefen und Postkarten, welche in den vergangenen zwölf Jahren in Zusammenarbeit mit Heiner Hesse aus Privatbesitz und Archiven ermittelt werden konnten. Darunter stehen an erster Stelle die bedeutende Hessesammlung im Deutschen Literaturarchiv in Marbach/Neckar, die Schweizerische Landesbibliothek in Bern und die ETH und Zentralbibliothek in Zürich.

Die bisherigen Briefeditionen enthalten Tausende von Schreiben an bekannte und unbekannte Adressaten aus praktisch allen Bevölkerungsschichten und Altersgruppen im In- und Ausland. Hinzu treten die Einzelkorrespondenzen mit Helene Voigt-Diederichs, Romain Rolland, Thomas Mann, Peter Suhrkamp, Karl Kerényi, Rudolf Jakob Humm, Heinrich Wiegand, Christian Wagner, Hans Morgenthaler, Hans Sturzenegger und Stefan Zweig. Sie ergeben mehr als 3000 Briefe – noch kaum der zehnte Teil von Zuschriften, die Hesse insgesamt beantwortet hat. Weitere Korrespondenzen, wie etwa die Briefe an seine derzeit (1990) in Weimar noch lebende zweite Frau Ruth, sind auf Jahre hinaus noch gesperrt. Die seit Erscheinen des 4. Bandes der ‚Gesammelten Briefe' noch weiterhin ermittelten Schreiben (vorwiegend aus den ersten beiden, bisher nur lückenhaft dokumentierten Jahrzehnten dieses Jahrhunderts) sind für einen Nacheseband bestimmt. Abgesehen von den ungezählten Geschäftsbriefen an Verleger und Zeitungsredakteure, um die sich der Dichter von Berufs wegen auch kümmern mußte, kann man seine Briefe summarisch in zwei Kategorien einteilen: erstens in Einzelkorrespondenzen sowie auch Einzelbriefe an ausgesuchte Freunde, Verwandte und Künstlerkollegen und zweitens an Abertausende bekannter und unbekannter Briefempfänger, denen Hesse wiederholt oder auch nur ein einziges Mal geschrieben hat.

## 1. Briefe an Freunde und Künstlerkollegen

‚Hermann Hesse und seine literarischen Zeitgenossen' ist die von Friedrich Bran und Martin Pfeifer herausgegebene Referatensammlung zum 2. Internationalen Hesse-Kolloquium in Calw (1982) betitelt. Sie vermittelt einen Überblick über Hesses Verhältnis zu einigen seiner bedeutendsten literarischen Freunde und Briefpartner, wie Thomas Mann, Romain Rolland, Stefan Zweig, Helene Voigt-Diederichs u. a. Sie wird eingeleitet durch einen zusammenfassenden Essay von Volker Michels. Grundsätzlich war Hesse die Verbindung mit befreundeten Künstlerkollegen willkommener als die weniger erfreuliche Auseinandersetzung mit der Presse und anderweitig ideologisch gesteuerten Interessengruppen. Doch hat er nur mit wenigen Ausnahmen den Kontakt zu Künstlerkollegen von sich aus gesucht. Meist ging der Anstoß von Zunftgenossen aus, sei es, daß bereits Arrivierte ihm ihre Bücher in der stillen Hoffnung widmeten, er möge sie bei nächster Gelegenheit entsprechend günstig rezensieren, sei es, daß sich Debüttanten an den Dichter wendeten, um Zuspruch und Ermutigung für ihre Weiterarbeit zugeteilt zu bekommen. Die großen Ausnahmen bilden Briefwechsel mit zwei ebenbürtigen Repräsentanten europäischer Literatur: Romain Rolland und Thomas Mann.

Während in der Korrespondenz zwischen Hesse und Rolland, wie Solange Vaast in ihrem Referat hervorhebt (B. P. 82, 111–121), das Verbindende in der geistigen Gemeinschaft jenseits nationaler Parteilichkeit liegt, ist die schriftliche Zwiesprache zwischen Thomas Mann und Hesse – von Martin Pfeifer in seinem Vortrag glänzend beleuchtet (B. P. 82, 83–94) – besonders aufschlußreich für die Entwicklungsgeschichte ihrer Werke, die sich, wie im Falle des ‚Glasperlenspiels' und des ‚Doktor Faustus' (des „Spiels mit schwarzen Perlen", wie Th. Mann ins Widmungsexemplar für Hesse schrieb), nahezu gleichzeitig und wie nach Maßgabe zweier kommunizierender Gefäße vollzog.

Hesses Brief und Antworten an Künstlerkollegen reichen vom 19. Jahrhundert Wilhelm Raabes bis in unsere Gegenwart – zu Karlheinz Stockhausen und Max Frisch, Günter Eich, Arno Schmidt und Peter Weiss. Umgekehrt vereinigen die Künstlerbriefe an Hesse die verschiedensten Charaktere und Nationalitäten: aristokratische Dichterinnen und Dichter wie Gertrud von Le Fort, Ricarda Huch, Hugo von Hofmannsthal und R. M. Rilke; Gesellschaftskritiker und Humoristen wie Ludwig Thoma, Joachim Ringelnatz, Kurt Tucholsky; Romanciers und Erzähler wie André Gide, Robert Musil, Ina Seidel, J. D. Salinger, T. S. Eliot, Katherine Mansfield und Felix Timmermans, den flämischen Idylliker. Andere Freundschaften mit Schriftstellern waren nicht immer ungetrübt: so mit Ludwig Finckh, der seinen Freund, nach anfänglich scheinbar unzertrennlicher Gemeinsamkeit auch in Gedanken, später während der Nazizeit vergeblich „heim ins Reich" zu ziehen versuchte, wie Michael Limberg so anschaulich und spannend dokumentiert hat (B. P. 82, 39–56).

Noch problematischer war, wie Friedrich Bran im einzelnen untersuchte, Hesses Beziehung zu dem von ihm sehr geschätzten (wahrscheinlich überschätzten) alemannischen Schriftsteller Emil Strauss, der in einem Anfall von Schwermut seine gesamte Korrespondenz mit Hesse verbrannte. (B. P. 82, 71–76) Ein freundschaftliches Verhältnis bestand zwischen Hesse und Stefan Zweig, Ernst Pentzold, Hans Carossa, Joachim Maas, Luise Rinser. Als ebenbürtige Kollegen schätzte er den Religionsforscher Hugo Ball und dessen Frau, die Dichterin Emmy Hennings, in deren Briefen an den Dichter ihre, trotz aller äußeren Armut, so leidenschaftliche Hingabe an das Leben und ihre tiefe Gläubigkeit zum Ausdruck kommt. Durch eine Korrespondenz mit Hesse, so scheint es, trat oft das Beste und Individuellste des jeweiligen Briefpartners überhaupt erst so recht ans Licht.

Von namhaften Malern und Musikern wird im Folgenden noch ausführlicher die Rede sein. Hesse pflegte aber auch einen vielseitigen Briefwechsel mit Politikern, Theologen, Wissenschaftlern und Fachgelehrten, die zugleich auch Künstler waren oder zumindest ein ausgesprochenes Kunstverständnis besaßen. Dazu gehörten der Jurist und Reichstagsabgeordnete Conrad Haußmann, Walther Rathenau und Theodor Heuss; Martin Buber, Christoph Schrempf (der als Häretiker aus der Kirche verstoßene Kierkegaard-Übersetzer) und Landesbischof Theophil Wurm. Freundschaft und Briefpartnerschaft verband Hesse mit Psychologen und Ärzten wie C. G. Jung, Josef B. Lang, Hermann Bodmer, dem alternativen Internisten; der Forstwissenschaftler Walter Schädelin, der Ingenieur (und Astrologe) Josef Englert, der Literaturkritiker Walter Benjamin gehören ebenso dazu wie Richard Wilhelm, der Indologe Heinrich Zimmer, der Japanologe und Vetter Hesses, Wilhelm Gundert sowie der Mythenforscher Karl Kerényi, mit dem Hesse einen nachbarlichen „Briefwechsel aus der Nähe" führte.

Zu den Freunden und Briefpartnern Hesses gehörten aber auch reiche Geschäftsleute und Kunstmäzene wie Georg Reinhart, H. C. Bodmer und seine Frau Elsy, der Warenhausdirektor Fritz Leuthold sowie Emil Molt, Jünger Rudolf Steiners und Inhaber der Waldorf-Astoria-Zigarettenfabrik sowie Mitbegründer der anthroposophischen Waldorfschulen – ferner der Bibliophile Joseph Feinhals, gleichfalls Tabakwarenproduzent, der vielseitig gebildete Chemiker Arthur Stoll und Max Wassmer, seines Zeichens Zementfabrikant, Künstlervater und Schloßherr von Bremgarten. Und dies alles sind nur einige wenige Namen aus der Fülle von einigen Hundert. Unter seinen Verwandten, mit denen er vorzugsweise korrespondierte, seien, neben seinen Eltern und Geschwistern, nur noch seine Lieblingskusine in Calw, Fanny Schiler, genannt und nicht zuletzt seine eigenen drei Söhne.

## 2. Dienst am Menschen

Die Bemerkung Hesses, er sei eigentlich kein Briefschreiber, hat gleichwohl – wie so manche zunächst wiedersprüchlich erscheinende Aussage über sich selbst und sein Werk – ihren

*Von links nach rechts: Martin – Heiner – Bruno Hesse. Kind: Cornelie Bodamer. Aufnahme: Georg Bodamer, Sommer 1954. Ort: Calw, Gartenweg 7.*
*Die Hesse-Söhne besuchten dort ihre Tante Fanny Schiler-Gundert*

guten Grund. „Meine äußere Lebenstechnik", schreibt er Ende 1922 an Olga Diener, „dient einzig dem Zweck, mich unbedingt für meine Arbeiten frei zu erhalten. Ich muß das mit viel Einsamkeit, auch unerwünschter, und mit viel äußeren Opfern zahlen ..." (B II, 43) Während es ihm offensichtlich Freude machte und sogar ein Bedürfnis war, mit Verwandten, Freunden und Künstlerkollegen, die ihm nahestanden, in regelmäßigem schriftlichen Kontakt zu bleiben (besonders über die Kriegsjahre hinweg), so wurde ihm doch das Hauptgewicht seiner umfangreichen Korrespondenz von außen her aufgenötigt. Sie raubte ihm in zunehmendem Maße den Spielraum für die eigene Arbeit und bereitete ihm zudem erhebliche Unkosten. Um die doppelten Portogebühren für das Ausland zu umgehen, sandte er seine für Deutschland bestimmte Post wöchentlich paketweise an Vertrauenspersonen, die den Weiterversand mit Inlandporto besorgten. Diese verständliche Sparmaßnahme – besonders in Zeiten, als Hesse kaum über genügend Mittel zum eigenen Lebensunterhalt verfügte – wurde Hesse erst unlängst wieder in dem ‚Spiegel-Gespräch‘ von 1987 mit Gottfried und Brigitte Bermann-Fischer über die 100jährige Geschichte ihres Verlages als „Geiz" verdacht. Über den wahren Hintergrund des „abtrünnigen Fischer-Autors Hesse", wie der Dichter im selben ‚Spiegel'-Artikel gebrandmarkt wird, orientiere sich der interessierte Leser besser selbst in Siegfried Unselds ‚Hesse, Werk- und Wirkungsgeschichte‘ (S. U., 231–35) und anhand des aufschlußreichen Briefes von Ninon Hesse an Jakob Rosenberg vom 1. 6. 1950 (B IV, 472 f.).

Bereits in der schmalen Auswahl von Briefen im Jahre 1957 befinden sich nur wenige an Freunde und Bekannte. Das eigentliche Korpus des Bandes bilden Antworten „an einen jungen Mann in Deutschland", an „einige frühere Schüler von Professor Bertram" oder „an einen Leser in Frankreich" – Unbekannte und anonym gebliebene Empfänger, die sich ratsuchend, bittend, fragend, aber auch vorwurfsvoll an Hesse gewandt hatten. Seit er durch die Verleihung des Nobelpreises (1946) Weltruhm erlangt hatte, schwoll seine Korrespondenz zu einer fast täglichen Brieflawine an. Menschen aus den verschiedensten sozialen Schichten und Ländern (hauptsächlich allerdings aus dem deutschen Sprachraum), jung und alt, wendeten sich an ihn, suchten Hilfe für ihre privaten Probleme und Nöte (die oft nicht das Geringste mit seiner Dichtung zu tun hatten), erstatteten ihm vertrauensvoll Mitteilung, als sei er Pädagoge, Arzt und Beichtvater.

Hesse litt seit langem schon an chronischen Augenschmerzen, weswegen er sich häufig ärztlicher Behandlung und sogar einiger kleiner Operationen unterziehen mußte. Hinzu kamen als zusätzliche Altersbeschwerden Gicht und in seinen letzten Lebensjahren Leukämie, die oft strapaziöse Bluttransfusionen und Spritzen erforderlich machte. Der Dichter äußert sich darüber bald scherzend, bald entschuldigend am Anfang eines Briefes, oft um den Adressaten zu warnen, daß er nicht mehr allzu eingehend zu antworten imstande sei. „Ihr homöopathisches Rezept werde ich gern befolgen", heißt es in einem Brief von 1926. „Ich habe beständig scheußliche Augenschmerzen und möchte mir die Augen am liebsten ausreißen, nach jenem freundlichen Rat des neuen Testamentes. Auch wenn Sie mir, statt so harmloser und angenehmer Pillen, einen Becher Schwefelsäure geraten hätten, hätte ich es gern genommen." (B II, 127) Vier Jahre später: „Wieviele Tage ohne Augenschmerzen habe ich wohl seit 3 Jahren gehabt? Vielleicht 3? Vielleicht 5?" (B II, 248) Und 1949 schließt er einen Brief mit den Worten: „Meine Augen sind hoffnungslos überanstrengt ... Manuell beschäftigen kann ich mich nur sehr wenig, schon das Maschineschreiben geht sehr mühsam, da immer einige Finger von der Gicht geschwollen sind ..." (B IV, 13 f.) Kritiker haben ihm diese häufig variierte Entschuldigungsformel ebenso wie seine zweifellos ausgeprägte Feinnervigkeit als „Hypochondrie" verdacht, ohne in Betracht zu ziehen, daß Hesse auf die meisten dieser Briefe entweder gar nicht oder höchstens, wie es schon zu seiner Zeit unter Prominenten gang und gäbe war, durch unpersönliche Formschreiben hätte reagieren können. Seine persönlichen Bemühungen um fast jeden einzelnen Briefschreiber und seine Generosität stehen innerhalb der gesamten deutschen Literaturgeschichte einzig da. Goethe, Schiller, Th. Mann, H. v. Hofmannsthal und andere Epistolographen legten bei ihrer gewiß auch umfangreichen Korrespondenz Nachdruck auf den brieflichen Dialog mit Gleichgesinnten und ebenbürtigen Partnern, die sie sparsam und selektiv auswählten. Hesses Briefe dagegen sind größtenteils Einzelantworten, während die regelmäßige Korrespondenz mit Verwandten und Freunden eher den Charakter informativer Mitteilung tragen. Hesse ließ kaum einen Brief unbeantwortet – vorausgesetzt, er war ernst gemeint und lohnte die Mühe einer noch so kurzen, aber gewissenhaften Antwort. Eine solche erschien ihm Pflicht, weil der Ruf, der an ihn ergangen, verständlich war und er sich davon betroffen fühlte.

So schrieb er, unbesorgt um Rang und Namen seiner Adressaten, an einen „Realschüler", eine „Studentin", „Studienassessorin", an „einen einfachen Mann aus dem arbeitenden Volk", „einen Kommunisten", an „eine alte Leserin", an „einen Inder", einen „Leser in Japan", an „ein ganz junges Mädchen", „eine Abiturientin" und weitere unzählige völlig Unbekannte oder nur flüchtig Bekannte, stets individuell, sei es handschriftlich oder auf seiner alten Schreibmaschine „Smith Premier No. 4" (mit der berühmten Kursivschrift und in doppelter Tastatur für Groß- und Kleinschreibung), die er Anfang 1908 bei der Firma Klingler in Konstanz erstanden hatte. Wozu diese Umstände, wenn er doch einfacher und weniger zeit- und kraftraubend seine gesamte Korrespondenz mit Hilfe einer Sekretärin und einem zweckmäßig aufgebauten Kanzleiapparat hätte erledigen können? Man hat den Dichter belächelt wie Albert Schweitzer mit seiner bewußt „primitiv", dafür aber umso menschlicher, zwischen Arzt und Patienten stattfindenden Krankenpflege – im Gegensatz zum modernen, vollautomatischen Krankenhausbetrieb. Auch der Dichter hatte seine Gründe. In ‚Stunden am Schreibtisch' heißt es: „Auch heute stellt jeder Tag an mich die Forderung, mich der Welt anzupassen und, wie die meisten es tun, mich all der aktuellen Aufgaben mit Hilfe von Routine und Mechanisierung zu entledigen, mit Hilfe eines Apparats, einer Sekretärin, einer Methode. Vielleicht sollte ich die Zähne zusammenbeißen und es noch auf meine alten Tage erlernen? Aber nein, es wäre mir nicht geheuer dabei, und alle jene vielen, deren Not ihre Wellen bis auf meinen überhäuften Schreibtisch spült, wenden sich ja an einen Menschen, nicht an einen Apparat. Bleibe jeder bei dem, was sich ihm bewährt hat!" (V. M. B, 299)

Auf die Feststellung einer Leserin, daß wohl kein anderer Autor so viele Briefe beantworte wie er, erwidert er: „Ich weiß ..., daß das Bücherschreiben bei mir weniger ein Beruf und Geschäft als eine Notlage ist, weil ich keinen anderen, direkten Weg fand, etwas Gutes zu tun und meiner Zeit irgendwie zu dienen ... Rolland und Rilke" (so fügt er, bescheiden wie immer, hinzu), „gehörten ja auch zu denen, die auf einen menschlichen Anruf antworten, wenn er aus wirklicher Not kommt, und wenn sie eine Antwort zu wissen meinen." (B II, 373) Hieraus folgt, daß das Ethos von Hesses Briefwerk letztlich der Dienst am Menschen war.

Seine Antworten sind, ähnlich wie manche seiner Buchrezensionen, keineswegs immer glatt und am allerwenigsten schmeichelhaft, aber ehrlich, gelegentlich sogar überdeutlich, etwa wenn er an eine Leserin – Ende 1948 – schreibt: „Bitten möchte ich Sie, mir nicht mehr zu schreiben. Sie haben von mir, meinem Wesen und Glauben, nicht die leiseste Ahnung. Und möge Gott, mit dem Sie ja so viel zu tun haben und der auch die herrliche deutsche Sprache der Welt geschenkt hat, Ihnen die schrecklichen Verse verzeihen, mit denen Sie diese Sprache mißbrauchen. Ihr ergebener ..." (B III, 510)

Nie fertigte er seine Briefempfänger mit konventionellen Floskeln ab. Er nimmt jeden einzelnen als Person ernst und spricht zu ihm von Mensch zu Mensch, nie „von oben herab" und nie im Bewußtsein eines unfehlbaren Lehrers oder gar selbst angemaßten Führers wie Stefan George zu seinem ihm ergebenen Schülerkreis. Wer darum Hesse als Guru, Heiligen und Kultfigur benutzen möchte, mißversteht seine Intentionen von Grund auf. „Ich muß leider Ihre Todlichkeit (sic) akzeptieren", schrieb 1957 ein unbekannter Schwede an den vermeintlichen Dichter-Gott. Hesse notierte dazu trocken: „... er meint „Sterblichkeit". (Ak., 403) Immer und immer wieder verwahrt er sich gegen das Ansinnen einer Führerrolle. Selbst gegen den zweifelhaften Ehrentitel eines „Seelsorgers", welchen ihm eine Rezension auf seine Briefauswahl von 1951 einbrachte, verhält er sich skeptisch. „Sehr viele meiner Leser", so heißt es auf einem undatierten Briefdurchschlag, „nehmen mich ganz persönlich als Freund, als Führer, oft direkt als Arzt und Seelsorger, Beichtvater oder Ratgeber in Anspruch, ohne Rücksicht darauf, daß alle diese Funktionen ... nur im engsten persönlichen Kontakt ihren Sinn haben, ohne Kenntnis der Personen und aus der Ferne brieflich betrieben, wertlos sind." (Ak., 401)

Auf die alte Kinderfrage: Hat das Leben einen Sinn? maßt sich der Dichter keinerlei endgültige Antwort an, sondern vermittelt daraufhin, je nach der Situation des Fragestellers, eine Gebärde des Trostes ebenso wie eine freundliche Zurechtweisung, falls nötig. Ein junges Mädchen in einer Lungenheilstätte wandte sich ratsuchend an Hesse. Er schickte ihr zunächst „ein paar freundliche Gaben". Aber der gestellte Anspruch entließ ihn nicht aus der Verantwortung. So schreibt er der jungen Patientin in Form eines Gleichnisses: „Sie gehen durch die Natur, um Trost zu suchen, und sind enttäuscht darüber, daß diese Natur so ‚passiv und teilnahmslos' daliegt. Aber wieviel Teilnahme haben *Sie* der Natur geschenkt? ... Hier liegt das Problem. Und darüber sage ich kein Wort weiter, darüber müssen Sie selbst nachdenken." (Ak., 404) Genau das ist die Botschaft in allen Briefen und sämtlichen Werken Hesses: wie man den Weg zu sich selbst findet. Der Dichter versucht dazu einige bekenntnishafte Hinweise aus seinem eigenen Leben zu vermitteln, kann und will jedoch niemals eines anderen Vormund sein. „Was du in deinem Leben leistest", schreibt er 1949 an seinen ältesten Sohn Bruno, „das wird von der ewigen Gerechtigkeit nicht nach irgendeinem festen Maß gemessen, sondern nach Deinem einmaligen und persönlichen. Gott wird dich, wenn er dich richtet, nicht fragen: ‚Bist du ein Hodler geworden oder ... ein Pestalozzi oder Gotthelf?' Sondern er wird fragen: ‚Bist Du auch wirklich der Bruno Hesse gewesen und geworden, zu dem Du die Anlagen und Erbschaften mitbekommen hast?' Und da wird niemals ein Mensch ohne Scham oder Schrecken seines Lebens und seiner Irrwege gedenken, er wird höchstens sagen können: ‚Nein, ich bin es nicht geworden, aber ich habe es wenigstens nach Kräften versucht.' Und wenn er das aufrichtig sagen

kann, dann ist er gerechtfertigt und hat die Probe bestanden."
(B IV, 7)

Marcel Reich-Ranicki vermißt in seiner Besprechung des
ersten Bandes von Hesses ‚Gesammelten Briefen' „das Urbane,
Souveräne, das Augenzwinkernde". (Ü. H. II, 173) Gerade darum geht es Hesse ja gar nicht in seiner Korrespondenz. „Man
braucht nur einmal einen beliebigen Rilkeschen Brief neben einen beliebigen Hesseschen Brief zu halten", schreibt Manfred
Hausmann. „Rilkes Briefe sind nämlich im Grunde gar keine
Briefe, sondern bedachte Kunstwerke, . . . makellose Briefdich-
tungen. Hermann Hesse geht es dagegen um die Hilfe und
nicht um den Brief." Weiter stellt sich M. Hausmann vor, was
für eine „noble, gedankenvolle und von Kerzenlicht über-
schimmerte Antwort" Rilke wohl jener „Dame mit Liebes-
kummer" erteilt hätte. Hesse, an den sie sich gewendet, spürte
ihre Not, beneidet sie aber auch um die Menge an Zeit und
Leidenschaft, die sie ihrem Privatleben zuwenden könne. Er
hingegen sei von Tag zu Tag gezwungen, sich von den Nöten
anderer verbrauchen zu lassen. „Und das wäre auch für Sie eine ganz gute Kur", schließt er seine Antwort. (U. H. I, 357) Da
die meisten seiner Briefe unmittelbare Reaktionen auf aktuelle
Bedürfnisse und Notlagen anderer Menschen – von zudem
sehr verschiedenem geistigen Niveau und sprachlichem Auf-
fassungsvermögen – darstellen, mußte und wollte er sich so
einfach und klar wie möglich ausdrücken, damit er auch verstanden und als Ratgeber wirksam sein konnte. Mit einer raffiniert stilisierten Antwort und „mit Augenzwinkern" dazu
wäre der „Mutter eines Selbstmörders", die sich in ihrer Verzweiflung an den Dichter gewandt, wohl kaum gedient gewesen. Desgleichen nicht einem Schüler, der sich von Eltern und
Lehrern ohnehin unverstanden wußte. Und wer, wie Reich-
Ranicki, bei dem Wort „Seele", das allerdings in Hesses Briefen – wie auch in seinen übrigen Schriften – häufig vor-
kommt, „allemal Schmus wittert", wird freilich bei einem
Briefschreiber wie Hesse, der bei allen seinen sonstigen Qualitäten sogar auch noch eine Seele hat, kaum auf seine Kosten
kommen. (Ü. H. II, 172 f.)

Immerhin wird das Wort „Seele" auch in der heutigen deutschen Sprache nach wie vor häufiger gebraucht und ist weitaus allgemeinverständlicher als etwa „logos" oder „Tao", wie es von Intellektuellen ja auch übersetzt werden kann. Hesse, auch wenn ihm Reich-Ranicki zwar „gute Gesinnung", aber „wenig Geist" attestiert, wußte selbstverständlich, warum er sich lieber *klar* als „urban" ausdrückte.

„Es ist schwierig, über die Arbeiten des Literaturkritikers M. Reich-Ranicki keine Satire zu schreiben", beginnt Peter Handke seinen gewitzten Aufsatz über ‚M. Reich-Ranicki und die Natürlichkeit' (1968). Paradoxerweise hätte dieser Kritiker, bei dem „Natürlichkeit", „Durchsichtigkeit", „Klarheit" zu den „heftigstgebrauchten Lobeswörtern" gehören, während der Lektüre von Hesses Briefwerk entzückt sein können, anstatt dazu auch noch „gähnen" zu müssen. Was Reich-Ranicki vor allem verschweigt, ist die Tatsache, daß Hesse Esprit, sprachliche Virtuosität und originelle Formulierungen auch in seinem Briefwerk überall dort verwendet, wo sie am Platze sind, nämlich in seinen sorgfältig ausgefeilten Rundbriefen und Briefwechseln mit geistig Ebenbürtigen. Das hat am Beispiel seiner Korrespondenz mit Thomas Mann – die Walter Martin Kraft der Goethes mit Schiller verglichen hat – sogar ‚Der Spiegel' zugeben müssen, worin, ganz wider Erwarten positiv, auch Hesses Briefwechsel mit Peter Suhrkamp besprochen wurde. (S. U., 277, 281) Ganz im Gegensatz zur „phänomenalen Humorlosigkeit", „Mentalität eines Halbwüchsigen", „Erfahrungen der Wandervögel" und anderen Geistesblitzen, mit denen Reich-Ranicki ursprünglich in der ‚Frankfurter Allgemeinen Zeitung' das Briefwerk „unseres guten Steppenwolfs" zu erhellen trachtete, hebt Gustav Huonker in der ‚Neuen Zürcher Zeitung' das „intellektuelle wie rein menschliche Lesevergnügen" hervor, das die Lektüre der Hesse-Briefe auch bereiten kann. „Bildhaftigkeit in der Schilderung, Treffsicherheit im Aperçu und in der Charakteristik, charmante, ungekünstelte Freundlichkeit, ... schonungslose Offenheit, aber auch leise Verschmitztheit und feiner Humor begegnen uns in den Briefen." (S. U., 315) Was speziell die Sprache betrifft, so findet Bernhard Gajek, daß diese Briefe „keinen stilistischen Ausrutscher" enthielten, „keine schiefe Metapher, keine Selbstgefälligkeiten oder Zugeständnisse an eine Person oder Substanz." Diese Sprache sei „genau; sie berauscht sich nicht an Lieblingswendungen und gleitet nie ins Geläufige ab ..." (S. U., 369)

Für Goethe gehörten Briefe zu den wichtigsten Dokumenten, die der einzelne Mensch hinterlassen kann. Das darf man sehr wohl auch von Hesses so umfangreichem und noch immer nicht ganz erschlossenem Briefwerk sagen. Seit es bekannt wurde, hat sich das Hessebild besonders im deutschen Sprachraum grundlegend gewandelt. Nicht länger haltbar ist die Vorstellung vom „Einsiedler im elfenbeinernen Turm von Montagnola", der abseits vom Weltgeschehen einzig seinem Glaperlenspiel oblag – obschon ja, wie Peter Handke mit seiner provozierenden Essaysammlung ‚Ich bin ein Bewohner des Elfenbeinturms' (1972) auch einer solchen Existenzform ihre eigene Berechtigung, wenn recht verstanden, zugebilligt hat.

Unmittelbarer noch als seine Dichtungen reflektieren Hesses Briefe die unablässige Auseinandersetzung mit sich selbst, mit bekannten und unbekannten Zeitgenossen und mit dem Zeitgeschehen zwischen 1895 bis 1962. Darüber hinaus ist sein Briefwerk ein unerschöpfliches Kompendium von Einsichten eines Individualisten in das Wunder und Rätsel des Lebens – Einsichten, die nie zu einseitig abgeschlossenen „Lebensweisheiten" erstarren, sondern aus der lebendigen Wechselbeziehung zwischen Autor und Leser im Laufe der Lektüre wie von selbst herauswachsen. Hesses gesamtes schriftstellerisches Werk lebt aus fortwährender Gestaltung, Umgestaltung, Lösung und wiederum Infragestellung der jeweils bewegenden Lebensprobleme. Eine solche stets „zu Aufbruch und Reise" bereite Grundeinstellung hat von jeher junge Menschen besonders angezogen, wird ihm aber dafür von jenen angeblich „reifen" Erwachsenen, Kritikerpäpsten und „Germanisten über Dreißig" (Jeffrey L. Sammons) ganz entschieden verdacht. Wie aber reimt es sich zusammen, daß man einerseits Hesse die „Mentalität eines Halbwüchsigen", eines „gegen die schmutzige Welt der Erwachsenen rebellierenden Träumers" unterstellt (wie Reich-Ranicki), andererseits beim reifen Goethe nirgends beanstandet hat, daß ja das Dauernde im Wechsel gerade auch bei Faust dessen bis über den Tod hinaus bewahrte „Jugendkraft" ist? Gilt nicht auch für Hesse: „Sieh, wie er jedem Erdenbande/Der alten Hülle sich entrafft/Und aus ätherischem Gewande/Hervortritt erste Jugendkraft"? (‚Faust II‘, V.Akt, Vers 12088–12091)

Aber auch ältere und – nach außen hin wenigstens – sehr alte Menschen wußten, was sie Hesse verdankten. Nelly Sachs widmete ihm zum 85. Geburtstag eines ihrer ergreifendsten Gedichte. (Ü. H. I, 367) Einer der letzten Briefe, die er wenige Tage vor seinem Tod erhielt, stammte von der greisen Dichterin Gertrud von Le Fort (1876–1971). Aus Rücksicht auf die fast 1000 Glückwunschschreiben, die er zu seinem Fünfundachtzigsten bekommen und, bereits am Morgen nach dem Ehrentag, zu beantworten begonnen hatte, schrieb ihm Gertrud von Le Fort einen verspäteten Brief, in dem sie dem Dichter noch einmal „alle Liebe und Verehrung" aussprach, die sie „von Jugend auf" für sein Werk gehegt und die auch seine Person und sein Leben mitumfaßten. „Ich muß, wenn ich an Sie denke . . ., mich immer an den Spruch erinnern: ‚Seid getrost, ich habe die Welt überwunden.‘ Ich bemühe mich auch um den gleichen Sieg, aber es gelingt mir immer noch nicht ganz." (B IV, 471) Es war offenbar auch Hesse selbst noch immer nicht ganz gelungen. Denn in seinem Antwortschreiben – seinem letzten – an die Dichterin heißt es: „‚Überwinden der Welt‘ ist ja kein Zustand, sondern ein Tun, sogar ein Kampf, bei dem man nicht immer oben zu liegen kommt." (B IV, 427)

Als Mitteilungen für seine Freunde (und im Alter mehr und mehr auch zur Entlastung seiner Korrespondenz) hat Hesse sich seit 1916 des Privatdruckes bedient, den er nicht selten seinen Antworten beilegte. Bis zu seinem Tode ließ er etwa 80 solcher – mitunter bibliophil ausgestatteter – Privatdrucke hauptsächlich von seinen neuen Arbeiten (Betrachtungen, Gedichte, Erzählungen und Rundbriefe) in Auflagen von etwa 500 Exemplaren herstellen, die nicht in den Handel kamen.

Damit hat Hesse auf seine Weise die von seinen pietistischen Vorfahren praktizierte Tradition der Verteilung von Traktaten fortgesetzt und mit neuem Inhalt gefüllt.

Hesses Dienst am Menschen erschöpfte sich jedoch keineswegs in seinem bis zuletzt gewissenhaft erfüllten Briefwerk. Er reicht, wovon kaum je in literarischen Zusammenhängen die Rede ist, weit darüber hinaus, gehört aber wesentlich zum noch besseren Verständnis eines Autors seinesgleichen. Wie bereits aus seiner Arbeit für die Kriegsgefangenenfürsorge und seiner selbstlosen Unterstützung bedürftiger Kollegen ersichtlich wurde, war Hesse alles andere als ein „geiziger", einzig um sein Privatleben und eigenes berufliches Fortkommen besorgter Mensch, wie noch immer in Umlauf gesetzte Klischeevorstellungen von ihm glauben machen möchten. Von Anfang an hat er nur allzu bereitwillig viele Schriftstellerkollegen der eigenen und kommenden Generation, wenn nicht überhaupt erst entdeckt, so doch als Rezensent und Fürsprecher bei der Suche nach Verlegern geholfen: Walter Benjamin, Wolfgang Koeppen, Siegfried Kracauer – um nur einige bekannte Namen zu nennen. „Dem Robert Walser" – so schrieb Hesse über diesen so lange verkannten schweizer Schriftsteller –" ist sein Vaterland alles schuldig geblieben. Das Erkennen einer großen Sprachbegabung, das Verständnis für die Eigenart seiner Dichtung und seines Lebens und das bißchen Brot ohnehin, das jeder pensionierte Affe von einem Staatsbeamten bekommt!" (S. B., 109) Als diskreter Wohltäter hat er während der beiden Weltkriege – selber nahezu mittellos – viele Betroffene mit dem Erlös bibliophiler Bilderhandschriften unterstützt. Unter dem Schutz seiner schweizer Staatsbürgerschaft erwirkte er Aufenthaltsbewilligungen, Pässe, Visa für politisch Verfolgte und Emigranten. Zahlreiche seiner Schreiben zeugen von seiner oft nervenaufreibenden Auseinandersetzung mit der schweizer Fremdenpolizei und anderen bürokratischen Einrichtungen, für Hesse „die Krebskrankheit, an der unsere ganze Welt krank ist: die Hypertrophie des zum Selbstzweck und Götzen gewordenen Staates und seiner Beamtenschaft . . ." (B III, 246 f.)

Hesses aktive karitative Tätigkeit umfaßt aber ein noch viel weiteres Wirkungsfeld und wird in den Jahren nach dem II. Weltkrieg weiterhin nicht nur durch den Verkauf neu angefertigter Bildermanuskripte, sondern auch durch Einkünfte aus den ihm zugedachten Literaturpreisen finanziert. So verfügt er in einem Brief an den Frankfurter Oberbürgermeister Walter Kolb, daß der materielle Ertrag des Goethe-Preises „in mehrere Teile zerlegt" und an einige Freunde und Angehörige in Deutschland verschenkt werde. Allein Hesses Heimatstadt Calw erhielt DM 3000.– (B III, 375) Während ein anderer, seinerzeit überaus (auch von den Nazis) gefeierter deutscher Nobelpreisträger den an ihn ergangenen Geldbetrag in wenigen Wochen an der Riviera verjubelt hatte, war Hesse derselbe Preis, der ihm „sonst nichts" bedeutete, nur insofern willkommen, als er damit „einige Dutzend Leute durchfüttern" konnte. (B III, 407) Bis zum Jahre 1947 hatte er insgesamt 16 000 Mark in Deutschland verschenkt und bot seinem Freund Edmund Natter auch noch an, doch die – in Anbetracht der bevorstehenden Währungsreform – mit jedem Tag wertloser werdenden „mehr als 20 Mille", die ihm in Berlin „auf dem Papier stehen", nach Bedarf zu verwenden. (B III, 438) „Meine eigene Tätigkeit gilt etwa zu einem Drittel der Aufgabe, nahezu 2 Dutzende mir Nahestehender in Deutschland mit Lebensmitteln zu versorgen, ich brauche dafür jeden Monat etwa 500 Franken, das ist gut ein Drittel meiner Einkünfte", schreibt er freimütig an eine Gönnerin im Frühjahr 1948. „Dazu kommt die Versorgung mit Büchern, und als Drittes die Sorge für Lektüre, Rat, Belehrung etc. bei den Kriegsgefangenen ... Ich habe an Gefangene in diesen drei Jahren fast 2000 Bücher gesandt. Übrigens ein Dienst, den ich schon im Ersten Weltkrieg mehr als drei Jahre lang besorgte ..." (B III, 470)

So sorgte Hesse während der schwersten Nachkriegsjahre weiterhin gewissenhaft für Dutzende von Notleidenden in Deutschland und darüber hinaus. Als er wirtschaftlich etwas freieren Spielraum hatte (denn reich war er nie), übernahm er auch Stipendien für bedürftige Studenten. Seine Kräfte, „die des Verstandes wie des Herzens" wurden „Tag für Tag durch vielfältige Fürsorgearbeit aufgebraucht". Sie hatte mit dem „Literarischen und Ästhetischen" längst nichts mehr zu tun. (B III, 501)

Einer Klarstellung bedarf der Mythos vom „weltscheuen" Eremiten Hesse. Er war in Wirklichkeit ein sozial zugänglicher und vor allem auch überaus großzügiger Gastgeber. Die Dokumentation ‚Hermann Hesse in Augenzeugenberichten' enthält die Namen von über 80 Persönlichkeiten, die mit dem Dichter zumeist auf ausdrückliche Einladung hin in Berührung kamen – berühmte Kollegen ebenso wie einstige Schulkameraden, nahe und entfernte Verwandte und Bekannte. Volker Michels schätzt, daß Hesse zwischen 1904 bis 1945 an die zehntausend Gäste empfangen habe (Ha., 13). Die Besucherzahl schwoll erst recht während des Krieges und besonders nach der Verleihung des Nobelpreises rapide an, als die persönliche Bekanntschaft mit dem umstrittenen Autor „nichts Kompromittierendes" mehr an sich hatte. Er beherbergte Verwandte, Freunde, politisch Verfolgte oft ganze Wochen, Monate, ja sogar über ein Jahr, wie etwa die „aus Rumänien knapp geretteten nächsten Verwandten" seiner Frau Ninon. (B IV, 15)

Ebenso wie man Albert Schweitzer nicht allein aufgrund seiner Leistungen als Theologe, Kulturphilosoph, Musikwissenschaftler, Organist und Arzt zu beurteilen vermag, sondern in gleicher Weise – und vielleicht noch vordringlicher – als ein Genie der Humanität, so ist auch Hermann Hesse weit mehr als das, wofür man ihn bisher gehalten hat. Henry Miller hat diese neue Wertschätzung kurz und treffend mit den Worten präzisiert: „Hesse war nicht nur ein großer Schriftsteller, er war auch ein großer Mensch."

# V. Der Herausgeber, der Kritiker,
## der Musiker und Maler

Anstatt weiterhin noch auf einige von Hesses individuellen Eigenheiten und Liebhabereien als Mensch (im Ausgleich zu seiner Schreibarbeit) einzugehen, etwa als Fußwanderer (wenigstens in jungen Jahren), Bocciaspieler und besonders Gärtner (später auch noch), wird im Folgenden versucht, das Bild des Autors durch die Darstellung seiner spezifischen Facetten abzurunden und dabei stets auch im Auge zu behalten, wie sie sich jeweils in seinem dichterischen Werk widerspiegeln. Hierzu gehört seine Tätigkeit als Herausgeber, Übersetzer und Rezensent ebenso wie seine mehr als nur dilettantische Beschäftigung mit verwandten Künsten wie Malerei und Musik. Letztlich ist auch der Humor als Ausdruck seiner Persönlichkeit sowie – meist subtil verwendetes – Stilmittel in vielen seiner Werke miteinzubegreifen.

## 1. Der Übersetzer, Herausgeber und Rezensent

Hesse hielt von Übersetzungen – seiner eigenen sowie fremder Bücher – im allgemeinen nicht viel. „Keine Dichtung kann jemals in eine fremde Sprache ohne große Verluste an ihrer Substanz übertragen werden." (EB, 452) Dennoch mußte er zugeben, daß Übersetzungen nötig seien, hätte er doch sonst chinesische und russische Bücher überhaupt nicht kennengelernt. Auch englische, französische und italienische Literatur habe er häufiger in Übersetzungen gelesen als im Original. Er selbst beherrschte verschiedene Fremdsprachen, besonders Latein und Italienisch, aber auch Französisch und Englisch, dazu Griechisch und einiges Hebräisch – gut genug, um selbst als

Übersetzer tätig sein zu können. So berichtete er bereits im Dezember 1891, als er noch in Göppingen zur Schule ging, von einer ausschnittweisen Übertragung der ‚Metarmorphosen' des Ovid in deutsche Hexameter. 1899 übersetzte er große Teile des *Dialogus magnus visionum atque miraculorum* des Mönches Caesarius von Heisterbach (ca. 1180–1240) aus dem Mittellateinischen ins Deutsche. 1902 schrieb er ‚Der Kleidertausch', *,Voluntas pro facto reputatur'*, ‚Der schlaue Erzähler' und ‚Gesandte von Casentino' – mehr deutsche Fassungen als wörtliche Übersetzungen nach Matteo Bandello (1485–1561) und Francesco Sacchetti (1330–1400). Die *Laudes creaturarum* des Heiligen Franziskus sowie eine Novelle (‚Toto') von Gabriele d'Annunzio (1863–1938) wurden ebenfalls von Hesse übertragen, desgleichen Übersetzungen aus dem Französischen: ‚Mon rêve familier' von Paul Verlaine (1844–96) und zwei freie Nachdichtungen von Shakespeares ‚Romeo und Julia' (1915). Diese Übersetzungen wurden auch veröffentlicht, ausgenommen die italienischen Geschichten und Shakespeare.

Hesses Leistungen als Herausgeber sind erstaunlich reichhaltig und vielseitig. Zwischen 1907 und 1932 war er Mitherausgeber der Zeitschriften ‚März' (1907–13), ‚Vivos voco' (1919–21) und edierte eine beachtliche Anzahl literarischer Werke aus der deutschen ebenso wie aus der Weltliteratur, Vergangenheit und Gegenwart umfassend. Zu den – nach Angaben von Joseph Mileck – 58 Büchern, die Hesse herausgab, gehören u. a. ganze Anthologien und Serien: ‚Des Knaben Wunderhorn', ‚Morgenländische Erzählungen', ‚Lieder deutscher Dichter', ‚Merkwürdige Geschichten und Menschen' (13 Bände) aus Italien, Japan und anderen Ländern, sodann ‚Altfranzösische Sagen', ‚Mordprozesse', ‚Märchen und Legenden aus den *Gesta Romanorum'*, ‚Der Lindenbaum'. Hinzu kommen ausgewählte Werke einzelner Dichter: Goethe-Gedichte, Hölderlin- und Novalis-Dokumente, Blätter aus Prevost aus dem Kreise Justinus Kerners etc. Hesses Bücherei für deutsche Kriegsgefangene umfaßt in den Jahren 1918–19 allein 22 Bände. Die meisten dieser Editionen sind zudem von bedeutsamen Vor- und Nachworten des Dichters begleitet. Wertvolle Einführungen und abschließende Bemerkungen zu zahlreichen Büchern, die er als Ganzes nicht selbst ediert hat, finden sich auch in Hülle und Fülle. Mileck führt in seiner Bibliographie deren 40 auf. (J. M. B II, 870–73)

Ein besonderes Kapitel betrifft Hesse als Rezensent, d. h. Literaturkritiker von faszinierender Universalität – ein Gebiet, das überhaupt erst in den letzten Jahren in den Vordergrund der Hesseforschung rückt. Mit seinen über 3000 Buchbesprechungen in mehr als 60 verschiedenen Zeitungen und Zeitschriften sowie auch in Form essayistischer Betrachtungen in seinen Büchern, gehört er vermutlich zum belesendsten Dichter deutscher Sprache im 20. Jahrhundert, vor allem wenn man dazu noch bedenkt, daß er ja keineswegs von allen Büchern, mit denen er sich von Kindheit an bis kurz vor seinem Tod beschäftigte, in Rezensionen und Aufsätzen Zeugnis abgelegt hat. Seine Privatbibliothek umfaßt ein Mehrfaches seiner publizierten Buchkritiken.

Seit 1988 liegt der erste von fünf Bänden gedruckt vor, der auf mehr als 500 Seiten Hesses Rezensionen zwischen 1900 bis 1910 enthält. Er wurde in Zusammenarbeit mit Heiner Hesse von Volker Michels vorzüglich ediert und mit über 100 Seiten ergänzender Anmerkungen samt Sachregister dargeboten. Hesses Schriften zur Literatur sind „Führer zur Literatur" (Werner Weber) und zugleich Schlüsselworte für Hesses heutige Renaissance in deutschsprachigen Ländern. Noch „in der geringsten Rezension", so bemerkte Werner Weber weiter, sei „die Fühl- und Denkkraft", welche auch die dichterischen Werke zum Leben brachte. Er kann wohl „den Könner, den Kunstfex, vom Schöpferischen unterscheiden", weiß, „was überraschende, interessante Wörter und was gewachsen, durch Menschheitserfahrungen getragene Wörter sind". (S. U., 299) Worin aber unterscheiden sich eigentlich Hesses Rezensionen von denen professioneller Literaturkritiker? Es wären dafür vor allem drei hervorspringende Kriterien zu nennen: Hesses positive Einstellung zum Gegenstand der Besprechung, einfühlsame Toleranz und Mut zur geistigen Unabhängigkeit.

Urteile sind nach Hesses Meinung nur wertvoll, wenn sie bejahen. „Jedes verneinende, tadelnde Urteil, wenn es als Beobachtung noch so richtig ist, wird falsch, sobald man es äußert ... Wenn ich von einem Menschen sage, er sei mir zuwider, so ist das eine ehrliche Aussage. Wer sie hört, dem ist es anheimgegeben, ob er die Schuld an diesem Zuwidersein mir oder dem andern zuschreiben will. Sage ich aber von jemand, er sei eitel oder geizig oder er trinke, so tue ich unrecht", denn auf diese Art ließen sich auch Jean Paul als Biertrinker, Feuerbach als Sammetjacke, Hölderlin als Verrückter rasch durch Urteile „erledigen". Ebenso kann man sagen: „Die Erde ist ein Planet, auf dem es Flöhe gibt." Diese Art von „Wahrheiten" sind der Inbegriff aller Fälschung und Lüge." Daraus zieht Hesse die Schlußfolgerung: „Das Feststellen von ‚Fehlern‘, und klinge es noch so fein und geistig, ist nicht Urteil, sondern Klatsch." (S. U., 302)

Darum auch gehören radikale Ablehnung oder gar Haß nicht zu den Urteilskriterien von Hesses Literaturkritik, vielmehr Wohlwollen und Toleranz auch dort, wo er selbst anderer Meinung ist. So brachte er, dem jede allzu „unheimliche" Ernsthaftigkeit (wie sie besonders Ausländer den Deutschen nachsagen) und vorab jegliche ominös literaturpäpstliche Haltung fremd war, dennoch nur das Beste von ‚Sprüche und Widersprüche‘, einem aggressiven Aphorismenband von Karl Kraus, zum Ausdruck, als er in seiner Rezension 1910 darüber schrieb: jene „tragische Ernsthaftigkeit" sei zugleich die „Ernsthaftigkeit des Narren", der „Gold für Gold und Dreck für Dreck" nähme und den Journalisten durchaus nicht glaube, „daß Dreck Gold sei". (WB, 444) Es ist dies zugleich auch als Seitenhieb zu verstehen auf jene Zeitungskritiker, welche zur damaligen Zeit (1910) einen Opernschmarren wie ‚Die lustige Witwe‘ (den Hesse in derselben Rezension ausdrücklich erwähnt) als geistige Potenz anpriesen. Grundsätzlich aber rezensierte Hesse nur Bücher, deren Wert er anerkennen konnte, niemals solche, zu denen er kein Verhältnis hatte und zu denen er nichts oder nur gezwungenermaßen etwas hätte sagen können, und dann womöglich, um ehrlich zu bleiben, Negatives. Er hat deswegen auch stets „die Sicherheit, mit der Kritiker auftreten und Zeit- und Kulturkritik treiben, mit Mißtrauen betrachtet" und sich „wirkliche Kritik öffentlich überhaupt nie erlaubt". (S. U., 302) Unter „wirklicher Kritik" freilich scheint Hesse jene verstanden zu haben, die hauptsächlich unter dem Motto operiert: „Ich bin der Geist, der stets verneint", wie es charakteristisch für den deutschen, mitnichten jedoch angelsächsischen und romanischen Sprachraum ist, wo der Kritikbegriff der Urbedeutung des griechischen Tätigkeitswortes *krinein* (unterscheiden), ohne vorwiegend negativen Akzent, noch wesentlich näher zu stehen scheint. Hesse besaß ein ausgesprochenes Feingefühl dafür, was an einem Buch positiv, was fragwürdig oder gerade in Mode war. Er hatte zudem ein sicheres Gespür für noch vielversprechende junge Autoren oder auch für solche, deren Bedeutung bislang nicht genügend gewürdigt worden war. So erkannte er als einer der ersten Kafkas Genie, setzte sich für Peter Weiss, Max Frisch und Robert Walser ein. Subjektivität und Abgewogenheit, die bis zur Neutralität führt, schlossen sich für Hesse gegenseitig aus. Hieraus erklärt sich auch „seine lebhafte, weithin begründete Abneigung, die er gegen Wissenschaft, Philosophie, Germanistik, Universitäten" empfand, worauf Hans Jürgen Baden in seiner Besprechung von Hesses ‚Schriften zur Literatur' nachdrücklich hinweist. (S. U., 299) Der institutionellen Wissenschaft mit ihren meist wie mathematische Gleichungen restlos aufgehenden Interpretationsresultaten und ihrem für phantasievolles Erfassen äußerst begrenzten Spielraum bleiben Geheimnis und Tiefe der Dichtung weitgehend verschlossen. Denn wie die Musik, worin nach Hesses Auffassung „Ratio und Magie eins werden", so wendet sich erst recht auch die Dichtung an jenes komplexe Verständnisvermögen des Menschen, das sich aus letztlich unwägbaren rationalen und irrationalen Komponenten zusammensetzt. So antwortet Hesse etwa einem Leser, der ihn um Aufschluß über Kafkas Werke gebeten hatte: „Kafka hat uns weder als Theologe noch als Philosoph etwas zu sagen, sondern einzig als Dichter ... Er gibt uns ... Gleichnisse für seine Erlebnisse, seine Nöte und Beglückungen, und diese Träume und Visionen einzig sind es, die wir bei ihm zu suchen und von ihm anzunehmen haben, nicht die „Deutungen", die diesen Dichtungen von scharfsinnigen Interpreten gegeben werden können. Dies „Deuten" ist ein Spiel des Intellekts, ein oft ganz hübsches Spiel, gut für kluge, aber kunstfremde Leute, die Bücher über Negerplastik und Zwölftonmusik lesen und schreiben können, aber nie ins Innere eines Kunstwerkes Zugang finden, weil sie am Tor stehen, mit hundert Schlüsseln daran herumprobieren und gar nicht sehen, daß das Tor ja offen ist." (Ak., 352)

In Hesses Mut zur geistigen Unabhängigkeit liegt auch verborgen, was seine Rezensionen dem Leser selbst heute noch so interessant, so frisch wie eben erst geschrieben erscheinen läßt, vor allem auch, weil er in ihnen beileibe nicht zimperlich mit den Autoren umgeht, sondern gelegentlich sogar bis an die Grenze des Gewagten. So etwa, wenn er behauptet, daß Arno Schmidt seine Erzählung ‚Leviathan' (1940) „in dem kaltschnäuzigen Ton des modernen Desperado" geschrieben habe. Trotzdem aber, so fügt Hesse hinzu, sei „dieser schnoddrige und sehr begabte Dichter ... ein etwas gefährdeter und möglicherweise nicht ungefährlicher, aber echter Visionär". Was ihm der damals immerhin schon vierzigjährige Kollege mit einer Antwort in winziger Schrift auf einer Postkarte quittierte, die mit den Worten beginnt: „Rowohlt sandte mir Ihre Beurteilung. Schade! Sie ist bedauerlich flach." Hesse war bei ihm außerdem ins Fettnäpfchen getreten dadurch, daß er von A. Schmidts „etwas kokett betonter Liebe zum scheinbar Exakten, zu Mathematik und Astronomie" gesprochen hatte, ohne in Betracht zu ziehen, daß Schmidt ja Mathematik studiert und jahrelang als Geodät tätig gewesen war. Er glaubte sich dennoch für Hesses – dem Grundton nach überaus wohlwollende – Kritik mit einer Ohrfeige revanchieren zu müssen, indem er dem damals über siebzigjährigen Dichter „Mangel an naturwissenschaftlichen Kenntnissen und unmittelbarer Kriegserfahrung" vorhielt, sich am Schluß aber doch „mit tiefer Ehrerbietung für Harry Haller" von einem der „Götter" seiner Jugend verabschiedet. (B IV, 434 f.)

Hesses Buchbesprechungen, recht verstanden, sind keine polemischen Auseinandersetzungen, sondern Anregungen für die Leser. Und um zur Lektüre angeregt zu werden, bedarf es mehr als Phrasen und Angriffe aus dem Hinterhalt. Auch Irrtümer gilt es dabei zu riskieren, freilich auch den Mut, sie hinterher ohne Bemäntelung einzugestehen. Sogar den bloßen Verdacht eines Irrtums, wie etwa im Falle von Friedrich Sieburg. Im November 1956 stellte Hesse an die „Förderungsgemeinschaft für deutsche Kunst" in Karlsruhe den Antrag, daß Sieburg, ehemaliger Nationalsozialist, als Preisrichter für den Literaturpreis, der Hesses Namen tragen sollte, entweder zurücktrete oder daß man dem Preis einen anderen Namen gäbe. Daraufhin verzichtete Sieburg auf seinen Sitz in der Preisjury, beschwerte sich aber brieflich bei Hesse über „Verleumdungen". Der damals achtzigjährige Dichter ließ es sich nicht nehmen, „kurz durch Richtigstellung einiger Irrtümer" zu antworten und zu versichern, er sei sich „irgendeines Ressentiments" gegen Sieburg nicht bewußt. (B IV, 285, 467)

Hesse bewahrte sich seine geistige Unabhängigkeit selbst prominenten Kritikern gegenüber, die ihn und sein Werk in Bausch und Bogen abqualifizierten. Ein berühmtes Beispiel dafür ist der Brief Gottfried Benns vom 6. 11. 1950 an Ernst Robert Curtius, worin er Hesse als einen „durchschnittlichen Entwicklungs-, Ehe- und Innerlichkeitsromancier" bezeichnete, „eine typisch deutsche Sache". Außerdem war ihm Hesse auch „wegen seiner vielen Nervenkrisen nicht angenehm". (Ak., 282) Hesse besprach 1960, vier Jahre nach Benns Tod, dessen ‚Ausgewählte Briefe' in der ‚Neuen Württembergischen Zeitung'. Er hätte dabei mit gutem Recht auch an Benns Rundfunkvortrag ‚Der neue Staat und die Intellektuellen' vom 24. 4. 1933 erinnern können, und daran, daß es ja eigentlich eher „eine typisch deutsche Sache" gewesen war, als Gottfried Benn sich – zumindest in seinen Anfängen – vom Hitlerregime geistig und ästhetisch hatte düpieren lassen . . . *De mortuis nil nisi bene* oder auch aus Gründen der ihm eigenen Güte und Vornehmheit: jedenfalls besprach Hesse Benns Briefe in Form einer *Laudatio* und bezeichnete den Arzt-Dichter selbst als „humanen, der Liebe und Treue in hohem Maße fähigen, liebenswerten und bewundernswert unbestechlichen Charakter". (Ak., 283)

Eher versöhnlich als beleidigt – vor allem mit berechtigtem Stolz – reagierte er auf die Invektiven von seiten des ‚Spiegel'. Bruno Hesse berichtet darüber: „Im Herbst 1958 war ich 3 Wochen bei Vater. Im Hamburger Nachrichtenmagazin ‚Der Spiegel' war ein böser, ja hämischer Artikel über Vater erschienen, und Ninon war sehr darauf bedacht, daß Vater den nicht zu sehen bekam. Aber als ich ihm einen schlecht leserlichen Brief vorlas, rutschte es mir heraus, daß der Schreiber über diesen Artikel empört war. Ich unterbrach und sagte Vater, es tue mir leid, wir hätten ihm Ärger ersparen wollen. Er sagte ruhig: ‚Ich kenne diesen Bericht. Weißt du, beim Spiegel ist es so Brauch, daß jede Woche einer der sogenannten Prominenten geschlachtet wird. Diesmals war nun halt ich an der Reihe – aber nun lies weiter' ". (A., 309)

Was Hesse einmal als Kriterien für einen guten Kritiker skizzierte, könnte so recht auch auf seine eigenen Buchrezensionen angewendet werden: „Erstens schreibt er gut; er steht mit seiner Sprache auf du u. du, er mißbraucht sie nicht. Zweitens hat er das Bedürfnis u. Bestreben, zwar keineswegs seine subjektive Art zu unterdrücken (im Gegenteil!), wohl aber seine Subjektivität so klar zur Darstellung zu bringen, daß der Leser eben diese Subjektivität benutzen kann wie man ein Metermaß benutzt; ohne die subjektiven Maßstäbe u. Vorlieben des Kritikers zu teilen, weiß dann der Leser aus den Reaktionen des Kritikers leicht die objektiven Werte abzulesen . . ." (Ak., 281)

## 2. Der Maler

„Eines Tages entdeckte ich eine ganz neue Freude. Ich fing, schon vierzig Jahre alt, plötzlich an zu malen. Nicht daß ich mich für einen Maler hielte oder einer werden wollte. Aber das Malen ist wunderschön, es macht einen froher und duld-

*Die Casa Camuzzi. Federzeichnung Hesses*

samer. Man hat nachher nicht wie beim Schreiben schwarze Finger, sondern rote und blaue." (HMa, 106) Als Hesse zu malen begann (also 1916/17), stand er am Anfang seiner fruchtbarsten Schaffensperiode, die, mit ‚Demian' eingeleitet, sich von ‚Klingsor', ‚Klein und Wagner', ‚Siddhartha', ‚Kurgast' mehr als ein Jahrzehnt noch bis über die Steppenwolfzeit hinaus fortsetzte. Man hat als Ursache oder mehr noch als Stimulans für Hesses erste Malversuche seine psychotherapeutischen Beratungen bei Dr. Lang genannt, die tatsächlich in die gleiche Zeit fallen, empfiehlt doch namentlich auch C. G. Jung seinen Patienten unter den künstlerischen Tätigkeiten vornehmlich das Malen als effektives Mittel zur Wiedergewinnung von Integration und erneutem Selbstwertgefühl. Eine Bemerkung in einem Brief vom 12. 9. 1925 an Ina Seidel scheint dies zu bestätigen: „. . . es ist so, daß ich längst nicht mehr leben würde, wenn nicht in der schwersten Zeit meines Lebens die ersten Malversuche mich getröstet und gerettet hätten." (HMa, 112) Wichtiger jedoch als der bisher ohnehin nicht genügend stichhaltige Nachweis der Wechselbeziehung zwischen Aquarellieren und wiedergewonnener innerer Freiheit ist der Einfluß auf Hesses Werke der Folgezeit.

Zunächst einiges zur Entwicklungsgeschichte von Hesse als Maler und seiner – verschiedentlich noch immer bedeutend unterschätzten – Leistungen in dieser der Musik und Dichtung von jeher so nahe verwandten Kunst. Ähnlich wie er seine artikulierten und manchen Fachmusiker beschämenden Reflexionen und Einsichten in die Musik als nurmehr „Musikalische Notizen eines Laien" bezeichnete, so äußerte er sich mit der ihm eigenen Bescheidenheit hinsichtlich seiner Malerei: „Ich bin kein sehr guter Maler, ich bin ein Dilettant." (Ak., 177) Diesen Begriff kann man höchstens gelten lassen, versteht man ihn, wie noch im 18. Jahrhundert, als Liebhaber von Kunst und Wissenschaft und nicht, wie erst seit Ende des vorigen Jahrhunderts, als Halbgebildeter und Halbwisser. Denn das war Hesse mitnichten. Hinter seinen Miniaturen als Briefköpfen, den Illustrationen eigener Gedichte und Aquarellen in größerem Format steckt, wie Georg Bodamer treffend bemerkt, „ein richtiger Maler, ein gediegener Zeichner, ein Farbenzauberer und Künstler, der die Aquarelltechnik glänzend beherrscht". Bereits in der Familie Hesse war eine Begabung auch für Zeichnen und Malen angelegt. Sie spiegelt sich zunächst in den beachtlichen Skizzenbüchern und Ölbildern von Hesses älterer Schwester Adele wider, die ihre künstlerische Ausbildung durch die Stuttgarter Malerin Sofie Heck (1859–1919) erhielt. Sodann prägte sich das künstlerische Erbe Hesses bei seinen drei Söhnen im Sinn für das spezifisch Visuelle sogar von Berufs wegen aus: Martin war Fotograf, Heiner als Graphiker und Dekorateur tätig, und Bruno wirkt nach wie vor als Maler.

Als Augenmensch hatte Hesse schon immer den freundschaftlichen Verkehr mit Malern gesucht. Noch in Basel lernte er Max Bucherer kennen, ihm folgten Otto Blümel, Albert

Welti (in dessen Berner Haus er 1912/13 übersiedelte) und Ernst Kreidolf. Freund Louis Moilliet, in der Klingsor-Erzählung als „Louis der Grausame" proträtiert, war seinerseits mit Paul Klee und W. Kandinsky befreundet und hatte einst auch die kunstgeschichtlich so folgenreiche Reise zusammen mit August Macke nach Tunis angeregt. Moilliet diente der ihm auch als Verbindungsglied zu den Künstlervereinigungen „Der Blaue Reiter" und „Die Brücke". Letzterer gehörte der bedeutende expressionistische Maler Cuno Amiet an, ein naher Freund Hesses sowie Pflegevater und Lehrer seines ältesten Sohnes Bruno. So sehr Hesse August Macke als den ihm liebsten Aquarellisten schätzte, wäre ihm nie eingefallen, seinen Malstil zu imitieren. Das tat er ebensowenig im Hinblick auf die eher konservative Maltradition des Karikaturisten Olaf Gulbransson oder anderer Zeitgenossen wie Karl Hofer, Hans Purrmann, geschweige denn Alfred Kubin, Ernst Morgenthaler oder Gunter Böhmer. Gewiß mag Hesse aus dem regen Gedankenaustausch und der lebhaften Korrespondenz mit manchem dieser bedeutenden Maler „gelernt" haben. Doch erwarb er sich die handwerklichen Fertigkeiten des Malers, wie des Dichters, in erster Linie als Autodidakt durch immensen Fleiß und Zielstrebigkeit. In seinem Nachlaß fanden sich Stöße überzähliger Weihnachtspostkarten für die Kriegsgefangenen, auf deren Rückseiten Hesse – er war ein überaus sparsamer, „umweltfreundlicher" Papierverwerter – die Techniken des Bildaufbaus, der Perspektive und der Farbkontrastierung übte. Langwierig und mühsam muß der Weg gewesen sein, ehe er endlich das entwickelt hatte, was ihm sprachlich von jeher so selbstverständlich geglückt war: die eigne bildnerische Handschrift.

Seine frühen Bilder – Architektur- und Landschaftsmotive, mit liebevoller Pedanterie gestrichelte und in erdfarbenen Temperatönen kolorierte Studien – waren potentiell bereits in der Geschichte des Malers Veraguth seines Vorkriegsromans ‚Roßhalde' enthalten, in den darin vorherrschend naturalistischen und um das kleinste Detail besorgten Stilzügen. Nach der Krisis des I. Weltkriegs weicht die zaghafte Farbgebung einer lebensvollen und selbstsicheren Palette, als sei Hesse mit der jungen Generation in der Revolte gegen Spätimpressionismus und Naturalismus des zerbrechenden Kaiserreichs vereint gewesen. Hesses (von seinem Alter unabhängige) seismographische Feingefühl für die Veränderungen in Politik und Kultur reagierte entsprechend auch auf jene Richtungswechsel in der Kunst. Er hielt es zwar für niemandes Pflicht, jede dieser Schwankungen mitzumachen und zu lobpreisen. Doch war es für ihn weder „Zufall" noch „Willkür Einzelner", daß innerhalb weniger Jahre in ganz Europa der Expressionismus große Bedeutung erlangte. Er sah darin auch *seinen* Sinn, machte selbst in seiner Malkunst verschiedene Phasen durch, bis er schließlich für das, was er sagen wollte, seinen eigenen Stil fand, nämlich (wie es in einem Brief vom Herbst 1919 heißt): „... kleine expressionistische Aquarelle, sehr frei der Natur gegenüber, aber in den Formen genau studiert. Alles ziemlich hell und farbig." (HMa, 104) In der Klingsor-Erzählung spricht er im Zusammenhang mit dem Selbstbildnis seines Malerprotagonisten von einem „Farbenkonzert", einem, „trotz aller Buntheit, still und edel wirkenden Teppich". (V, 347)

Das Teppichhafte, Flächige ist charakteristisch für viele seiner Aquarelle und steht auch in Einklang mit den Hauptmotiven: Tessiner Landschaften, Berge, Seen, Bäume, Blumen, Häuser, Kirchen, Dörfer – selten ein einzelner Gegenstand wie ein Stuhl, eine Magnolienblüte, eine Wendeltreppe, kaum je ein Mensch oder ein Tier – bald in mehr abstrakten, bald in realistischeren Formen dargeboten. Die Konturen sind asymetrisch und rhythmisch, niemals genau abgezirkelt. Auch die Fenster von Häusern wirken wie Blätter eines Baumes, einander gleichend, aber geometrisch nie genau dieselben. Überall waltet Ordnung, Harmonie, Konzentration, Vereinfachung. Betrachtet man ein einzelnes Aquarell längere Zeit, bleibt es als Innenbild noch lange unvergessen, etwa der geschwungene Stamm eines Pfirsichbaumes, dessen Blüten sich auf blauen Bergen im Hintergrund wie Schneeflocken ausbreiten. Doch vor allem ist es der Farbenzauber, welcher die einzelnen Bilder als unverwechselbare Schöpfungen Hesses ausweist. Erst im Alter weicht die betonte Farbigkeit und Detailliertheit seiner Tuschfederzeichnungen einem verhalteneren Spiel mit Formen und Farben. Oft auch verstand Hesse seine Handschrift (wie etwa zu dem Gedicht ,Ein Traum' aus der Sammlung Marlies Bodamer geb. Schiler) mit der Sicherheit eines Graphikers einzusetzen. Die – stets leserlichen – Buchstaben korrespondieren mit der Illustration: einem Dämmerungsbild in „traumhaften" Blautönen.

Hesse machte auch als Maler, wie Volker Michels hervorhebt, „Ernst mit der Gewinnung von Sonnenenergie". Denn „wie Licht-, Wärme- und Sonnenkollektoren" wirkt der durchweg so lichte Glanz seiner Bilder auf unsere „griesgrämigen Ballungszentren" und reflektiert wenigstens „eine Ahnung von Sommer, Hoffnung und Lebensfreude". So auch wollte sie Hesse selbst verstanden wissen. Die Kunst des Zeichnens und der Farbmischung beherrschte er auch keineswegs schon von Anfang an. Erst im Laufe seiner Malerfahrungen bildete er sich eine regelrechte Theorie aus: „Die Formen der Natur, ihr Oben und Unten, ihr Dick und Dünn konnte verschoben werden, man konnte auf alle die biederen Mittel verzichten, mit denen die Natur nachgeahmt wird. Auch die Farben konnte man fälschen, gewiß, man konnte sie steigern, dämpfen, übersetzen, auf hundert Arten. Aber wenn man mit Farbe ein Stück Natur umdichten wollte, so kam es darauf an, daß die paar Farben genau, haargenau im gleichen Verhältnis, in der gleichen Spannung zueinander standen wie in der Natur." (V, 298)

Als im I. Weltkrieg die Geldmittel für die Kriegsgefangenenfürsorge immer knapper wurden, begann Hesse illustrierte Handschriften und Typoskripte von Gedichtzyklen anzufertigen, die er Liebhabern, Sammlern und seinen Mäzenen zum Kauf anbot. Mit dem Erlös bezahlte er die zahllosen Bücher- und Hilfspakete in die Gefangenenlager. Für ein Exemplar mit handgeschriebenen Gedichten erhielt er damals 250 Franken, maschinengeschriebene waren 50 Franken billiger. Nach Kriegsende war Hesse so verarmt (er war damals ja noch immer deutscher Staatsbürger und in seinen Einkünften fast ausschließlich von deutschen Verlegern abhängig), daß er seinen eigenen Lebensunterhalt teilweise vom Malen mitbestreiten mußte. (1922 wurden ihm für sein am Bodensee Anno 1912 verkauftes Haus zum Wechselkurs ganze 35 Franken überwiesen.) Später – und noch bis ins hohe Alter – verwendete er die Einnahmen vom Verkauf seiner Bilder zur Unterstützung bedürftiger Kollegen und Notleidender. Die vielen hundert seiner größerformatigen Aquarelle bot er selten zum öffentlichen Verkauf an. Mit unzähligen Miniaturen als Briefkopf machte er Freunden und Korrespondenten eine Freude.

Hesses erstes Buch mit Reproduktionen eigener Bilder waren die ‚Gedichte des Malers' (erschienen 1920), denen im gleichen Jahr ‚Wanderung' folgte: Prosa und Gedichte mit 14 farbigen Aquarellen und Zeichnungen nach Motiven aus der Umgebung von Locarno. ‚Elf farbige Aquarelle aus dem Tessin' erschienen 1921, ‚Zwölf farbige Bildtafeln' 1955. Das Liebesmärchen ‚Piktors Verwandlungen', 1922 für seine zweite Frau geschrieben und gezeichnet, wurde bis 1954 nur als Handschrift und jedesmal mit etwas anderen, vom Dichter gemalten Bildern verkauft oder verschenkt. Es erschien 1954 zuerst als Faksimile-Ausgabe, die illustrierte Urfassung für Ruth Wenger 1975 als Insel-Taschenbuch. Im Jubiläumsjahr 1977 wurden die bibliophilen Bände im Großformat: ‚Hermann Hesse als Maler' und ‚Klingsors letzter Sommer' bei Orell Füssli in Zürich publiziert. Sie enthalten neben den Texten Aquarelle in Originalgröße. Ein von der jeweiligen Jahreszahl unabhängiger Taschenkalender ‚Mit H. Hesse durch das Jahr' wurde, Pendant zu dem entsprechenden Goethe-Kalender, 1976 herausgegeben. Seit 1977 erfolgen regelmäßige Ausgaben großformatiger Hesse-Wandkalender mit Aquarellen und Gedichten.

Von der Wertbeständigkeit von Hesses malerischen Arbeiten hatte man bis in die Sechzigerjahre hinein noch keinen rechten Begriff. Seither sind seine Bilder durch lokale und internationale Ausstellungen in Europa (Leipzig, Basel, Zürich, Winterthur), Amerika und Japan bekannt und entsprechend aufgewertet worden. Sie erzielen im Autographenhandel manchmal sogar das Hundertfache ihres ursprünglichen Preises.

Hesse war mehrmals sein eigener Buchillustrator. Andererseits bekam der junge Peter Weiss vom Dichter den Auftrag zu verschiedenen Illustrationen. (Hesse vermittelte ihm auch das Akademie-Studium in Prag.) Vor allem aber lud er den Dresdner Maler Gunter Böhmer (1911–87) nach Montagnola ein. Er blieb fortan selbst im Tessin und wurde Hesses bedeutendster Buch-Illustrator, der kongeniale Tuschzeichnungen und Aquarelle zu ‚Hermann Lauscher‘, ‚Stunden im Garten‘ und zahlreichen anderen Hessebüchern anfertigte. Darüber hinaus entwickelte sich eine lebenslange Freundschaft zwischen den beiden, bei aller Verschiedenheit doch ungewöhnlich wesensverwandten Künstlern, wie die Edition von Volker Michels ‚Gunter Böhmer – Hermann Hesse, Dokumente einer Freundschaft‘ (1988) anschaulich bezeugt.

„Als Dichter wäre ich ohne das Malen nicht so weit gekommen", schrieb Hesse 1924 an seinen Mäzen, den Winterthurer Kunstsammler Georg Reinhart. Hesse hatte durch das Malen, wie es im selben Brief heißt, nicht nur „Distanz zur Literatur" bekommen. (HMa, 110) Sein zunehmend differenzierterer – und auch bewußterer – Umgang mit Tonabstufungen von Farben, ihrer Valeurs also, findet im Aufbau von Erzählungen wie ‚Klein und Wagner‘ sowie besonders in ‚Klingsors letzter Sommer‘ dichterische Entsprechung als subtiles Wissen um Farbsymbolik ebenso wie als kunstvoll gehandhabter Scheinwerfer, um den Gang der Handlung von außen und innen her zu beleuchten. Das hat Reso Karalaschwili in einem seiner letzten Hesse-Vorträge im Zeichen Goethes unter dem Titel ‚Die Taten des Lichts‘ mit unübertroffenem Sachwissen und Feingefühl für die Nuancen von Hesses Dichtersprache nachgewiesen. Von Hesses „erstaunlicher Fähigkeit, farbenprächtige Landschaftsbilder von suggestiver Kraft zu entwerfen", handelt bereits ein Kapitel in Karalaschwilis letztem Buch über ‚Hermann Hesses Romanwelt‘. (R. K. R, 117–20) Was Hesse aber als Kolorist in der Klingsor-

Erzählung leistete, so betont Karalaschwili in seinem Vortrag, ginge „über alle möglichen Grenzen hinaus." Mit wenigen Pinselstrichen gelingt es Hesse auch durch das Medium der Sprache, Bilder zu entwerfen, die dem Leser unauslöschlich im Gedächtnis haften: bläuliche Berghänge mit winzigen weißen Dörfern auf dem Berggrat oder rote edelsteinerne Häuser im tiefen Grün der Gärten. Im ,Klingsor' kommen mehr als 50 verschiedene Farbtöne vor, darunter bekannte wie Schneeweiß und Grauweiß, Lila und Violett, Tiefblau und Hellblau, Rot, Rotbraun, Hellrosa, Staubgrün, Grau, aber auch solche, die ausschließlich in den Sprachgebrauch von Malern gehören, wie Kadmium und Kobalt, Krapplack und Zinnober, Chinesischblau, Neapelgelb und Veronesergrün. Erst nach Jahren, so führt Karalaschwili weiter aus, sei ihm der „poetische Wert" der zahlreichen Farben, „die Art ihres Funktionierens" aufgegangen. Einerseits nämlich trügen die vielen Farbbezeichnungen der Klingsor-Novelle dazu bei, jenes grell-bunte Wirklichkeitsbild der sommerlich-südlichen Tessinerlandschaft zu vermitteln. Andererseits aber übten die einzelnen Farben auch ihre „spezifisch dichterische Funktion" aus und seien mit Bedeutungen behaftet, die „aufs engste mit dem Grundkonzept der Erzählung" zusammenhingen. Etwa die dominierende Farbe Rot (nach R. J. Humm angeblich, aber nicht sicher, Hesses Lieblingsfarbe) steht zunächst in allgemein symbolischem Zusammenhang mit dem Erdreich und der Triebwelt, gilt als Farbe des pulsierenden Blutes und des Feuers, verweist auf sinnliche und geistige Liebe, wie der Begriff „Passion" ebenso (erotische) Leidenschaft wie Christi Leidensgeschichte bedeuten kann.

Angewendet auf Hesses Dichtung, erscheint darin die Malweise Klingsors oft als „lodernder Flammenstil" analog zu van Gogh, kommt sodann als *Epitheton ornans,* aber auch als Substantiv in Verbindung mit der „roten Königin der Gebirge" vor (Hesses spätere Frau Ruth), „ganz in Rot, brennende Flamme", wie sie Brot schneidet, Wein einschenkt. Diese Abendmahlsanalogie weist zudem symbolisch auf Klingsors „letzten Sommer", seinen bevorstehenden Tod hin. „Rot im grünen Gras" liegt sie, die „rote Königin", wie eine „Steinnelke" und „Feuerblume". An jenem heißen Festtag in „Kareno" (Carona bei Lugano) sei, wie Hesse seinem Freund Louis Moilliet berichtet, Ruth tatsächlich auch in einem „feuerroten Kleidchen" herumgelaufen. Ähnlich farbsymbolisch-personale Wechselbeziehungen finden sich in der Novelle ,Klein und Wagner', worin die Farbe Gelb dominiert. Die „Gelbe" oder „Blonde" heißt Kleins junge Freundin Teresina. Gelb ist die Haarfarbe der Großen Mutter ebenso wie von Demians und Goldmunds Mutter und mancher anderen Frauengestalten bei Hesse.

Eine Beobachtung Karalaschwilis dürfte bisher wohl den meisten Hesse-Lesern und auch Forschern entgangen sein: daß nämlich Kleins Tod und seine Rückkehr in den Schoß der Mutter durch seinen Tod im Wasser (von jeher ein Symbol des Weiblichen) von einer Vision begleitet wird, in der alle Gegensätze, also auch die Farben, dahinschwinden, sich auflösen angesichts jener „durchsichtigen Kuppel aus Tönen", in deren Mitte Gott sitzt, ein „vor Helle unsichtbarer Glanzstern" und „Inbegriff von Licht". (V, 291 f.) Was zuvor – „Taten des Lichts" – in Regenbogenfarben auseinanderfiel, fügt sich nun im reinen, ungeteilten Lichte Gottes wiederum zur Einheit zusammen. (B. P. 88, 99–110)

So herrscht nach alledem, wie der Dichter selbst interpretiert und ein Literaturhistoriker vom Format Karalaschwilis erneut bestätigen kann, zwischen Hesses Malerei und Dichtung „keine Diskrepanz". Denn in beiden, bei ihm so eng aufeinander bezogenen Künsten ging er stets nicht der „naturalistischen", sondern der „poetischen Wahrheit" nach. (HMa, 106)

## 3. Der Musiker

Im Herbst 1942 übergab Hesse seinem Freund und Mäzen, dem Beethovenforscher Dr. med. Hans C. Bodmer, eine Sammlung von Manuskripten unter dem Titel ,Musikalische Notizen eines Laien'. Einige davon, wie ‚Ein Satz über die Kadenz', ‚Die Konzertpause' und ‚Nicht abgesandter Brief an eine Sängerin' erschienen in den folgenden Jahren hauptsächlich in schweizer Zeitungen. Natürlich war vordem schon längst bekannt, daß Hesse nicht bloß ein Liebhaber-Verhältnis zur Musik hatte, wie viele andere Dichter, und namentlich zeitgenössische, ja auch. Worin die ihm eigene Musikalität seiner Sprache in Lyrik und Prosa besteht, ist zum Gegenstand zahlreicher Aufsätze und gelehrter Abhandlungen geworden. Kein Leser, auch der unmusikalische, vermag sich der Tatsache zu verschließen, daß die Musik in Hesses Werken zum Hauptbestand der Thematik gehört. Man denke nur an ‚Gertrud', ‚Der Steppenwolf' und ‚Das Glasperlenspiel', das ursprünglich „Musikübungsspiel" heißen sollte. Hesse selbst war kein ausübender Musiker (Singen und Pfeifen wollte er nicht gelten lassen). In seiner Jugend hatte er eine Zeitlang Geige gespielt, in seinem späteren Leben aber, wie es scheint, den Ratschlag des Aristoteles befolgt, wonach man, wie der Philosoph in seiner ‚Poetik' schreibt, in reiferen Jahren von der Ausübung der Musik *(musike)* ablassen und sich mit den in der Jugend erworbenen Fähigkeiten begnügen solle, das Schöne zu beurteilen und sich auf richtige Weise zu freuen. Wie Romain Rolland in seinem Tagebuch von 1915 nach einem Besuch des Dichters vermerkt, liebte Hesse die Musik ebensosehr wie die Natur, die ihm sonst alle übrigen Künste nicht aufwogen. (Ak., 156) Ähnlich wie Friedrich Schiller sowie Dichter und Künstler anderer Disziplinen, war er Synästhetiker: beim Anhören von Musik sah er Bilder und Landschaften, hohe Berge bei einem ihm besonders lieben Präludium von César Franck.

Prägend für seinen Geschmack und sein Musikverständnis war, von der betont kirchenmusikalischen Pflege in seinem Elternhaus und seinem Onkel Friedrich Gundert im Steinhaus abgesehen, zunächst seine erste Frau Mia, eine begabte Pianistin mit (wie R. Rolland auch bemerkte) vorwiegend konservativ-musikalischen Interessen. Hesses zweite Frau war ausgebildete Sängerin. Sein Neffe, der Musikwissenschaftler Carlo Isenberg beriet den Dichter eingehend über Wesen und Kompositionsweise klassischer Musik. Hesse hatte ihm damals in Montagnola (1934) extra „ein Klavierchen" gemietet und wollte vor allem wissen, „ob und wie Musik, oder doch Erinnerungen an Musik, auf intellektuellem oder dichterischem Wege reproduzierbar ist." (Ak., 162) Hesse setzte dem im II. Weltkrieg verschollenen Carlo Isenberg ein Denkmal unter dem latinisierten Namen „Carlo Ferromonte", dem Freund und Kollegen Josef Knechts im ‚Glasperlenspiel'.

Als Dichter-Musiker und sogar Musik-Kritiker rückt Hesse, klarer denn je, in den Blickpunkt, dank einer Publikation von Volker Michels, die 1986 bereits in zweiter, erweiterter Auflage unter dem Titel ‚Hesse: Musik' als Suhrkamp-Taschenbuch erschienen ist. Darin versammelt sind die wichtigsten Betrachtungen, Gedichte, Rezensionen und Briefstellen, die von Hesses lebenslanger Beschäftigung mit dem Thema Musik Zeugnis ablegen. Drei verschiedene Aspekte seiner Musikanschauung sind dabei von besonderem Interesse, spiegeln sie doch zugleich Wesentliches seiner gesamten Kunstauffassung wider: Sein Urteil über bestimmte Komponisten und ihre Werke, seine Stellungnahme zu Problemen der Musik-Interpretation und seine Reaktionen auf Vertonungen seiner Gedichte.

Hesse hatte bis etwa zu seinem 20. Lebensjahr ein unreflektiertes Verhältnis zur Musik, aufgrund dessen er alle „seriösen" Kompositionen, Werke von Bach, Mozart, Beethoven, Schubert, Schumann, Wagner und besonders Chopin, seinen damaligen Liebling, nahezu kritiklos liebte und bewunderte. Auch Arnold Schönberg hat ja ursprünglich wie Wagner komponiert. Doch würde man ihn dafür, wie man das lange mit Hesse versucht hat, ein für alle Male als „Romantiker" abstempeln? Im Laufe seines Herauswachsens aus seinen romantischen Anfängen gelangt Hesse zu einer definitiven Musikauffassung: „Es gibt zweierlei Musik. Die eine ist klassisch, die andere romantisch. Die eine ist architektonisch, die andere malerisch. Die eine ist kontrapunktisch, die andere koloristisch. Wer wenig von Musik versteht, genießt meist die romantische leichter. Die klassische hat keine solche Orgien und

Räusche zu bieten wie jene, sie bringt aber auch nie Dégout, schlechtes Gewissen und Katzenjammer." (HMu, 142)

Hesses bipolar angelegte Klassifikation – charakteristisch wie seine Romanfiguren – enthält die ihm eigene Musikvorstellung *in nuce*. Einer Täuschung nämlich fiele man anheim, verstünde man Hesses ironisch-skeptische Bemerkung über die romantische Musik dahin, als habe er später nurmehr klassische Musik genossen. Zwar heißt es später im ‚Glasperlenspiel‘ wieder: die „klassische Musik", also die „europäische Musik auf dem raschen Weg der Vollendung von 1500 bis ins 18. Jahrhundert", sei „der Extrakt und Inbegriff unserer Kultur". (IX, 44) Aber dessen ungeachtet äußert sich Hesse auch noch im hohen Alter über einzelne romantische Komponisten wie Schumann und Chopin durchaus anerkennend, wenn auch nicht mehr so enthusiastisch wie früher.

Besonders sein Verhältnis zu Richard Wagner wandelte sich mit der Zeit fundamental. Als junger Mann hatte er Wagners Musik auch geliebt, aber bereits in einem Brief an Helene Voigt-Diederichs vom 9. 11. 1898 bekennt er, daß sein Eindruck von Wagners Musik „zwiespältig" und „unerquicklich" sei. (HD, 85) Hesses Entfremdung von Wagner nimmt in der Folgezeit rapide zu, bedingt durch seine Rezeption von Wagners patriotisch-nationalistischen und stellenweise sogar antisemitischen Schriften. Die Zwiespältigkeit in der Novelle ‚Klein und Wagner‘ kann darum auch als Entromantisierung Wagnerschen Theaterwesens gesehen werden. Für Hesse nämlich hat die Musik – wie auch alle anderen Künste – eine betont moralische Funktion: Künstler und Mensch bilden für ihn eine Einheit, die gestört ist, falls nicht auch der Mensch hält, was der Künstler verspricht – und umgekehrt. So mußte Hesse konsequenterweise einen Komponisten wie Wagner, der, musikhistorisch verstanden, die Geschichte der abendländischen Musik noch so entscheidend beeinflußt hat, aus Gründen mangelnder Integrität ablehnen. „Daß Wagner den Musikanten trotz allem immer wieder fasziniert", schrieb er 1934, „davon kenne ich viele Beispiele, das ist der alte Zauber, den alle schwarze Magie ausübt ... Nun, auch der faustische

Mensch will seine Freuden haben, schade daß wir andern sie so sehr mitbezahlen müssen", heißt es mit spürbarem Seitenhieb auf Wagner als Lieblingskomponisten führender Nazis. (HMu, 166) Wie wir wissen, lehnten ja nicht nur Dichter, Historiker und Philosophen wie Nietzsche, J. Burckhardt und Hesse, sondern auch Musiker und Musikkritiker von Rang (Hector Berlioz und Eduard Hanslick schon im 19. Jahrhundert und u. a. Roger Sessions in unserer Zeit) Wagners Musik ab. Aus entsprechend „moralistischen" Gründen legte Hesse auch keinen Wert darauf, Richard Strauss 1946 bei einer gemeinsamen Kur in Baden kennenzulernen. Er konnte vor allem nicht begreifen, warum „die Sieger" den ehemaligen Präsidenten der Reichsmusikkammer (der sich nach Amtsenthebung seinem „Führer" gegenüber verteidigen zu müssen glaubte, weil er angeblich „wenig Verständnis für den Antisemitismus" gehabt habe) zu einem Erholungsaufenthalt in die Schweiz hatten reisen lassen, während sich Hesse lange vergeblich bemühte, die Einreiseerlaubnis für Peter Suhrkamp zu erwirken, der 1945 mit schweren gesundheitlichen Schäden aus dem KZ Sachsenhausen entlassen worden war. (HMu, 182) So brachte der Dichter auch den Strauss-Vertonungen von drei Hesse-Gedichten unter den ‚Vier letzten Liedern' als „romantischer Rausch-Musik" wenig Sympathie entgegen.

Hesses Musik-Rezeption beschränkt sich aber keineswegs nur auf klassische und romantische Musik. Er befaßte sich zudem mit Strawinskys theoretischen Schriften und hörte dessen Musik gern, besonders wenn „alte Formen" im Spiel waren. Unter den „fast vergessenen Modernen" liebte er Ferrucio Busoni und Alban Berg. Obwohl sein Interesse für moderne Musik, einer Briefstelle zufolge, „etwa bei Ravel und Bartók aufhört", beschreibt er in einem Tagebuchblatt von 1955 feinhörig und zustimmend die Eindrücke, die er während eines Klavierkonzertes gerade von Bela Bartók empfing. (HMu, 202 f.) Auch der Jazz-Musik wird er gerecht, wie wir aufgrund des ‚Steppenwolf'-Romans und der repräsentativen Gestalt des Saxophonisten Pablo wissen (hinter dem freilich auch Mozart und die drei Pablos: Casals, Picasso und Sarasate versteckt sind).

Hesses Stellungnahme zu Problemen der Musikinterpretation deckt sich im wesentlichen mit der heutigen Ansicht puristischer Musikwissenschaftler, die allerdings von ausübenden Musikern nur bedingt anerkannt wird. Er spricht – ganz antiromantisch – der historischen oder werkgerechten Methode das Wort. Dafür überaus aufschlußreich ist die frühe Betrachtung ‚Sarasate‘ (1898). Den seinerzeit hochberühmten spanischen Geiger (1844–1908), den Hesse persönlich spielen hörte, verteidigt er engagiert gegen den Vorwurf, er verstehe die deutsche Musik nicht, weil er angeblich „zu wenig Herz" habe. „Eben das liebe ich nicht. Ich fordere von einem Geiger am meisten, daß er zeigt: Ich kann geigen, meine Hand macht keine Bewegung ohne meinen Willen, ich herrsche über alle tausend Töne, über alle Rhythmen, über laute und leise. Deshalb gefällt mir Sarasate ... mit seinen feinen Bewegungen, die so frei von Leidenschaft erscheinen. Ich muß zuweilen an die strenge, ruhige Hand eines genialen Ätzers oder Kupferstechers denken." (HMU, 130)

Noch fünfzig Jahre später, in jenem ‚Nicht abgesandten Brief an eine Sängerin‘ (1947), kommt es Hesse „nicht auf das Gemüt, die Stimmung, die Beseeltheit, Herzlichkeit, Herzinnigkeit an", ebensowenig wie auf „die mehr oder minder hübsche Gestalt oder Toilette der Sängerin". Was er von ihr „erhofft und erwartet", ist „weder Seele noch Innigkeit noch Empfindsamkeit noch ein goldenes Herz". Er setzt voraus, dies alles sei schon in dem Lied oder der Arie, „in dem aus Dichtung und Musik bestehenden Kunstwerk" vorhanden. Nicht das nahe Verhältnis des Interpreten zum Interpretierten, nicht „die Ergriffenheit vom Kunstwerk" begehrt er zu hören, sondern „die möglichst genaue und vollkommene Wiedergabe dessen, was auf den Notenblättern geschrieben steht". Wer es nötig habe, diese Erschütterung vor jedem Konzert erst wieder in sich zu erneuern, weil ihm, „wie manchen Klavieren immer die Stimmung fehlt", der gehöre zu den „Dilettanten", und auch dies könne ja „etwas sehr Schönes sein, nur nicht ein Lebensberuf". (HMu, 93, 185)

Ehe kurz auch auf Hesses Reaktion hinsichtlich der Vertonung seiner Gedichte eingegangen werden soll, muß auf ein ganz überraschendes Phänomen hingewiesen werden: Aufgrund der überwältigenden Fülle an bibliographisch erfaßten und bisher wahrscheinlich noch mehr nicht erfaßten Kompositionen, die ihre Anregungen dem Dichter verdanken, darf man folgern, daß Hesse heute nicht nur einer der am häufigsten gelesenen Dichter auf der Welt ist, sondern auch einer der meistvertonten Liederdichter unserer Zeit – ja sogar innerhalb der gesamten deutschen Literaturgeschichte. Bei der Zusammenstellung einer Auswahlbibliographie von Hesse-Vertonungen, die in gedruckter Form und noch als Manuskript in der Hesse-Abteilung des Deutschen Literaturarchivs in Marbach/Neckar bis 1977 vorlagen, begnügte ich mich seinerzeit mit etwas mehr als 50 Komponisten und ihren zwischen je einer und über hundert Hesse-Gedichtvertonungen. (HMu, 223–41) Volker Michels ermittelte in der ersten Auflage seiner Dokumentation ‚Hesse: Musik' (1977) die Namen von 150 verschiedenen Komponisten und Komponistinnen, während es der Hessesammler Reinhold Pfau 1964 bereits auf 300 Komponisten mit zusammen 813 Vertonungen gebracht hatte. Hesse selbst waren offensichtlich noch mehr bekannt, als er 1950 an den Komponisten Justus Hermann Wetzel schrieb: „Es gibt an Vertonungen von meinen Gedichten wohl etwa zweitausend, vom Wandervogel-Dilettantenlied mit Gitarre bis zu pompösen Vertonungen mit Orchester." (HMu, 188) Daß sich allerdings Qualität und Quantität nicht selten umgekehrt proportional zueinanderverhalten, trifft auch auf diese gewaltige Zahl von Hesse-Vertonungen zu, ist doch die Mehrzahl von ihnen in einer – wenigstens musikalisch – nicht immer starken Stunde zu Papier gebracht worden. Unter den Komponisten befinden sich mehr unbekannte als bekannte Namen, unter den berühmten vor allem Richard Strauss und Othmar Schoeck. Ferner liegen, je nach Stil, Geschmack und stimmlichen Voraussetzungen, Gedichtvertonungen und ganze Hesseliederzyklen von namhaften zeitgenössischen Komponisten wie Gottfried von Einem, Joseph Haas, Mark Lothar, Günther Raphael, Wilhelm Weismann, Karl Marx (geb. 1897) und anderen mehr vor. Auch Musiker, die hauptsächlich als Interpreten bekannt sind, hinterließen eine Reihe Hesse-Vertonungen. So etwa die mit dem Dichter befreundeten Edwin Fischer, Volkmar Andreae, Fritz Brun, ferner der Orgelvirtuose Anton Heiller. Allgemein fällt auf, daß sich unter den Hessegedicht-Vertonungen für mehrere Singstimmen mit Instrumentalbegleitung sowie besonders unter den *a-capella*-Chorwerken gediegenere, namentlich kompositionstechnisch hochwertigere Werke finden als unter den zahllosen Liedern für eine Singstimme mit – vorzugsweise – Klavierbegleitung, deren Mehrzahl sich durch Formlosigkeit und offenbar rein „intuitives" Draufloskomponieren auszeichnet.

Dem Dichter selbst war, wie mir Heiner Hesse bestätigte, an den Vertonungen seiner Gedichte im Grunde wenig gelegen – ähnlich wie Goethe und Heine. Heine hielt es nicht einmal für nötig, Robert Schumanns ehrerbietige Bitte um eine Empfangsbestätigung seiner Liedsendung nach Texten des – wie auch Jean Paul – nahezu göttlich verehrten Dichters zu erfüllen. Goethe, unter dem musikalischen Einfluß Zeltes, hat von Franz Schubert komponierte Lieder, die ihm zugesandt worden waren, ohne weiteren Kommentar zurückgeschickt. Hesse antwortete jedem einzelnen Vertoner seiner Gedichte, ohne auf dessen Namen und Rang zu achten, persönlich und sandte als Zeichen seines Dankes einen Privatdruck oder ein Buch mit. Dann schickte der Dichter, um sich zu entlasten, von Zeit zu Zeit einen Stoß Liedermanuskripte an seinen musikverständigen Freund H. C. Bodmer und überließ es ihm, sie weiter aufzubewahren oder nicht. Wiederholt bekräftigt Hesse, daß er „zwar ein Musikfreund, doch kein Musikkritiker" sei und definitiv „nicht kompetent", über „Zuverlässigkeit und Wert von Vertonungen" seiner Texte Endgültiges zu sagen. (HMu, 174) Sein erklärter Liebling unter den Vertonern war Othmar Schoeck (1886–1957), sein langjähriger Freund, den er sogar als den „bedeutendsten Liederkomponisten dieser Zeit" bezeichnete. „Er wird bleiben, wenn weniges vom heutigen Kunstmarkt übrig sein wird." (HMu, 155)

Wollte man die Frage danach, worauf bei Hesse die Musik

als Gesamtvorstellung hinweise, so kurz und bündig wie möglich beantworten, müßte man mindestens drei Dinge erwähnen: das ästhetisch Schöne, das ethisch Gute und das religiös Wahre – mit anderen Worten: die drei höchsten, einander gleichwertigen Ideen Platos in modifiziert moderner Denk- und Ausdrucksform. Kritiker und Leser, welche das Werk Hesses nur flüchtig kennen oder keinen Sinn für dessen speziell „musikalische" Qualitäten haben, betonen immer wieder, sei es als Vorwurf oder Kuriosum, die bipolare Struktur seines gesamten Denkens und Dichtens und deuten es, als sei der Autor Zeit seines Lebens „schizophren" geblieben und nie zu einer umfassenden Synthese gelangt. Tatsächlich gibt es Stellen in seiner Dichtung, die den Eindruck erwecken, sie hätten, wenn nicht besser, so doch entsprechender, statt diskursiv und sozusagen „einstimmig" wie im schriftlichen Ausdruck, eher in musikalischer Mehrstimmigkeit erklingen sollen, so etwa die Schlußkadenz von ‚Kurgast': „Wäre ich Musiker, so könnte ich ohne Schwierigkeit eine zweistimmige Melodie schreiben, eine Melodie, welche aus zwei Linien besteht, aus zwei Ton- und Notenreihen, die einander entsprechen, einander ergänzen, einander bekämpfen, einander bedingen, jedenfalls aber in jedem Augenblick, auf jedem Punkt der Reihe in der innigsten, lebendigsten Wechselwirkung gegenseitiger Beziehung stehen … Dies ist mein Dilemma und Problem. Es läßt sich viel darüber sagen, lösen aber läßt es sich nicht. Die beiden Pole des Lebens zueinander zu biegen, die Zweistimmigkeit der Lebensmelodie niederzuschreiben, wird mir nie gelingen. Dennoch werde ich dem dunklen Befehl in meinem Innern folgen und werde wieder und wieder den Versuch unternehmen müssen. Dies ist die Feder, die mein Ührlein treibt." (VII, 111, 113)

Versteht man jenes Dilemma des „Kurgastes" Hesse als schöpferische Triebkraft und als dieselbe „erlesene Form des Suchens nach dem Vollkommenen", wie sie im ‚Glasperlenspiel' letztlich als ein „Sichannähern an den über allen Bildern und Vielheiten in sich einigen Geist, also an Gott", begriffen als *coincidentia oppositorum,* wieder erscheint, so fallen selbstverständlich auch alle seinbaren Widersprüche von Hesses facettenreicher Persönlichkeit im Symbol der Musik zusammen. (IX, 40)

## 4. Der Humorist

Einem Ausspruch Hesses zufolge, ist „Humor immer Galgenhumor". Kurt Tucholsky sprach Hesse jeglichen Humor ab, korrigierte sich später aber dahingehend, daß er zumindest „Selbstironie" bei ihm erkannte. Tucholsky und Hesse haben einige Briefe miteinander gewechselt, sich aber nie persönlich kennengelernt. Wäre es dazu gekommen, so hätte sich Tucholsky, „der kämpferische Satiriker und Humorist", wie Volker Michels meint, „als ein eher gütiger und menschenfreundlicher Melancholiker entpuppt, Hesse dagegen, der schwermütige Musikant der Einsamkeit, als ein überraschend schlagfertiger, geselliger, stets zu Schalk und doppelbödigem Scherz aufgelegter Diskussionspartner". (BN, 185 f.)

Heiner Hesse erinnert sich an seinen Vater: „In Gesellschaft konnte er sehr fröhlich sein, konnte Späße machen, sich in komischen Gesten und witziger Mimik ausdrücken und uns mit kleinen Clownerien unterhalten." (U. R., 63) Genau dies bestätigt auch Erika Mann: „Hesse lacht gern, kann auf bäurisch geruhsame Art und mit ausführlichen, exakt illustrierenden Handbewegungen selbst sehr drollig sein ... Urgemütlich und plauderhaft, gesellig, ja galant, so kennen wir den ‚Steppenwolf', dessen Weltscheu und Einsamkeitsbedürfnis verfliegen, sobald er mit Freunden um den Tisch sitzt." (Ha., 519)

Von Hesse existiert nur ein einziger, wenige Minuten dauernder Amateurfilm, der den Dichter zu Anfang der Dreißigerjahre in der Atmosphäre seines Hauses in Montagnola zeigt. Dabei gibt er sich so heiter und gelöst, daß auch heute noch Zuschauer, die ihn nicht persönlich gekannt haben, zum Lächeln, ja zum Gelächter gereizt werden. (Kein Wunder auch, daß Charlie Chaplin sein erklärter Lieblingsschauspieler war.) Derselbe Hesse, der sich gegen die andrängenden Besuchermassen durch das vielzitierte Schild am Gartentor „Bitte keine Besuche" zu wehren suchte, war in Wirklichkeit Mörike verwandt in seiner Verspieltheit und Launigkeit. Eine seiner „Schreibmaschinenübungen", ein (hoffentlich) unabgeschickter Brief, beginnt mit den Worten: „Sehr geehrte Herren. Mit wahrer Herzensfreude empfing ich Ihren jämmerlichen Brief, dessen Frechheit mich ebenso entzückt wie seine abgründige Torheit". Ein anderes Typoskript, in dem er sich über Vor- und Nachteile einer Schreibmaschine der Marke Remington ausläßt, schließt „Mit vorzüglicher Wehklage Ihr Doktor Faustus". (Ak., 196 f.) Hesse wußte Scherzgedichte über sich selbst in Situationen zu schreiben, in der andere höchstwahrscheinlich tierisch-ernst geklagt hätten: „Immer neuer Regen kommt gequollen,/Steif sind die Gelenke und geschwollen,/An den Fingern wachsen froh die Knollen,/Alles sprießt, wir schöpfen aus dem Vollen . . . (von einem Meister der Gichtkunst)." Über die drei Brüder Johann, Valentin und Ottokar Schwalbe, Apotheker in . . . heißt es: „Die Schwalbes wurden allenthalben/gepriesen wegen ihrer Salben./Man nannte sie die Salbenschwalben/und ihre Salben Schwalbensalben." Und speziell seinen Kritikern empfiehlt der Dichter folgendes Selbstporträt: „Ich bin kein Katholik und kein Buddhist,/nicht Jud noch Muselmann. Ich bin ein Dichter,/ein Maler und auch Gärtner, kurz ein schlichter/Feld-, Wald- und Wiesenpantheist." (BN, 136 f., 144)

Unter dem Titel ‚Bericht aus Normalien' hat Volker Michels einen Band humoristischer Erzählungen, Gedichte und Andekdoten von und über Hesse herausgegeben und durch ein illuminierendes Nachwort ergänzt. Darin macht der versierte Hessekenner besonders darauf aufmerksam, daß dieses Dichters humoristische Effekte – im Gegensatz zu Tucholskys Angriffslust – wie die des Clowns, zumeist auf eigene Kosten geschehen. Hesses Komik entzünde sich an dem „Mißverhalten zwischen der vorgeblichen Anormalität des eigenen Naturells und der bedrohten Normalität und Lebenstüchtigkeit seiner Zeitgenossen". Wie Eulenspiegel zöge Hesse die dialektische Konsequenz aus solchen Beobachtungen. Dafür beispielhaft ist gerade das Titelstück der Sammlung, ‚Bericht aus Normalien‘, eine Humoreske auf die totale Bürokratisierung des modernen Staates, gleichgültig welcher Blockzugehörigkeit. In diesem Fragment aus dem Jahre 1948 entwirft der Dichter das Gegenstück zur kastalischen Gelehrtenprovinz, nämlich eine Irrenanstalt, die sich allmählich zu einem Staatswesen entwickelt hat, das „dem westöstlichen, föderativ-diktatorischen Staatenkonglomerat" angehört. Krankhaftes gilt darin als gesund, Unsinniges als vernünftig und Deformiertes als natürlich.

Derartig humoristische Züge treten nicht erst in Hesses Spätwerk auf. Sie waren von jeher eine spielerische Begleiterscheinung auch seiner früheren Dichtungen. So hat „Normalien" eine Entsprechung in der Betrachtung ‚Bei den Massageten‘ aus dem Jahre 1927. Darin macht sich Hesse über die Sportbesessenheit und Frömmlerei lustig, wenn sich die Angehörigen jenes fiktiven Volksstammes durch ihren sportlichen Rekord im Rückwärtsspringen wie auch durch ihre christlichen Spitzenleistungen zu profilieren suchen – eine Betrachtung, die heutzutage als überaus aktuelle Satire etwa auf die Vereinigten Staaten von Amerika gelesen werden könnte, dazu auch die köstliche, Ludwig Thomas ‚Lausbubengeschichten‘ verwandte Erzählung ‚Die Wunder der Technik‘ von 1908 – erstmals im 4. Band von Hesses ‚Gesammelten Erzählungen‘ (1977) veröffentlicht. Nach der Lektüre der ‚Schwäbischen Parodie‘ (ein Stück Heimatkunde) schrieb Lion Feuchtwanger nach einer Operation aus dem Sanatorium an Hesse: er habe darüber, trotz Arztverbot, so stark lachen müssen, daß ein neuer Verband und ein Schlafmittel für die Nacht nötig gewesen sei. (BN, 192)

Alles in allem jedoch maß Hesse selbst dem humoristisch-ironischen Element in seinem Werk nur wenig Bedeutung bei – ganz im Gegensatz zur Überakzentuierung durch einige amerikanische Hesseforscher, besonders im Hinblick auf das ‚Glasperlenspiel‘, Hesses geistigem Lebensraum während der Nazizeit. So ist die Coda des Romans, Knechts Opfertod, wohl kaum als „konsequentes Stück Ironie" (a consistent piece of irony), wie Mark Boulby behauptet, zu verstehen. (M. B., 320) Vollends den „Humor" des sterbenden Altmusikmeisters als „subtiles Hohnlächeln angesichts des Lebens" (subtle sneer at life) und „Euphorie des Moribunden" (euphoria of the moribund) zu interpretieren, wie es Erhard Friedrichsmeyer tut (A. H. H, 267), ist nicht nur abwegig, sondern einfach ein Mißverständnis – ähnlich wie es uns bei der Exegese von ‚Demian' als „Präfiguration einer Führergestalt mit faschistoiden Zügen" begegnet.

Mit welchem kongenialen Feingefühl hat dagegen André Gide Humor und Ironie Hessescher Prägung begriffen, wenn er sie als „Form der Bescheidenheit" bezeichnet, „eine Haltung, die umso liebenswürdiger erscheint, von je höheren Gaben und inneren Werten sie begleitet ist". (BN, 191) Was bei Hesse immer schon und namentlich im ‚Glasperlenspiel' sowie in der Prosa aus seinen letzten Lebensjahren als Humor erscheint, entspricht am besten der Definition dieses Begriffs durch den Psychologen und Germanisten Philipp Lersch, in seinem Hauptwerk ‚Der Aufbau der Person' (1956). Demnach wurzelt der Humor in der Erkenntnis, daß alles in der Welt mehr oder weniger unvollkommen ist, vorab im Hinblick auf das Absolute, auf Gott. Diese Welt ist es trotzdem wert, geliebt zu werden. „Wir sollen heiter Raum um Raum durchschreiten ..." Humor als lebensbejahende Geisteseinstellung, ohne Bitterkeit und ohne jegliches Überheblichkeitsgefühl – das ist es, was uns in Hesses Leben und Werk nach wie vor heiter berührt.

# VI. Internationale Rezeption

„Komisch ist es", schrieb Hesse im März 1962 an eine Leserin, „wie die verschiedenen Sprachen und Völker meine Bücher aufnehmen. Am meisten ihrer selbst sicher und also ab-
lehnend sind die alten europäischen Kulturländer: England,
Frankreich, Italien. Am gierigsten schluckt Japan meine Sachen, die dortige Kultur ist in voller Auflösung. In Deutschland sieht die literarische Jugend in mir einen alten Romantiker, in Amerika schwärmt seit einigen Jahren die avantgardi-
stische Jugend für 'Steppenwolf' und ‚Demian'." (B IV, 416 f.)

Hesses „weltweite Wirkung" wurde von Martin Pfeifer
einstweilen bis zum Jahre 1977 in einer zweibändigen internationalen Rezeptionsgeschichte erfaßt. Darin enthalten sind
Beiträge internationaler Fachgelehrter und Hesseforscher über
insgesamt 29 verschiedene Länder der Welt sowie ausführliche Bibliographien zu Übersetzungen in die einzelnen Sprachen und Sekundärliteratur. Die Hesse-Rezeption beschränkt
sich seither keineswegs nur auf die eingangs vom Autor selbst
erwähnten Länder. Sein Werk ist mittlerweile auch in Korea,
im Iran, in Israel und in arabischen, slawischen, skandinavi-
schen Sprachen verbreitet, desgleichen in Südamerika, Austra-
lien und Neuseeland. In den letzten Jahren hat das Interesse
für seine Werke besonders in der Sowjetunion und China zu-
genommen. Es erscheint dies zunächst wie ein Paradox: Wie
kann ein Autor zu Weltruhm gelangen, der einerseits „nicht
den mindesten Ehrgeiz nach Popularität" besaß, dem die Verbreitung seiner Schriften gleichgültig war (besonders Taschen-
buchausgaben mochte er nicht) und der die Verfilmung seiner
Bücher zu Lebzeiten ausdrücklich untersagte, andererseits
aber, trotz aller seiner sonstigen Bescheidenheit und Kritik an
seinen eigenen Schriften, „nie daran gezweifelt" hat, daß „ein
gewisser Teil" seines Werkes „unentbehrlich und sein Dasein

in der Welt finden und rechtfertigen" werde? (M. P. II, 9) Als er das im April 1946 schrieb, war von seinen Büchern kaum eines im deutschen Buchhandel erhältlich. In der englischsprechenden Welt, so hieß es im selben Jahr in der ,New York Times', war Hesse, obschon er unterdessen Nobelpreisträger geworden war, „praktisch unbekannt". (Ak., 378) Jenes Paradox scheint sich, wenn gewiß auch nicht restlos, so doch einigermaßen aufzulösen, betrachtet man in kurzen Zügen die Rezeptionsgeschichte von Hesses Werken in einzelnen Ländern und fragt dabei nach einigen Gründen, worauf denn eigentlich der weltweite Publikumserfolg dieses Autors beruht.

## 1. Die Hesse-Rezeption in einzelnen Ländern

### Deutscher Sprachraum

Hesse war fast 50 Jahre seines Lebens Staatsbürger der Schweiz, deren „neutrale" Mentalität und Freizügigkeit, besonders im Politischen, seinem Wesen von jeher verwandt gewesen zu sein scheint. Auch hatte der Dichter unter Schweizern seinen nächsten persönlichen Freundeskreis, war zweimal mit Schweizerinnen (ein drittes Mal mit einer Österreicherin) verheiratet; in der schweizer Presse und in dortigen Verlagen erschienen viele seiner Schriften (sogar die Erstausgabe seines Hauptwerkes, ,Das Glasperlenspiel'), und eine ganze Reihe bedeutender schweizer Literaturhistoriker und Journalisten befaßten sich eingehend mit seinem Werk.

Gibt es dennoch „nichts Deutscheres als diesen Dichter und das Werk seines Lebens", wie Thomas Mann, durchaus positiv und nicht abqualifizierend wie Gottfried Benn, befinden zu müssen glaubte? Was nämlich, so darf man fragen, ist denn dieses typisch „Deutsche", das ihm seinen internationalen Ruhm einbrachte wie sonst keinem anderen deutschen Dichter im 20. Jahrhundert? Hier meldet sich der berechtigte Verdacht an, als gehörten Thomas Manns und Gottfried Benns und dazu vor allem auch noch Hugo Balls – längst zum Klischee er-

starrtes – Diktum: Hesse sei „der letzte Ritter aus dem glanz-
vollen Zuge der Romantik" in die amüsante Zitatensammlung
‚Der kluge Zeitgenosse' von Rudolf K. Goldschmit-Jentner.
Merkwürdig jedenfalls, wie kritiklos auch namhafte Kritiker
derart vage, sachlich nicht weiter begründete Aussagen von
„Autoritäten" – selbst autoritätshörig oder auch in bewußt
gehässiger Absicht – übernommen haben und auch noch immer weiter vererben möchten. Hätte man nicht von Anfang
an mißtrauisch werden sollen, als „Hessekritiker" der Nazizeit, allen voran Will Vesper, aber auch andere damals „typisch deutsche" Literaten von Hesse als „deutschem" Dichter
nur noch in Anführungszeichen sprachen?

Hatte der Dichter in den Jahren nach dem Bekanntwerden
seines ‚Peter Camenzind' sich verhältnismäßig unangefochten
seines Ruhmes unter einer ungewöhnlich breiten Leserschaft
im deutschen Sprachraum erfreuen können, änderte sich das
schlagartig nach der Veröffentlichung seiner „pazifistischen"
Aufsätze nach Ausbruch des I. Weltkriegs. Denn pazifistisch-
antimilitaristisch im Sinne Hesses, der das Grundverbot des
Tötens auch im hochheiligen Namen des Vaterlandes *nicht* akzeptieren wollte, das konnte und durfte sich kein typisch
Deutscher erlauben – damals nicht wie erst recht nicht während der Nazizeit, ohne als „Volksverräter", „Nestbeschmutzer", „Kulturbolschewist" gebrandmarkt und vom Vaterland
und seinen getreuen Anhängern auf der Stelle exkommuni-
ziert zu werden. Das nun mußte Hesse – nach vorübergehen-
der „Rehabilitierung" zwischen den Kriegen – zur Genüge an
sich selbst erfahren. Seine antimilitaristischen Provokationen
scheinen vorwegnehmend gerade auch jene gegenwarts-
geschichtlichen Tendenzen widerzuspiegeln, die dann im November 1989 ein Drittel der schweizer Bevölkerung gegen die
Beibehaltung einer Armee stimmen ließ. Hesses Einstellung erscheint vollends als gänzlich „undeutsch", wenn sogar heutzutage in ausländischen Zeitungen und anderen Medien der öffentlichen Meinung „deutsch" und „militaristisch" noch
immer gleichbedeutend zu sein scheint.

Natürlich gab es zu allen Zeiten auch in Deutschland einflußreiche Publizisten und Künstlerkollegen, die sich notfalls entschieden für Hesse einsetzten, darunter namentlich der spätere erste Bundespräsident Theodor Heuss und – bis zur Einlieferung ins Konzentrationslager – Hesses Freund und Verleger Peter Suhrkamp. Vor allem auch durfte sich der Dichter stets einer deutschen Leserelite erfreuen, die ihm durch alles Kriegsgetümmel hindurch unvermindert die Treue hielt, oft sogar mit dem Einsatz des eigenen Lebens. Denn nicht nur für Peter Suhrkamp wurde die Verbindung mit Hesse verhängnisvoll – sie trug auch zur Verhaftung einer prominenten Schriftstellerin wie Luise Rinser bei, die mit ihm korrespondiert hatte. Nach dem Zusammenbruch 1945 und der Gründung der beiden deutschen Republiken wurde auch die Hesse-Rezeption zweigeteilt.

*BRD.* In der BRD wurde Hesse gleich von Anfang an als „Gartenzwerg unter den Nobelpreisträgern" begrüßt. Curt Hohoff sprach vom „Autor des individuellen Katzenjammers". Zum 80. Geburtstag erschien der Angriff Karlheinz Deschners speziell auf Hesses Sprache, woraufhin nun auch ‚Der Spiegel' die epischen Qualitäten von Hesses Werk in Frage stellte. Es folgte eine ressentimengeladene Demontage des *homo politicus*. Balls unglückliche Bemerkung vom „letzten Ritter der Romantik" wurde kanonisiert und Hesse quasi zum Sündenbock für eine durch die Nazis allerdings katastrophal mißverstandene Romantik-Konzeption propagiert. Vor allem versuchte man von Seiten meinungsprägender Medien und möglichst mit Hilfe ausgesuchter Fachliteraten, Hesse der Lächerlichkeit preiszugeben. Seine „knäbische Lust am Feuerzündeln" (während draußen die Welt brannte) wurde zum Symbol eines introvertierten, schrulligen „Kleingärtners". Für den Dichter wurde eine „Lesergemeinde" erfunden und behauptet, er habe sich damit begnügen müssen, „seine Harmonie-Süchte auf seine Verse und Prosatexte zu projizieren ...‚ die den Wirklichkeiten der Zeit auch nicht von fern ähnlich" sähen. Diese wirksame, für viele Jahre das Hessebild bestimmende Titelgeschichte im ‚Spiegel' (1958) unter dem Motto „In der Gartenlaube" schloß mit dem Musil-Zitat von 1938: „Faxen eines berühmten Mannes ... Alles sehr begreiflich; das einzig Komische ist, daß er die Schwächen eines größeren Mannes hat, als ihm zukäme." (Ak., 347 f.)

Es gibt aber auch Kritiker, die Hesse vorwerfen, er habe den Krieg nicht als Soldat miterlebt und seine Beziehungen zu Frauen und Freunden – ja zur ganzen Menschheit – seien vorwiegend literarisch. So behauptet Eberhard Lämmert ausdrücklich, Hesse habe „Poesie als Hilfe zur Ersatzentfaltung nicht gelebten Lebens geschrieben", obschon er doch „korrekter", wie jener ‚Wanderer zwischen beiden Welten' des Walter Flex (und Eichendorffs ‚Taugenichts' dazu) ein „Seßhafter mit Luftsprüngen" gewesen sei, „im äußersten Falle zu einer Kassandrarolle tauglich." (E. L., 541) Hierauf ließe sich zunächst entgegnen, daß der Beweis dafür einstweilen noch aussteht, ob einer ein größerer Dichter geworden sei, weil er beim Kommis und nicht, wie Hesse, an der geistigen Front gedient habe. Sodann erscheinen seit je verdächtig jene Künstlertypen, die ihre in Wirklichkeit ausgelebten Casanova-Instinkte und anderweitige Libertinismen als Alibi für den Mangel an eigentlicher Begabung ausgeben möchten. Hans Erich Nossack, nach einem Leseabend von einer Dame gefragt: „Haben Sie das alles wirklich erlebt?" erteilt darauf in seiner autobiographischen Glosse ‚Ich habe nur dich, Kassandra' die folgende – höflicherweise unausgesprochene – Antwort: „Wo denken Sie hin, meine Gnädigste! Allein die vielen Frauen und Mädchen! Wie hätte ich das wohl schaffen sollen!" Ähnlich hätten wohl Flaubert, Thomas Mann und alle jene großen Schriftsteller antworten können, die, wie Tonio Kröger, sehr wohl wußten: Der Unterschied zwischen Künstler und Bürger besteht unter anderem auch darin, daß der eine durch Distanz und freiwillige Askese den Tribut für jene bleibende Poesie entrichten muß, an der sich der andere bestenfalls ergötzt, falls er sich nicht überhaupt von Hause aus viel lieber mit einem möglichst unreflektiert „gelebten Leben" begnügt. Denn nicht darauf, wie er das Leben vorfindet und uneingeschränkt genießt, kommt es dem Künstler an, sondern vielmehr darauf, wie er es selbst sieht und im schöpferischen Gestalten nacherleben kann. Ausgerechnet Hesses Schriften als Surrogat für ungelebtes Leben zu betrachten, ist umso befremdlicher, als dieser Dichter, verglichen mit andern, in hohem Maße nur über das geschrieben hat, was er erlebt hat, wird doch sonst allerorten in der Kritik – ebenso nachdrücklich wie vom Autor persönlich – immer wieder auf seine geradezu exemplarische „Bekenntnisdichtung" hingewiesen. Vollends seine Beziehungen zu Freunden und Zeitgenossen erweisen sich allein am Beispiel seines Briefwerks als denkbar „unliterarisch", sondern in jedem Einzelfall vom Leben diktiert und mit Leben erfüllt.

Erst seit der Hesse-Entdeckung in Amerika und dem Bekanntwerden von Hesses umfangreichen Schriften aus dem Nachlaß ist ein Umschwung der öffentlichen Meinung (denn hauptsächlich von dieser war im Voranstehenden die Rede, nicht von den zahlreichen unvoreingenommenen Hessekritikern und Lesern) zu beobachten, der unterdessen auch frühere Hesseskeptiker unter den Universitätsgermanisten schwankend gemacht und – teils mehr oder weniger wendehälsisch – „bekehrt" hat. Jedenfalls ist Hesse unterdessen zu einem respektierten Autor auch wieder in der Bundesrepublik geworden. Es ist dies an erster Stelle dem in den letzten beiden Jahrzehnten unermüdlichen Einsatz von Volker Michels, dem verantwortlichen Herausgeber des Hesse-Nachlasses im Suhrkampverlag zu verdanken. Er überraschte die Insider und verunsicherte ihre Vorurteile durch die zweibändige Ausgabe von Hesses ‚Schriften zur Literatur'. Sodann sammelte er im Verein mit Heiner Hesse in jahrelanger Arbeit etwa ein Drittel der insgesamt 35 000 Briefe des Dichters. Als nächstes widerlegte Michels das Gerücht über den „romantischen Träumer im Elfenbeinturm" mit einer nahezu tausend Seiten umfassenden Publikation von Hesses ‚Politik des Gewissens'. Die Legende von Hesses „Humorlosigkeit" zerstreute er mit einer Edition heiterer Texte unter dem Titel ‚Bericht aus Normalien' und bereinigte die irrtümliche Vorstellung des Dichters als eines unsozialen Eremiten durch einen Sammelband mit Augenzeugenberichten.

Etwa zwanzig Jahre lang versuchte Marcel Reich-Ranicki

in seiner Position als Feuilletonchef der ‚Zeit' und später der ‚Frankfurter Allgemeinen Zeitung' das Hessebild literaturpäpstlich zu manipulieren, das Phänomen von Hesses weltweiter Rezeption zu bagatellisieren oder einfach totzuschweigen. Auf Reich-Ranickis Bemerkung hin, daß Hesse „keinen einzigen zitierfähigen Satz geschrieben" habe, stellte Volker Michels das Bändchen ‚Lektüre für Minuten' zusammen, das unterdessen in einer auf 550 Zitate erweiterten Neuauflage zu einem der meistzitierten Hessebücher in annähernd einer Million Exemplare verbreitet ist. Darüber hinaus setzte sich Michels durch Vorträge im In- und Ausland, durch Zeitungsaufsätze und ebenso informativ wie brillant geschriebene Essays zu den einzelnen Editionen für ein von Vorurteilen und Ressentiments freies Hessebild ein. Die Forschungsergebnisse von Michels – dem zur Zeit vermutlich besten und verläßlichsten Hessekenner überhaupt – basieren zudem auf einem chronologisch und thematisch angelegten Editionsarchiv von ansonst schwer erreichbarer und bislang unzugänglicher Primär- und Sekundärliteratur sowie anderweitig ergänzenden Hesseana.

*DDR.* Die Rezeption von Hesses – verfügbaren – Werken in der (ehemaligen) DDR verlief von Anfang an gleichförmiger, wenn auch keineswegs unproblematisch. Sie bedurften zur Neuentdeckung nicht erst der Impulse von Amerika und Japan. Wie Klaus Walther in seinem Aufsatz ‚Hermann Hesse heute in der DDR' (...) ausführt, gehörte es zu den „nachweisbaren Erfolgen sozialistischer Erbepflege in der DDR", daß dort Hesses Bücher „publiziert, gelesen und diskutiert wurden, als andernorts kein Blumentopf mit ihm zu gewinnen war" (M. P. II, 180) – nämlich R. W. Leonhardt gemäß in der BRD (1962). Zwar stellte 1947 zum 70. Geburtstag Hesses Wolfgang Joho auch für die DDR fest, daß man diesem Dichter vorwerfen könne, er sei „kein Aktivist, kein Politiker, kein Revolutionär", doch billigte man ihm immerhin zu, er habe „die Krankheit der europäischen Menschheit erkannt und analysiert und Krieg und Unmenschlichkeit angeprangert". (M. P. I, 39) Es fehlte zur gleichen Zeit nicht an Stimmen, die behaupteten, daß man mit Hesses Auffassung „niemals den

179

Faschismus hätte zerschmettern können". Und selbst ‚Das Glasperlenspiel' interpretierte man im Endeffekt als „Fluchtweg in Mystik und Zufallstod", in die „absolute Zauberflöten-Symbolik" – Ansichten, wie sie zwei Jahrzehnte später noch immer in den bundesdeutschen Hessebeurteilungen kolportiert wurden, wie Martin Pfeifer in seinem zusammenfassenden Essay ‚Deutsche Demokratische Republik' hervorhebt. (M. P. I, 43 f.)

Prominente Schriftstellerkollegen wie Arnold Zweig, Anna Seghers und Johannes R. Becher, der damalige Kultusminister, versuchten vergeblich, Hesse als Ehrenmitglied ihrer Akademie und zur Mitarbeit innerhalb verschiedener in- und ausländischer Völkerkongresse für den Frieden zu gewinnen. Offene Briefe Hesses in westlichen Zeitungen wurden von der DDR-Presse nur unvollständig nachgedruckt, je nachdem, wie sie in die politische Landschaft paßten. Hesse spricht sich in einer Briefstelle sogar ausdrücklich gegen eine vermeintliche „Umlügung" seiner „rein menschlichen und vernünftigen Gedanken" in „ein Bekenntnis zum Stalinismus" durch die DDR-Presse aus, irrt sich aber entschieden, wenn er so weit geht zu behaupten, sein „ganzes Lebenswerk" werde „von der literarischen Kritik und den Hochschulen Ostdeutschlands als bürgerlich-romantisch abgelehnt und lächerlich gemacht". (M. P. I, 47) Denn das traf damals höchstens auf bundesdeutsche Erziehungsinstitutionen und einzelne meinungsbildende Kritiker zu. Dagegen spricht allein die geistvolle *Laudatio* zu Hesses 85. Geburtstag ebenso wie die Interpretation des ‚Steppenwolf' durch Hans Mayer, des bedeutenden Literaturkritikers und so musisch schreibenden Essayisten, damals Ordinarius an der Leipziger Karl-Marx-Universität. (Ü. H. I, 367–73; MSt, 330–44)

Auch zwei Hesse-Biographien aus den Siebzigerjahren verdienen Beachtung: Eike Midells ‚Hermann Hesse. Die Bilderwelt seines Lebens' (1972) und besonders Fritz Böttger: ‚Hermann Hesse. Leben, Werk, Zeit' (1974). Was Hesseforscher und Leser in der DDR an Hesse besonders interessierte, waren drei Themengruppen: der Zusammenhang zwischen Ethik und

Ästhetik, in deren Mittelpunkt der *homo politicus* steht; sodann die aktuelle Wirkung Hesses in der Wechselbeziehung zwischen individueller und gesellschaftlicher Erfahrung seiner Werke und schließlich sein Verhältnis zur Tradition. Bereits Hans Mayer erblickte in Hesses Universalität und Sprachgebrauch immer schon eine Verwandtschaft mit Goethe, der in der angelsächsischen Literaturkritik ja von jeher als Klassiker ebenso wie Romantiker gilt. Im Gefolge der Jean-Paul-Rezeption in der DDR und der Wiederentdeckung der Romantik durch eine Reihe sozialistischer Schriftsteller, fragte man sich, ob Hesse, der Jean Paul überaus schätzte, hier vielleicht als Anreger und Vermittler gewirkt habe.

Obschon keineswegs alle verfügbaren Hessebücher auch in Verlagen der DDR publiziert worden waren, wurde doch der größte Teil seiner epischen Werke, wie auch einige Briefwechsel, wenn nicht in Buchhandlungen, so doch in den einzelnen Staats- und Betriebsbibliotheken geführt. Die zahlenmäßige Verbreitung schätzte Fritz Böttger (1977) auf etwa eine halbe Million Exemplare.

Nach alledem könnte man Hesserezeption und Kritik gerade im deutschen Sprachraum unter dem anscheinend noch immer gültigen Aspekt vom Propheten im eigenen Vaterland zusammenfassen: Wohl kaum ein anderer zeitgenössischer Dichter deutscher Zunge hat zu Lebzeiten und auch noch posthum ein derartiges Maß an Verleumdungen, Spott, Neid und Mißgunst über sich ergehen lassen müssen, kaum einer aber auch so viel Anerkennung, Dankbarkeit, Verehrung und Liebe unter seiner Leserschaft und den besten seiner Künstlerkollegen gefunden wie Hermann Hesse. Und es war eigentlich ein Franzose, Romain Rolland, der schon früh erkannte, daß das, was an Hesse „deutsch" war, zum „Symbol vom ewigen Deutschland" gehörte. (B. P. 82, 112) Skeptisch wie der Dichter gegenüber Ewigkeitswerten („Sterblich sind auch die Lieder,/ Keines tönt ewig wieder . . .": G II, 625), noch dazu wenn sie national gebunden sein sollen, wäre hier adäquater von überzeitlichen und international gültigen Geistes- und Sprachwerten die Rede. Dies scheint bei Hesse umso berechtigter zu sein, als immer wieder von Seiten ausländischer Leser und Forscher, besonders auch von Indern, Koreanern, Chinesen die Frage erhoben wird: Wieso ist dieser Autor gerade aus Deutschland, aus Europa gebürtig – sind seine Gedanken und Probleme doch auch die unseren und könnten ebensogut aus unserem Kulturkreis herausgewachsen sein? (Darauf hat Volker Michels in seinem Vortrag zur Eröffnung des größten europäischen Hesse-Museums in Calw am 24. 3. 90 besonders nachdrücklich hingewiesen.)

## Frankreich

Es ist zu hoffen, daß künftige Literaturforscher und Leser kein Urteil einer noch so gerühmten vormaligen „Autorität" über Hesse ungeprüft hinnehmen und jahrzehntelang bestehen lassen. Im Hinblick auf Hesses Beziehungen zu Frankreich etwa die apodiktische Behauptung des Romanisten Ernst Robert Curtius: „Von den Werken der großen Altersgenossen ist Hesse nie berührt worden. Das lebendige Europa des 20. Jahrhunderts hat er gemieden. Frankreich hat ihm nichts gegeben." (Ü. H. I, 218) Gewiß war Curtius, als er dieses Fehlurteil fällte (1947), noch nicht bekannt, daß Hesse sich für die Verbreitung und Neuerscheinung der Literatur gerade großer französischer „Altersgenossen", aber auch für viele andere Repräsentanten französischer Literatur und Kultur in zahlreichen Buchbesprechungen unermüdlich eingesetzt hat. So schrieb er allein 8 Rezensionen über Marcel Proust, 11 über den besonders geliebten Francis Jammes, 6 über Julien Green, 15 über André Gide, 13 über Romain Rolland; über Stendhal liegen 12 Hesse-Rezensionen vor, über Flaubert 7, über Balzac 6. Hinzu kommen weitere Besprechungen der Werke von Diderot, Voltaire, Rimbaud – nicht zu vergessen auch Philosophen wie J. J. Rousseau, Henri Bergson und Maler wie Watteau, Daumier, Poussin, Courbet, Manet, Cézanne, Monet, Henry Rousseau, Braque, Lurçat, Chagall und den Bildhauer Auguste Rodin. Da Hesse über Bücher nicht, wie so mancher Journalist, in aller Eile etwas geschrieben, sondern sie ganz offensichtlich sehr sorgfältig gelesen hatte, ehe er sich ein Urteil darüber zu bilden erlaubte, ist anzunehmen, daß er ein ziemlich profunder Kenner namentlich französischer Literatur gewesen ist.

Seinen Essay ‚Eine Bibliothek der Weltliteratur‘ von 1929 mit der langen Liste der darin empfohlenen französischen Literatur von François Villon und Montaigne über alle wichtigen Klassiker bis hin zu Zola und Verlaine hätte Curtius ja eigentlich kennen und zudem wissen müssen, daß Hesse viele dieser Werke in der Originalsprache besaß und las. Er hatte sich seit seinem 20. Lebensjahr die zugehörigen französischen Sprachkenntnisse autodidaktisch angeeignet. „Apprendre le français, ce n'est pas une chose agréable, mais le savoir et le parler couramment, c'est une chose aussi belle que nécessaire" – dieser Satz steht auf einer der wenigen französisch geschriebenen Seiten des 22jährigen Buchhändlers in Basel. (V. M. F, 53) Daß Hesse aus dem Französischen übersetzte, wurde bereits erwähnt. Er sprach auch, freilich, wie sein Freund Romain Rolland nach einem Besuch 1915 in Bern kritisch in sein Tagebuch notierte: „Er spricht schlecht Französisch." (Ha., 70) Daß Hesse Frankreich nicht bereist und vor allem Paris nie mit eigenen Augen gesehen hat, besagt nicht, daß es ihm „nichts gegeben" habe. Immanuel Kant erstaunte seine Besucher aus England durch seine detaillierten Ortskenntnisse von London, obschon er selbst nie dort gewesen war. Der „daheimgebliebene" Hölderlin schrieb eines der einfühlsamsten Bücher über Griechenland. Mörike bewegte sich über seinen süddeutschen Heimatraum, von einer Reise ans schweizer Bodenseeufer abgesehen, Zeit seines Lebens nicht hinaus und erschuf gleichwohl, kraft seiner Imagination, ein Universum.

Frankreich hat Hesse, genau betrachtet, unermeßlich viel gegeben. Dies hat wiederum Volker Michels in seinem sachlich klärenden und sprachlich luziden Aufsatz ‚Hermann Hesse und Frankreich‘ (1988) erneut nachweisen können. Hesses Beziehungen zu Frankreich gründeten in der Familiengeschichte: seine Großmutter mütterlicherseits, Julie Gundert, geb. Dubois aus der Gegend von Neuchâtel, war Welsch-Schweizerin.

Sie ihrerseits, trotz 47 Ehejahren mit einem Deutschen, hat die deutsche Sprache „bis zuletzt nur geradebrecht". Hesse entwickelte sich später zu einem engagierten Mittler und Bewunderer französischer Literatur, schloß Freundschaft mit zwei ihrer bedeutendsten zeitgenössischen Repräsentanten und „Altersgenossen", R. Rolland und A. Gide, und liebte vor allem auch die französische – in seinen Worten – „reine, sauber geschliffene Sprache, deren stilistische Schönheit keine Übersetzung retten kann". (V. M. F, 54) Schließlich war auch der letzte Besuch, den der Dichter am Tag vor seinem Tode empfing, die Französin Edwige Friedländer – die Übersetzerin seines Romans ‚Gertrud'. Mit ihr habe er sich – so berichtet seine Frau Ninon – über Beckett, Camus und ältere französische Autoren sowie auch über J. P. Sartre unterhalten. Hesse, der Gides posthum erschienenen Briefwechsel mit Paul Claudel als „Gespräch zwischen einem Singvogel und einer Lokomotive" bezeichnet hatte, prägte auch den folgenden Aperçu, über den eigenwilligen Existenzphilosophen und Schriftsteller: „Jean Paul Sartre ist der Großneffe von Albert Schweitzer. Mit einer solchen Lehrer- und Pastoren-Ahnenschaft kann Sartre sich schon ohne Risiko den Nihilismus erlauben; seine Anhänger, die meist keine solche Schutztruppe im Hintergrund haben, verkommen dabei oft." (V. M. F, 62)

Im Vergleich mit Ländern außerhalb des deutschen Sprachraums verlief die Hesse-Rezeption in Frankreich anders. Dort ist sein Werk nie, wie zunächst in den angelsächsischen Ländern, fast total vernachlässigt worden. Die ersten literaturwissenschaftlichen Arbeiten über ihn erschienen bereits 1910 in der ‚Revue de Paris'. ‚Siddhartha' wurde 1925 von Joseph Delage übersetzt – drei Jahre nach Erscheinen der deutschen Erstausgabe, ‚Demian' 1930 von Denise Riboni, die auch verschiedene Studien und Aufsätze über den Tod und den Gedanken der Einheit bei Hesse publiziert hat. Der II. Weltkrieg unterbrach vorübergehend die Hesserezeption in Frankreich. Erst in den Jahren danach nahm das Interesse an Übersetzungen und sogar an einer Gesamtausgabe seiner Werke durch den Pariser Calman-Lévy-Verlag erheblich zu. ‚Narziß und

Goldmund' erschien 1948 und ,Das Glasperlenspiel' 1955 in französischer Sprache. ,Die Morgenlandfahrt' wurde von Jean Lambert übertragen und von dessen Schwiegervater, André Gide, mit einem Vorwort bedacht. Noch immer freilich bestand – ganz im Gegensatz zu Amerika und anderen Ländern – Hesses Leserschaft in Frankreich hauptsächlich aus Intellektuellen. Da ereignete sich etwas, was sonst „einem lebenden Dichter kaum widerfährt", wie Maurice Colleville, Germanist und Nestor der Hesseforschung in Frankreich, ausdrücklich hervorhebt (M. P. I, 64): Mitte der Fünfzigerjahre wurden zwei Semester lang an der Sorbonne Vorlesungen über Hesse gehalten und vom Rundfunk verbreitet. Seither sind zahlreiche literaturwissenschaftliche Arbeiten sowie mehr als 20 Dissertationen und *Diplômes d'études supérieures* über Hesse erschienen, zuletzt eine Hessebiographie von Jacqueline und Michel Sénès bei Hachette in Paris (1988). Hesses Werke haben in Frankreich zwar nicht das – vorübergehend – spektakuläre Aufsehen wie in Amerika erregt, dafür aber verspricht die kontinuierliche Wertschätzung seiner Schriften durch eine literarisch von jeher aufgeschlossene und gebildete Leserschaft in Frankreich auch künftig weiter zu bestehen und innerhalb der politischen Brüderschaft eines Vereinten Europa immer weitere Kreise mit einzubeziehen.

## England, USA, Kanada

„You are writing a book about Hesse?" fragte mich neulich einer meiner Studenten. Da er den Namen „Hesse", wie viele Amerikaner wie „Hess" ausgesprochen hatte, erkundigte ich mich vorsichtig, wen er eigentlich damit meine. „Well, den, der da neulich im Gefängnis Selbstmord begangen hat; war es nicht in Spandau?" Aha, also Rudolf Hess, der ehemalige „Stellvertreter des Führers" – lediglich eine kleine Verwechslung des Vornamens ... Das also war von der einstigen Hessewelle hängengeblieben, hier wenigstens, in dieser kleinen Universitätsstadt der Provinz, wo man aber auch vor kaum zwanzig Jahren noch ,Steppenwolf', ,Narcissus and Goldmund', „Magister Ludi' nicht nur in der Universitätsbuchhandlung, sondern direkt im Supermarkt zusammen mit anderen „groceries" erhalten konnte. Dutzende von Studenten strömten in Hessekurse, die in englischer wie in deutscher Sprache gegeben wurden. An großen Universitäten kleideten sich Kollegen wie Gurus in lange, wallende Gewänder, schmückten sich mit Halsketten und Ohrringen, um nur ja in Studentenkreisen, aber auch auf Konferenzen mit Zunftgenossen als „Hessejünger" erkannt zu werden. Was, so fragt man sich heute noch, bewirkte die für Europäer so besonders unbegreifliche Hessebewegung ausgerechnet in Amerika? Welchen Anteil daran hatte tatsächlich der Dichter, welchen die Buchhändler, Leser und – last not least – die damals zeitgeschichtliche Situation?

Hesse selbst, wie man sich allein beim Durchlesen der Passagen unter dem Stichwort „Amerika" anhand des Sachregisters in den ,Gesammelten Briefen' überzeugen kann, hat sich nie sonderlich für Nordamerika, seine Sprache und Kultur, interessiert, eher für Südamerika. Als junger Mann wollte er bekanntlich nach Brasilien auswandern. Es muß sogar zugegeben werden, daß Hesses Vorstellung speziell der Vereinigten Staaten, gegen seine sonstige Gewohnheit, eher etwas voreingenommen und im großen und ganzen negativ anmutet – ohne jene Dünkelhaftigkeit freilich, wie man sie auch heute noch bei Europäern (und namentlich gebildeten) vorfindet, welche davon überzeugt sind, daß sie – und nur sie allein – die Kultur gepachtet hätten, jetzt und für alle Zeiten.

Inwieweit Hesses Urteil über die USA von seinem amerikakundigen Verlegerfreund, Kurt Wolff, beeinflußt worden ist, kann hier im einzelnen nicht weiter ermittelt werden. Fest steht, daß Hesse in Amerika den stärksten Exponenten einer utilitaristisch-kommerziellen und damit unreifen Denk- und Lebensweise erblicken zu müssen glaubte, deren Einfluß auf die traditionellen geistigen Werte Europas er für nachgerade verderblich hielt. In seiner Auffassung von sogenannten „Kettenbriefen" spricht er es deutlich aus: „Sie sind amerikanischen Ursprungs und haben zur Voraussetzung die unausdenklich naive und kindlich rohe Geistes- und Gemütslage des Amerikaners, der in Sachen der Finanz und Technik höchst raffiniert, in Sachen der Religion, der Moral und des Geistes aber ein dreijähriges Kind ist." (B II, 247)

Darum wunderte ihn auch nicht der Mißerfolg seiner Erzählung ‚Narziß und Goldmund' nach deren erstmaligem Erscheinen in England und Amerika (1933). Es paßte in sein Konzept, „daß der Geist der internationalen Bourgeoisie, in allen Ländern, nicht die Schicht ist, die etwas mit ihr anfangen kann. Das bedeutet den Verzicht auf Tagesberühmtheit . . ., aber ich empfinde es dennoch als etwas ganz Positives." (B II, 371) Als nach der Verleihung des Nobelpreises an Hesse aufgrund der Bemühungen des Schriftstellers Henry Miller in Amerika „zwei oder drei" Bücher übersetzt worden waren, hielt Hesse dies nach wie vor für „unnötig", denn: „Natürlich nimmt der Boden die Saat nicht auf." Einerseits freute es ihn, daß ein paar wenige amerikanische Leser, die ihm geschrieben hatten, dafür empfänglich gewesen waren. Hesse, das kann nicht genug betont werden, hegte keinerlei Vorurteile oder gar Ressentiments gegen einzelne Vertreter, gleichgültig welcher Nation, so auch nicht das geringste gegen Amerikaner, vor allem nicht gegen „solche armen Outsider und Steppenwölfe, einsam und hoffnungslos inmitten einer gesunden, kraftvollen, einfach und gut erzogenen Kollektivwelt".

Andererseits zeigte sich der Dichter geradezu erschrocken darüber, daß man ihn plötzlich in Amerika verstehen könnte. Denn im selben Brief von 1950 heißt es weiter: „Einem von ihnen habe ich geantwortet, sein Brief war einer der klügsten, die ich je bekam . . . und von einer ruhig und sachlich ausgesprochenen Hoffnungslosigkeit. Ich habe ihm geschrieben, es sei mir unheimlich, aus seinem Lande solche Briefe zu bekommen, die Zahl seiner Gesinnungs- und Leidensgenossen sei winzig klein, denn das Umschlagen einer ganzen Generation nach der Seite der differenzierten Individualpsychologie wäre eine Katastrophe." (Ak., 380)

Entdeckt, entscheidend mitentdeckt zumindest, wurde Hesse für die angelsächsische Welt von einem Engländer und einem Amerikaner. Der Engländer war Colin Wilson (geb. 1931). Er stammte aus einer Londoner Arbeiterfamilie, verließ mit 16 Jahren die Schule, durchwanderte England zu Fuß, geriet aber in Frankreich unter den Einfluß der „Philosophy of Actionalism". Als Fünfundzwanzigjähriger schrieb der junge Autodidakt eine Diagnose des Menschen unserer Zeit mit dem Titel ‚The Outsider' (1956). Das Buch erregte in der englischsprachigen Welt ein für kontinental-europäische Leser unbegreifliches Aufsehen. Von Hesses Werk hieß es darin, es habe „kaum seinesgleichen in der modernen Literatur", es stelle „die kontinuierliche Entwicklung des religiösen Gedanken dar" und wie man „zu einem reicheren Leben" gelangen könne. Wilson erhob in seiner Kritik von ‚Demian' im ‚Observer' (1958) den Vorwurf, daß ein Schriftsteller von Hesses Bedeutung noch immer nicht vollständig in englischer Sprache zugänglich sei, besitze doch besonders ‚Demian' „zwingenden Ernst", wie die Lyriksammlung ‚The Waste Land' von T. S. Eliot – einem der damals renommiertesten Dichter in England. (Der gebürtige Amerikaner hatte 1922 in Montagnola persönliche Beziehungen zu Hesse aufgenommen und einen Passus aus dessen Schrift ‚Blick ins Chaos' in ‚Waste Land' wörtlich zitiert.)

In der Folgezeit und nach Bekanntwerden von Wilsons Buch auch in Amerika wurde Hesses Außenseitertum und seine angeblich „antiautoritäre" Haltung begeistert von den Beatniks gefeiert, der in ‚Siddhartha' gewiesene „Weg nach innen" von der amerikanischen Jugend ins Kulthafte gesteigert, was deutliche Parallelen zur deutschen Indien-Sehnsucht in den Zwanzigerjahren dieses Jahrhunderts aufweist. Hesses Schriften wurden als „antimaterialistisches Ferment", das Amerika brauche, verstanden. „Steppenwolf" nannte sich eine Musik-Band, die mit dem Hitsong „Born to be free" die Diskotheken Amerikas und anderer Länder erschütterte. Nur den Titel mit Hesses Roman gemeinsam hat das gleichnamige Hippie-Lokal in Berkeley – ebenso wie freilich auch die „Kommunikationskneipe" ‚Demian' an der alten Nagoldbrücke in Hesses Heimatstadt Calw.

Wie hätte wohl Hesse selbst, der „die klassische Musik für den Extrakt und Inbegriff unserer Kultur" hielt (IX, 44), auf seinen Eintritt in die Welt der Beatmusik reagiert? Und noch dazu in Amerika? Er hat es selbst nicht mehr erlebt, auch nicht seinen vermutlich gar nicht so unbeträchtlichen Beitrag zur Beendigung des Kriegs in Vietnam. Denn sein politisch bestimmter Moralismus schien derartig auf die amerikanische Jugend übergegriffen zu haben, daß durch fortgesetzte Proteste und Ausweichmanöver vor dem Einberufungsbefehl die Regierung zumindest mitveranlaßt wurde, eine bisher als Einfluß- und Absatzgebiet der USA zurechtgemachte „Demokratie" nicht länger zu verteidigen.

1973 verfilmte Conrad Rooks ‚Siddhartha', ein Jahr später Fred Haines den ‚Steppenwolf'. Hesses Bücher waren mittlerweile in Millionenauflage erschienen. Dennoch konnten Buchhandlungen und öffentliche Büchereien die Nachfrage nicht länger befriedigen. Hesse wurde von der jungen Generation, die von sich sagte, sie läse überhaupt nicht, in die Schulen eingeführt. In den Lehrplänen tauchten Anleitungen für Hesses Behandlung im Unterricht auf: „Why study Hesse? Which work when? Much to do about Hesse ..." (Ak., 388) Man gab sogar dem Gedanken Ausdruck: wahrscheinlicher sei es, daß Hesse Amerika umstülpen als umgekehrt Amerika Hesses Einfluß Einhalt gebieten könne. Einerseits versuchte man sich gegen die angebliche „Germanisierung der amerikanischen Jugend" zu wehren (J. L. Sammons), andererseits fühlte man sich von Hesses „Anti-Germanismus" eher sympathisch berührt (K. Nabert). Hesse, allem Anschein nach, wurde in Amerika nicht „gemacht", sondern entsprach, einmal bekannt geworden, einem weitverbreiteten Lesebedürfnis.

Im Januar 1973 wurde sogar eine „Hermann Hesse Society International" ins Leben gerufen. Ihre Gründerin, Marjorie Strickland, verkündete in den Statuten: „Lao Tse, Buddha, Jesus and others have been spokesmen for their time and even for many people down through the ages, but Hermann Hesse is now fulfilling the needs of a great many people today, particularly the young who will be tomorrow's citizens of the world . . ." (Ak., 389) Nicht einfach wäre es, wollte man aufgrund der bisherigen Darlegungen Notwendigkeit und Mißverständnis der amerikanischen Hesserezeption restlos klar zu unterscheiden versuchen. Eindeutiger jedoch verhält es sich mit der Exegese von Hesse als „Meisterführer zum psychedelischen Erlebnis" durch den Amerikaner Timothy Leary (geb. 1920). Noch als Dozent für Psychologie an der Harvard Universität publizierte er, gemeinsam mit Ralph Metzner, in der ‚Psychedelic Review' von 1963 seinen berühmt und berüchtigt gewordenen Aufsatz: ‚Hermann Hesse. Poet of the Interior Journey' (deutsch übersetzt in Ü. H. II, 233–50). Nicht wie Hesse selbst seinen „Weg nach innen" verstanden wissen wollte: als Prozeß der individuellen Selbstverwirklichung und als Chance zur Humanisierung der Gesellschaft durch Veränderung des Einzelnen. Vielmehr interpretierte Leary jene Introspektion der Hauptgestalten in Hesses Büchern als vermutliches Ergebnis von Drogenerfahrungen und eines „chemischen Pfades der Erleuchtung". Wer je psychedelische Drogen genommen habe, so behauptet Leary, könne in Govindas Vision von Siddharthas Gesicht (V, 469 f.) eine klassische LSD-Szene erkennen. Leary hätte hier auch Kleins „Ganzheitsvision" (V, 290 ff.) und Klingsors „Selbstbildnis" (V, 346 f.) erwähnen können – ähnlich poetische Umschreibungen für Hesses aus altgriechischen, indischen und chinesischen Quellen geschöpfte Einheitsschau.

Die „große Einheit, zwiefältig in der Erscheinung nur" war bereits für Laotse „das Tor zum letzten Geheimnis" gewesen. Heraklit reflektierte darüber, warum die Menschen nicht begriffen, daß „das All-Eine, auseinanderstrebend, mit sich selbst übereinstimmt: widerstrebende Harmonie". (O. E., 80 f.) Eine bei Laotse und Heraklit auch durch Drogen gewonnene Erkenntnis? Leary geht sogar so weit, ‚Die Morgenlandfahrt', diese verschlüsselt autobiographische und subtil durchdachte Erzählung, als „Geschichte einer psychedelischen Bruderschaft" zu deuten und vollends ‚Das Glasperlenspiel' als die „aufgrund größerer psychedelischer Erfahrung höchste Spielform mit interfakultativen Symbolen". Vom ‚Glasperlenspiel' her bezog auch Learys Drogen-Experimentierschule im Tal des Hudsonflusses, die „Castalia Foundation", ihren Namen. Vor allem aber empfiehlt er den ‚Steppenwolf', besonders dessen letzten Teil mit der Imagination des „Magischen Theaters" als „unschätzbares Lehrbuch" vor LSD-Sitzungen. Und hier kann sich Leary in der Tat auf einige verfängliche Textstellen berufen. Denn während Hesse nirgendwo sonst in seinen Dichtungen irgendwelche Drogen ausdrücklich bei Namen nennt, ist im ‚Steppenwolf' von „Kokain" (VII, 320), „Opium" (VII, 334), einer „kleinen drolligen Flasche" und „langen, gelben Zigaretten" (VII, 366) die Rede, welche Pablo seinen Freunden Harry und Hermine offeriert, ehe sie gemeinsam ins Magische Theater eintreten. Pablo, so heißt es außerdem, sei „ein Meister in der Dosierung und Mischung vieler solcher Mittel zum Betäuben von Schmerzen, zum Schlafen, zur Erzeugung schöner Träume, zum Lustigmachen, zum Verliebtmachen". (VII, 320) Selbst mitten in der Vorstellung reißt Harry „vom eben ergrünenden Gebüsch eine junge halboffene Blattknospe", bei deren „aromatisch bitterem Geschmack" er plötzlich genau zu wissen vermeint, was er eigentlich erlebte. (VII, 391 f.) Gar zu gern hätte Leary nachgewiesen, daß Hesse selber wenigstens Meskalin oder andere „harte" Drogen genommen habe. Zwar lautet eine Tagebuchnotiz aus Indien (1912): „Seit einigen Tagen lebe ich von Rotwein und Opium". (AI, 97), und in einer Briefstelle von 1929 wird Opium als Darmberuhigungsmittel genannt (B II, 230) – aber eben als Beruhigungsmittel, denn Hesse hat sich, abgesehen vom Alkohol, dem er zeitweise übermäßig zugesprochen, und auch vom Tabakrauchen, anderer „Drogen" nicht zum Zwecke der „Bewußtseinserweiterung" im Sinne Learys, sondern lediglich zur Schmerzstillung bedient. Das wurde mir von Heiner Hesse bestätigt. Learys Interpretation seines Werkes hätte Hesse selbst gewiß ähnlich „berichtigt" wie in seinem Antwortbrief an M. K. aus dem Jahre 1933: „Ihre Frage, ob ich im ‚Steppenwolf' es mit irgend etwas ernst meine oder einfach ein angenehmes Einduseln in Opiumräusche vorschlage, war für mich nicht nur eine persönliche, sondern eine prinzipielle Enttäuschung." (EB, 92)

Zwar wollte Hesse seinen Lesern nie direkt vorschreiben, wie sie seine Erzählung verstehen sollten, doch ahnte er bereits, daß der ‚Steppenwolf' dasjenige seiner Bücher war, „das öfter und heftiger als irgendein anderes mißverstanden wurde". (XI, 52) Im „Nachwort zur schweizer Ausgabe des ‚Steppenwolf'" (1941) weist er seine Leser ausdrücklich darauf hin, daß dieses Buch ja in erster Linie „von einem Fünfzigjährigen geschrieben wurde und von den Problemen eben dieses Alters" (seither in der modernen Psychoanalyse längst als „midlife crisis" bekannt) handle. Zum andern werde von Lesern aller Altersstufen meist übersehen, daß sich „über dem Steppenwolf und seinem problematischen Leben eine ... überpersönliche und überzeitliche Glaubenswelt" erhebe und somit die Geschichte des Steppenwolfs „zwar eine Krankheit und Krisis" darstelle, aber nicht eine, die „zum Tod" führe, sondern im Gegenteil: zur „Heilung". (IX, 52 f.) Der fünfzigjährige Hesse, statt sich den Ruf eines weisen und abgeklärten Siddhartha zu erhalten, hatte, um der Wahrhaftigkeit willen sich selbst und seiner Leserschaft gegenüber, seine „Persona" abgestreift und als einer der ersten deutschsprachigen Schriftsteller dieses Jahrhunderts, damals viele Leser (ältere und jüngere) überaus schockierende Einblicke in die „Rückstände" seines Innenlebens vermittelt. Jene „anarchischen Tendenzen" in sich selbst zu erkennen, sie bewußt zu machen, heißt zugleich sie zu bannen und zu entschärfen (wie jeder Psychotherapeut weiß). Und genau das lag in der Absicht Hesses und seiner Selbstgestalt als Steppenwolf. Es ist, so verstanden ein durch und durch „rational" konzipiertes Buch zum Zweck der Integration der Gesamtpersönlichkeit im Symbol auch (und gerade) jenes nur auf den ersten Blick „mystisch" anmutenden „Magischen Theaters": Hesses szenische Auseinanderfaltung dessen, was C. G. Jung als kollektives und S. Freud als persönliches „Unbewußtes" definierten.

Dessen ungeachtet haben Learys Hessevorstellungen als Drogenapostel, Possenreißer und Esoteriker mit den stärksten Beitrag zu Hesses Popularität und zu den Millionenauflagen seiner Bücher in Amerika geleistet, andererseits aber auch dem

Ruf des Dichters, namentlich bei älteren Lesern und ganz besonders bei den Vertretern jener sogenannten „moralischen Mehrheit" (die unterdessen seine Bücher – zusammen freilich auch mit ausgewählten Werken von Shakespeare, Hemingway, Solschenizyn – auf die „schwarze Liste" gesetzt hat) eher geschadet als genützt. Ein zusätzlich gravierendes Moment war Learys Verurteilung wegen LSD-Besitz und Marijuana-Schmuggel zu einer mehrjährigen Gefängnisstrafe, die ihn persönlich nicht weiter anfocht – sind, seiner Schlußfolgerung nach, doch fast alle großen Männer der Vergangenheit, die er als Vorbild betrachtete, im Gefängnis gewesen: Gandhi, Jesus, Sokrates, Laotse . . . Die „einzig wirklichen Gefängnisse" seien „innerlich" (Ak., 384).

Gleichzeitig wie in den USA verlief die Hessebewegung in Kanada, nur nicht mit der gleichen Vehemenz. Nachdem sich die Wellen spätestens seit Beginn der Achtzigerjahre geglättet hatten, blieben als vorläufig einzig greifbares Ergebnis die Arbeiten nordamerikanischer Germanisten und Literaturkritiker zurück. Ihnen auch, so scheint es, ist es mitzuverdanken, daß Hesse mittlerweile auch im deutschen Sprachraum von Seiten der Literaturwissenschaft der ihm gebührende Rang eingeräumt wurde. Denn es sei kein Geheimnis, so bemerkt der kanadische Hesseforscher G. W. Field, „daß Hesses Anerkennung in Deutschland mehr unter der Gleichgültigkeit und Vernachlässigung durch die akademische Literaturbetrachtung gelitten hat als unter offenen Angriffen". (M. P. I, 183) Umgekehrt hat es offenbar – und hauptsächlich während des Vietnamkonfliktes – die amerikanische Hesseforschung vorab der so vielfältig zusammengesetzten und aktiven amerikanischen „Jugendbewegung" zu verdanken, daß sich das ursprünglich ja auch – ähnlich wie in gewissen europäischen Ländern – eher geringschätzige Bild von Hesse in Amerika fundamental gewandelt hat. Schließlich sollte auch nicht übersehen werden, daß die Beschäftigung amerikanischer Germanisten weiter zurückreicht als bis zum Beginn der Hessewelle Anfang der Sechzigerjahre. Einige der später führenden Hesseforscher, wie G. W. Field in Kanada, Joseph Mileck und Theodore Ziolkowski in den USA hatten den Dichter noch persönlich gekannt und über ihn bereits in den Fünfzigerjahren promoviert – zu einer Zeit also, als Hesses sprunghaft anwachsende Popularität in der neuen Welt noch nicht vorauszusehen war und von opportunistischen Literaten und Lehrern vorübergehend ausgenutzt werden konnte.

Zusammenfassend zur Hesserezeption in Nordamerika kann demzufolge festgestellt werden, daß der „Hesse-Boom" zwar vorüber, dessen ungeachtet aber Anzeichen dafür bestehen, daß die Bücher des Dichters auch in Zukunft nicht mehr nur von vorzugsweise jungen Leuten, sondern von einer wesentlich breiteren Leserschaft und namentlich auch von Hochschulgermanisten gelesen und diskutiert werden dürften.

*Japan*

Hesse fühlte sich dem japanischen Kulturkreis stets enger verbunden als Amerika, allein schon durch seinen Vetter, den Japanologen Wilhelm Gundert (1880–1971), Übersetzer des ‚Bi Yaen Lu', der „Bibel des Zen-Buddhismus". Seit 1909 ins Japanische übersetzt, erreichten Hesses Bücher unterdessen eine Gesamtauflage von mindestens 12 Millionen. Umfragen in Japan ergaben, daß Hesse neben Goethe seit Jahrzehnten der bekannteste deutsche Schriftsteller sei. Bereits 1957 gab es drei verschiedene Hesse-„Gesamtausgaben" (14, 16 und 19 Bände umfassend) in Japan. Einzelne seiner Werke liegen in bis zu 15 verschiedenen Übersetzungen vor. Auch die bisher größte außereuropäische Hesse-Ausstellung gastierte in Tokio, Nagoya, Kooriyama, Kumamoto, Sapporo und Hakodate. Sie wurde von mehr als 60 000 Japanern besucht. Lange vor den Amerikanern hatten die Japaner Hesse entdeckt. Populär wurde bei ihnen vor allem der Roman ‚Unterm Rad', worin junge Japaner – in einem Lande mit der höchsten Schülerselbstmordrate der Welt – ihre eigenen Schulzwänge wiedererkennen. Seit den Fünfzigerjahren mehrten sich die Briefe von Japan nach Montagnola. Einzelne junge Leute schrieben Hesse, als ob sie ihn wie einen Gott verehrten. Nur nahm diese Hesseverehrung in Japan nicht derartig extreme Formen an wie in den USA. Es mag dies zum Teil daran liegen, daß die japanische Religiosität weniger rigoros und puristisch ist als in Amerika und namentlich Europa, aber auch daran, daß viele Japaner, dank ihrer Fremdsprachenpflege von Jugend auf (nebem dem Englischen ist auch Deutsch beliebt) häufiger Hesses Bücher in der Originalsprache lesen können als Amerikaner, die sich in der Regel mit Übersetzungen begnügen müssen, vor allem weil ihre Fremdsprachenerziehung besonders in den Oberschulen nach wie vor katastrophal vernachlässigt wird. Der Japaner mit seinem ausgeprägten Kunstsinn scheint überhaupt Hesses unübersetzbare Dichtersprache adäquater und dauerhafter würdigen zu können. So hielt Masura Yamaguchi seinen Vortrag zum 5. Internationalen Hesse-Kolloquium in Calw (1988) speziell über ‚Die Musikalität der Sprache Hesses in ihrer Bedeutung für den japanischen Leser‘. (B. P. 88, 90–98) Im Gegensatz zu dem englisch-kanadischen Hessekritiker Colin Butler, der es dem Dichter nicht verzeihen kann, daß er seinen Lesern keine endgültigen Antworten auf ihre Lebensprobleme gibt, sind für einen japanischen Germanisten wie Shushi Takeda gerade die „An-deutungen“ wichtig, welche bei Hesse „neue Be-deutungen des Lebens“ zulassen. In seinem Interview mit Friedrich Bran (‚Calwer Kreisnachrichten‘ vom 24. 9. 86) führt er aus, was manchem zeitgenössischen Hesseforscher aus der Seele gesprochen zu sein scheint: „Wir müssen ein neues Hessebild finden, denn mit den älteren Forschungen sind wir jungen Germanisten nicht zufrieden.“ So versprechen Impulse von Japan, aber auch aus Korea, China, Indien und anderen fern- und nahöstlichen Ländern die europäisch-amerikanische Hesseforschung notwendig zu ergänzen und weiterzuführen.

## U. d. S. S. R.

Hesses Vorliebe für die russische Literatur spiegelt sich in einigen tiefschürfenden Essays über Dostojewski sowie in Rezensionen über Puschkin, Tolstoi, Gorki und andere russische

Schriftsteller wider. Die politischen Ereignisse in Rußland vor und nach der Oktoberrevolution hat er stets mit Aufmerksamkeit verfolgt und sich – auszugsweise – auch mit den Schriften von Karl Marx befaßt. (XII, 12, 292) „Zwischen Marx und mir ist, abgesehen von den viel größeren Dimensionen von Marx, der Unterschied der: Marx will die Welt ändern, ich aber den einzelnen Menschen. Er wendet sich an Massen, ich an Individuen." So schrieb Hesse in einem Brief vom 10. 1. 1954 an Hermann Scholz. (X, 578) Es scheint, der Anspruch, den Hesse auf den einzelnen Menschen macht, sei einer der Hauptgründe für die wachsende Resonanz seiner Schriften in einem Lande, wo – bis vor kurzem noch – das Individuum wenig oder nichts und der Staat oder das Kollektiv alles galt. Wie Reso Karalaschwili bereits 1977 in seinem Referat anläßlich des „Internationalen Hesse-Symposiums" in Marbach/Neckar vortragen ließ (der an der Universität in Tiflis wirkende georgische Germanist hatte damals keine Ausreiseerlaubnis erhalten), hätte man vor 60 Jahren in einer einschlägigen sowjetischen Literaturenzyklopädie nur spärliche Angaben über Hesse finden können, die ihn als „typisch kleinbürgerliche Intelligenz" beschrieben, dessen Werke ein „passives Verhalten dem Leben gegenüber predigen". Bis zum Ende der Siebzigerjahre hatte sich das Hessebild dahingehend gewandelt, daß man den Dichter als „überzeugten und konsequenten Pazifisten und Antifaschisten" pries, der „die besten Traditionen der klassisch west-europäischen Kultur mutig und einsam weiterführte". So in den Worten der Leningrader Hesseforscherin A. G. Beresina. Neben der Übersetzung seiner Hauptwerke in die russische, ukrainische, esthnische, lettische und georgische Sprache und neben einer Vielzahl von Veröffentlichungen zu einzelnen Problemen seines Schaffens lagen (1980) in der Sowjetunion drei Dissertationen und zwei Monographien über Hesse vor. Von einer mit den USA vergleichbaren Hessewelle kann daher in der U. d. S. S. R. – bisher wenigstens – nicht die Rede sein. Der dortigen Jugend sind Romane wie ‚Demian' und ‚Steppenwolf' einstweilen noch kaum bekannt. (Immerhin wurde zu Anfang der Achtzigerjahre in Riga ein szenischer ‚Steppenwolf' aufgeführt.) Russische Übersetzungen des ‚Peter Camenzind' (1910), der ‚Umwege' (1913) und des ‚Siddhartha' (1924) sind zur Rarität geworden. Das Erscheinen von ‚Unterm Rad' (1961) wurde von einer breiten Leserschicht kaum beachtet.

Für das wachsende Interesse sowjetischer Leser an Hesse zeugt nicht etwa eine hohe Auflagenzahl seiner verfügbaren Bücher. 75 000 Exemplare einer Auflage waren bisher der Normalfall und mußten für eine Bevölkerung von über 250 Millionen genügen. In einem Land, wo das Buch zum Gemeingut der breitesten Volksschichten geworden ist, geben vielmehr die zerlesenen Hessebücher in den Stadt- und Betriebsbibliotheken Aufschluß über die Aktualität und Attraktivität dieses Autors. Die Altersstufe sowjetischer Hesseleser dürfte höher liegen als in der übrigen Welt. Es sind vorwiegend Stadtbewohner und kommen aus verschiedenen Intelligenzschichten: Künstler und Akademiker, besonders Philologen. Am einflußreichsten scheint bis jetzt der 1969 in russischer Sprache erschienene Glasperlenspiel-Roman gewesen zu sein. Was den russischen Leser mit ausgeprägtem Sinn für gesellschaftliche Aktivität und Aufklärung besonders anzieht, ist der betont pädagogische Charakter des Buches. Darüber hinaus dürfte Hesses Aufrichtigkeit und Prinzipientreue besonders anziehend wirken, ferner auch seine „radikale Kapitalismuskritik" (heute freilich wohl nicht mehr so sehr), vor allem aber „die Betonung der geistigen Werte und die Verantwortung des Menschen vor dem Geist und der Wahrheit". Als vordringlich jedoch, so betont Karalaschwili, werde eine Rezeption angesehen, welche einer „schöpferischen Auseinandersetzung" des Lesers mit der Dichtung entspringe, denn sie sei „die einzige Voraussetzung für die Dauer des dichterischen Werkes".

Unter Hesseforschern und -übersetzern wie Ada Beresina, W. Sedelnik, E. Markowitsch, S. Averinzev und anderen war Reso Karalaschwili der bisher wohl bedeutendste. Seine ‚Hermann-Hesse-Studien' (1980) enthalten 14 in georgischer Sprache verfaßte Aufsätze über verschiedene literaturhistorische, psychologische und poetologische Aspekte von Hesses Werken. Sechs davon sind in deutscher Sprache in verschiedenen Fachzeitschriften erschienen sowie in Materialienbänden zu ,Siddhartha' und zum ,Glasperlenspiel'. Die übrigen Essays befassen sich mit Hesse und Kierkegaard, der altindischen und chinesischen Gedankenwelt im ,Glasperlenspiel', der spezifisch Hesseschen Märchenstruktur, der epischen Gestalt als „Figur" des Unbewußten und einigen Besonderheiten von Hesses Romanpoetik, psychoanalytischen Elementen und der Funktion des Dialogs in ,Narziß und Goldmund'. Karalaschwili verfügt dabei über breite Sprachkenntnisse und eine – gerade auch unter Germanisten immer seltener werdende – Allgemeinbildung, die es ihm erlaubt, sein Wissen mit gleichsam spielerischer Imaginations- und Kombinationskraft stets auch in Verbindung mit anderen Disziplinen beziehungsreich und interessant auszuwerten (das eigentliche Wesen der Universalität, besonders auch im Hesseschen Mitverständnis). „... etwas von dem inneren Licht der Hesseschen Dichtung in die Brechungen und Schnittpunkte seiner Analysen zu bannen": was Karalaschwili hier in der deutschen Zusammenfassung seiner Hessestudien sagt, könnte für alle seine Schriften und Vorträge gelten, besonders auch für sein letztes Buch über ,Hermann Hesses Romanwelt' (1986), worin er das Typische in der Formenvielfalt von Hesses Erzählkunst zu erschließen versucht. Reso Karalaschwilis *mors improvida* bei einem Goethe-Studienaufenthalt in Weimar im Mai 1989 ist mehr als nur ein Verlust für die russische Hesseforschung. Die Lauterkeit seiner Textanalysen und Interpretationen, wobei er fortgesetzt neue, ungeahnte Beziehungen zur Tradition und zur Gegenwart freizulegen verstand, und nicht zuletzt die Strahlungskraft seiner starken Persönlichkeit, wie sie für viele allein schon durch die Klarheit und Lebendigkeit seiner Sprache zum Ausdruck kommt (er sprach und schrieb ein makelloses Deutsch): Sie gehören zu den wertvollsten Beiträgen zur Hesse-Erkenntnis in unserer Zeit und werden, so möchte ich meinen, darüber hinaus auch künftigen Hesseforschern und Lesern in aller Welt zur fortwährenden Inspiration dienen.

## 2. Hesses Bucherfolg, Gründe und Hintergründe

„Ja, kein deutscher Schriftsteller ist erfolgreicher als Hermann Hesse. Leider." Mit dieser Coda schließt der anonyme Artikel „Hesse-Droge" in der ‚Frankfurter Allgemeinen Zeitung' vom 11. 8. 1982 (Nr. 183, S. 19). Daß der Verfasser mit Leben und Werk des Dichters nicht eben sonderlich vertraut gewesen zu sein scheint, hat bereits Friedrich Bran in seiner Erwiderung vom 7. 9. 82 in der nämlichen Zeitung klargestellt, besonders auch jenes maliziöse „leider". Dennoch bietet der Artikel nicht nur einen geradezu klassischen Katalog der gängigsten Vorurteile und Klischeevorstellungen, welche seit eh und je Hesse abgeneigte Kritiker hervorgebracht oder mehr noch voneinander abgeschrieben haben, sondern rückt auch die Frage nach Gründen und Hintergründen für Hesses Bucherfolg, ohne sie schlüssig zu beantworten, vorwurfsvoll ins Blickfeld der Betrachtung. Und das mit Recht, fehlt in der Literaturgeschichte bisher doch in der Tat immer noch eine umfassende Untersuchung zur Phänomenologie literarischer Erfolgssysteme.

Was Hesse von Musil oder Benn unterscheide, so behauptet jener Anonymus, sei „gewiß nicht die bessere Qualität seiner Bücher", sondern eben „einzig und allein deren Erfolg". Diesen habe Hesse dem nordamerikanischen Drogenkult und der Hippiebewegung zu verdanken, wodurch er zum Mode-Schriftsteller und „Innerlichkeitsromancier" avanciert sei. Daher sei es auch kein Wunder, daß Hesses Verleger Siegfried Unseld die „Reklametrommel" rühre, denn schließlich habe er ja „seit vielen Jahren von der Hesse-Droge profitiert". Daß Qualität und Erfolg keine voneinander abhängigen Größen zu sein brauchen, liegt auf der Hand. Daß aber eine beträchtlich individuelle Differenz zwischen der Qualität der Bücher von Hesse, Musil und Benn besteht, dürfte ebenfalls außer Zweifel stehen. Musils und Benns Werke wenden sich ihrem Inhalt und sprachlichen Ausdruck nach an eine vorzugsweise intellektuell-elitäre Leserschaft mit zureichenden Kenntnissen der betont deutsch-europäischen Geistes- und Literaturgeschichte.

Während es nur wenigen Lesern und Literaten vom Fach gelingen mag, Musils Romanfragment ‚Der Mann ohne Eigenschaften' von Anfang bis Ende mit ebensoviel Geduld wie Verständnis zu lesen oder Benns „medizynische" (E. R. Curtius) Lyrik gebührend zu schätzen, vermögen praktisch alle Werke Hesses – einschließlich seines umfangreichen und hochkomplexen Glasperlenspiel-Romans – Literaturliebhaber und Sachverständige aller Alters- und Berufsgruppen, ja bereits schon Schüler und junge Leute ohne weitere Vorbildung, immer wieder erneut zu fesseln. Das Gleiche könnte man von Goethes ‚Faust', von ‚Don Quichotte', Boccaccios ‚Decamerone' und – last not least – von jenen Märchen, Sagen und namentlich heiligen Schriften aller Völker und Zeiten behaupten, wie sie seit Jahrhunderten und Jahrtausenden zum κτῆμα εἰς ἀεί (= unveräußerlichen Besitz) der Weltliteratur gehören. Literarischer Erfolg, so ließe sich vorbereitend feststellen, hängt offenbar wesentlich damit zusammen, in welchem Maße es einem Autor zu Gebote steht, durch seine Bücher ein möglichst breit gefächertes Publikum anzusprechen, gewissermaßen eine *vox populi,* die sich seinem Werk gegenüber auf die Dauer als *vox Dei* manifestiert – unabhängig von jener unablässig schwankenden „öffentlichen Meinung", wie sie von der Literaturkritik und ihren Päpsten nur zeitweilig mitbestimmt werden kann.

Wie aktuell und zeitlos, wie allgemeinverständlich und auch esoterisch dabei Thematik und Sprache eines Autors sein dürfen – die mögliche Beantwortung dieser Frage geht über den vorliegenden Rahmen weit hinaus, kann aber nicht nachdrücklich genug der Literaturwissenschaft zur Selbstprüfung empfohlen werden. Hingegen soll wenigstens auf ein zusätzlich wichtiges Kriterium für den Erfolg eines literarischen Werkes hingewiesen werden: die „weltanschauliche" Grundeinstellung eines Autors. Wie sehr auf gewissen Stadien des Lebens auch eine Literatur fesseln mag, in der Gewalttätigkeit und Chaos, Sinnlosigkeit und Fluch des Daseins in gezielt trivialer oder auch ästhetisch-raffinierter Sprache die Hauptrolle spielen – auf die Dauer, so scheint es, setzt sich nicht die starke Akzentuierung der Schattenseiten, der destruktiven Elemente und der Disharmonie im Gebaren dessen durch, den Benn einmal „die Krone der Schöpfung, das Schwein, der Mensch" bezeichnete; vielmehr ist es, wovon Hesses Buchrezensionen so nachhaltig zeugen, letztlich doch, bei aller kritischen Distanz im einzelnen, die, trotz allem, positive Weltschau, die Offenheit zur Transzendenz und der Glaube an einen – vielleicht – doch möglichen Fortschritt des Menschen durch seine persönliche Wandlung von innen her, was den Erfolg von Hesses Schriften auch in Zukunft mitkonstituieren helfen dürfte.

Warum eigentlich glauben Kritiker stereotyp, so häufig Musil und Benn gegen Hesse ausspielen zu müssen? Niemand verübelte es einem Leser, wenn ihm die Werke jener beiden Dichter *mehr* geben als die Hesses – am allerwenigsten der Dichter selbst. Bestätigt die fortwährende Insistenz jener Hessekritiker etwa immer wieder nur jene allerdings auch qualitative Differenz, wonach das Gute der Feind des Besseren sei – und nicht umgekehrt?

Hesses Erfolg letztlich aus der geschickten Reklame seines Verlages erklären zu wollen, wäre ebenso kurzsichtig. Gewiß war es ein Glück, daß Hesses Schriften von einem Verleger und Lektor ediert und kommentiert wurden, die beide nicht nur Hesseexperten, sondern zudem selbst auch Schriftsteller sind, gibt es doch, wie ich mir habe sagen lassen, auch in diesem Lande bereits Musikverleger, die selbst keine einzige Note lesen können. Jedenfalls sind sogenannte „Erfolgsautoren" und ihre „Bestseller" nur für sehr beschränkte Zeit (und dann meist auch nur für einen beschränkten Sprachraum und Kulturkreis) „machbar" – nicht, wie nun schon seit mindestens einem halben Jahrhundert, das Werk Hesses für die ganze Welt. Zudem erscheinen ja beileibe nicht sämtliche Bücher von und über Hesse – wie ja auch nicht diese Publikation – bei Suhrkamp, sondern Tausende und Millionen bei anderen in- und ausländischen Verlagen.

Nach dieser Darstellung einiger allgemeiner Gründe für Hesses Bucherfolg seien im Folgenden einige spezifische wenigstens nur angedeutet und der weiteren Forschung anheimgegeben.

Ortega y Gassets Perspektiventheorie gemäß gibt es ebenso viele Aspekte eines Autors wie Augen, die auf ihn gerichtet sind. So hängt auch die Rezeption seiner Schriften von der subjektiven Wahrnehmung ebenso wie von zeitgeschichtlichen und kulturellen Bedingtheiten der jeweiligen Leserschaft ab. Die Erforschung der Rezeptionsgeschichte literarischer Werke rückt aber nicht nur individuelle, historisch und soziologisch variable Geschmacksrichtungen und Konstanten ins Blickfeld, sondern wirft zugleich auch Licht auf die einem Autor und seinem Werk inhärenten Gründe seines Publikumserfolgs und (eventuell nur vorläufigen) Mißerfolges. Denn, wie bereits Levin L. Schücking in seiner ‚Soziologie der literarischen Geschmacksbildung' (1961) feststellte: „Daß Mörike und Hermann Hesse ... in den angelsächsischen Ländern kein Publikum haben, stempelt sie noch nicht als ‚provinziell' ab" – und das zu einer Zeit, als man sich weder in Europa noch in Amerika eine Vorstellung von den Ausmaßen der sich damals bereits nähernden Hessewelle machen konnte.

Daß Hesses Bucherfolge, besonders auch in Amerika, nicht „von oben her" manipuliert worden waren, sondern einem ursprünglichen Lesebedürfnis zuzuschreiben sind, wurde bereits erwähnt. Worin aber liegt die Erklärung dafür, daß Hesses Schriften, sei es durch Vermittlung jenes Bestsellers von Colin Wilson, sei es durch Timothy Learys „Castalia Foundation" derartig zündeten, daß sie sich wie ein Lauffeuer unter Teenagern, Schülern, radikalen und konservativen Studenten, pazifistisch gesinnten Hippies ebenso wie politischen Widerständlern verbreiteten, mit einer Geschwindigkeit, der die meisten Germanisten und Pädagogen hüben und drüben ratlos gegenüberstanden?

So bietet sich – *pars pro toto* – als vorzüglich geeignetes Studienobjekt für Gründe und Hintergründe von Hesses Büchererfolgen und den damit verbundenen zeitlichen und überzeitlichen, national und international gültigen Werten jene noch gar nicht so lange zurückliegende Hessewelle in den USA an. Das hat vorbereitend bereits 1970 der in den Vereinigten

Staaten wirkende Wiener Germanist Egon Schwarz in seiner aufsehenerregenden Untersuchung getan: ‚Hermann Hesse, die amerikanische Jugendbewegung und Probleme der literarischen Wertung'. (Ü, H. II, 79–110) Dabei erinnert der Begriff „Jugendbewegung" absichtlich an jene geistige und kulturelle Erneuerungsbewegung zu Beginn dieses Jahrhunderts in Europa.

Generell, so behauptet Schwarz, behandle Hesse in fast allen seinen Büchern die Problematik der Schule, des Heranwachsens und der Eingliederung in die Gesellschaft. Als speziell relevante Themenkreise träten dabei, kurz gefaßt, die folgenden fünf in Erscheinung: Rebellion, (freie) Liebe, Drogenkonsum, Mystik und Psychoanalyse. Ihre tatsächliche Bedeutung für den Hessekult innerhalb jener aus den verschiedensten Elementen zusammengesetzten amerikanischen Jugendbewegung belegt Schwarz mit einschlägigen Fakten und Überlegungen. Dennoch scheinen mir unter den genannten fünf Themenkreisen nur zwei vorwiegend für amerikanische Jugendliche besonders anziehend zu sein, nämlich Psychoanalyse und Mystik, während die anderen drei, Drogenkonsum, Rebellion und – vorzugsweise „freie" – Geschlechtsliebe, den Rezeptionsbedürfnissen von Lesern verschiedener Altersstufen und sozialer Schichten auch außerhalb Amerikas zu entsprechen scheinen.

Hesses Auseinandersetzung mit der Psychoanalyse, wie sie in seinen Dichtungen spätestens seit ‚Demian' einsetzt, muß amerikanische Leser schon deswegen sympathisch berühren, weil in ihrem Lande eine religiös orientierte Seelsorge weitgehend durch ein Heer von Psychotherapeuten aller möglichen Schulen ersetzt worden ist. Hesse hat zwar – wie wohl jeder bedeutende Schriftsteller seit Freuds Erkenntnissen – psychoanalytische Methoden wie „Amplifikation" und „Assoziation von Traumstrukturen" in seiner Dichtung poetisch ausgewertet, dessen ungeachtet aber der Psychoanalyse besonders dort, wo sie Gefahr läuft, als Religionsersatz mißverstanden zu werden, von jeher aus eigener Erfahrung wohlbegründete Skepsis entgegengebracht. Daß dies hauptsächlich in bisher noch nicht ins Englische übersetzten Briefen und Prosaschriften zum Ausdruck kommt, ist den meisten Lesern in Amerika unbekannt.

Von den psychoanalytisch (im Grunde stark rational) ausgerichteten Lesern unterscheiden sich jene Hesseenthusiasten, auf die Jeffrey L. Sammons nachdrücklich hingewiesen hat. Sie seien (seiner Erfahrung nach) zugleich Anhänger von C. G. Jung, dessen „Irrationalismus" ihn, Sammons, daran hindere, beide, den Dichter und zugleich den Begründer der Komplexen Psychologie entsprechend zu würdigen. (T. Z. E, 112) Das ist eine häufig begegnende und verständliche Äußerung eines Literaturwissenschaftlers, der seine Hauptaufgabe darin sieht, alles rational nicht eindeutig auf möglichst klare Gesetze und Regeln Zurückzuführende als „mystisch" und darum als schlechthin irrational abzulehnen. Dabei aber wird übersehen, daß insbesondere junge Menschen in einem Erziehungssystem wie in den USA, in dem praktisch alle Formen sozialen und privaten Lebens von überwiegend rationalistischutilitaristischen Mächten gesteuert werden, überaus rezeptionsfähig, ja offen sind für jede Form von Irrationalismus und Mystik als Kompensation für den weithin fehlenden geistig-religiösen Oberbau und der damit verbundenen metaphysischen Sinngebung des Lebens. Daher auch die Anfälligkeit für alle möglichen (falschen) Propheten, Evangelisten und Gurus, die, wenn auch nur vorübergehend, einen „Halt" auf der Suche nach einer noch unbekannten „neuen Religion" zu geben versprechen. Soviel zu den fragwürdigen Beziehungen Hesses zur vorwiegend amerikanischen „Jugendbewegung".

Die Überbetonung wirtschaftlicher Eudämoniefaktoren in der westlichen ebenso wie nun auch, und zwar in zunehmendem Maße, in der östlichen Industriegesellschaft hat längst schon eine Reihe verschiedener Ausfluchterscheinungen gezeitigt, wie sie sich in gewissen Abarten des Drogenkonsums sowie neuerdings auch in jener – ironischerweise sogar computergesteuerten – „Virtual Reality" manifestieren. Doch sollten dafür nicht länger die Vereinigten Staaten allein verantwortlich gemacht werden, zumal man dort wenigstens die Drogenpest – dieser zusammen mit Umweltzerstörung, Terrorismus und modernen Seuchen in Zukunft vermutlich verheerendsten Geißel der Menschheit – nach bestem Vermögen bekämpfen möchte. Doch erst wenn sich neue Formen sozialer Ethik und eines geistig-religiösen Bewußtseins durchzusetzen beginnen, könnte sich eine Lösung für diese schwerwiegenden, die ganze Menschheit betreffenden Probleme anbahnen.

Schließlich noch ein klärendes Wort zum Thema „Rebellion" und „freie Liebe". Hesses Aufbegehren gegen das Schulsystem, gegen jegliche nicht frei gewählte Lehrer-Autorität und oktroyierte Ordnungen, gleichgültig ob von seiten des Staates oder der Kirche, gehört sicherlich in einem Frühwerk wie ‚Unterm Rad' vorwiegend zur Problematik des Entwicklungsalters. In seinen späteren Schriften erinnern aber höchstens jugendliche Impulse und energiegeladene Sprache an die rebellische Bewegtheit zur Zeit der Pubertät und der Adoleszenz. Denn Hesses kompromißlose Auseinandersetzung mit der modernen Industriegesellschaft, mit der Technokratie und ihren zunehmenden Vermassungserscheinungen und dehumanisierenden Begleiteffekten, seine Kritik an Nationalismus, Militarismus, Krieg, waffensegnenden Priestern, der Entwertung der Kunst, insonderheit der Sprachkunst – all dies läuft bei ihm eher auf ein sokratisches oder auch cartesianisches Infragestellen der drei Potenzen: Staat, Religion und Kultur im Sinne lebendiger, konstruktiver Kritik hinaus. Wie die revolutionären politischen Umwälzungen in Osteuropa (und auch Südamerika und Afrika) bezeugen, ist es ein Bedürfnis des Einzelnen ebenso wie ganzer Völker, sich von der Bevormundung autoritärer Regierungen zur Selbstständigkeit zu befreien. „Rebellion", politisch verstanden auch als Anspruch des Besitzlosen auf sozialen Ausgleich mit dem Besitzenden, ist von jeher ein ebenso unerreichbares Ideal wie zugkräftiger Leitsatz auf dem Parteiprogramm der ansonst konträrsten Politiker gewesen. So ist Hesse selbst bei seiner „Rebellion" im Boden der Tradition verankert. Er macht sich zum Anwalt ihrer noch unerfüllten Verheißungen. Und so vor allem wird ihn sein großer Leserkreis auch verstehen.

Was das Thema der „freien" Liebe anbelangt, so kommt es gewiß nicht nur dem „Appetenzverhalten" junger Leser und bestimmt nicht allein der amerikanischen „Jugendbewegung" entgegen. Egon Schwarz hat darauf ergänzend hingewiesen in seinem Essay „Hermann Hesse und die Zukunft" (M. P. II, 201–14). Neuerdings zwar wiederum eingeschränkt durch drohende Aidsgefahr, verspricht das Interesse an Liebe und Sex, wie es Siddhartha, Goldmund und der Steppenwolf so freimütig bekunden, auch bei erwachsenen Lesern künftig nicht nachzulassen. Denn wer liest diese einschlägigen Hesse-bücher, um sich in erster Linie über „die Unsterblichen" zu orientieren oder über das komplizierte Sublimierungsverfahren des Künstlers, Verdrängungen schöpferisch fruchtbar zu machen? Zusätzlich attraktiv wirkt Hesses allgemeinverständliche Sprache und sein Stil, die es ihm ermöglichen, gerade auch von Liebesbegegnungen sehr realitätsnah zu sprechen – doch beständig im Zusammenhang mit der Entwicklung des Protagonisten auf ein durch die geschlechtliche Liebe hindurch höheres geistiges Ziel hin.

Warum, so könnte man an dieser Stelle fragen, gab es für jene amerikanische Hessewelle nicht gleichzeitig eine Entsprechung in Europa, besonders nicht in Deutschland, wo sich damals vor allem oppositionelle Jugendliche keinen Deut um Hesses Schriften kümmerten und Universitätslehrer in der alten und neuen Welt das Hessephänomen zunächst für nebensächlich erachteten und sich sogar offen darüber amüsierten? Es muß demnach beträchtliche kulturell und historisch bedingte Unterschiede zwischen den drei bislang signifikanten Jugendbewegungen geben: im Nachkriegsdeutschland des Ersten und Zweiten Weltkriegs und in den USA im Verlauf des Vietnamkrieges. In allen Fällen spielten sichtlich bei der Empfänglichkeit für Hesses Botschaft Kriege und Krisenzeiten – im politischen ebenso wie im privaten Leben – eine wichtige Rolle, doch keineswegs die einzige. Was die Mehrzahl der jungen Leser in Amerika, die Hesses Bücher in englischer Übersetzung verschlangen, überhaupt nicht weiter berührte, war die Dimension der Sprache bei diesem Dichter, deren unübersetzbare Musikalität etwa, wie sie deutsche (und offenbar auch japanische) Leser ganz besonders anspricht, desgleichen ihr geschichtlich-kultureller Bildungswert. Welcher Student in

Amerika interessiert sich wohl für Hesses Ehrfurcht vor Geschichte und Tradition, für seine von der Kritik immer wieder betonte Goethenähe? Wem ist Goethe in Amerika überhaupt ein Begriff? Und wen kümmert dort, außer ein paar aus Europa eingewanderten Gelehrten und einige wenige „einheimische" Akademiker und Künstler Hesses kultivierter Musikgeschmack und seine universale Belesenheit im Zeitalter höchstens noch audiovisueller „Bildung" und fortschreitender Abwandlung der lateinischen Maxime: *Quod non est in acta non est in mundo* in den Leitspruch: „Was nicht im Computer steckt, ist nicht auf der Welt?" Wo aber, wenn der Computer nicht funktioniert oder von einem „Käfer" geplagt wird, ist dann das menschliche Gedächtnis geblieben? Nicht nur Fakten über Hesse, sondern auch das Kleine Einmaleins? (Diese Frage richtet sich eigentlich noch mehr an japanische als an amerikanische Leser . . .)

Gewiß mag, mit einem Essaytitel von Volker Michels gesprochen, „Hesse immer wieder Autor der jungen Generation sein" (Ü. H. II, 110–40), jedoch nicht *nur* der jungen Generation, ebenso wie die Behauptung von Egon Schwarz: Hesses Werke seien „vom ersten bis zum letzten für und über junge Leute geschrieben" nicht ganz den Tatsachen entspricht. (Ü. H. II, 87) Es wäre dies zwar weitgehend für Amerika zutreffend, nicht jedoch, wie im Vorangegangenen dargelegt wurde, für Rußland und Frankreich. Anhand von Hesses Briefwerk ließe sich sogar ein Gegenbeweis erbringen: Betrachtet man die erweiterte Briefsammlung von 1965 als repräsentativen Querschnitt von Hesselesern, so stellt man fest, daß unter den mehr als 350 – meist deutschen und europäischen – Adressaten nur etwa 40 ausdrücklich „junge" auftreten, dagegen über 50 mit dem Professor- und Doktortitel gezierte – also vermutlich meist Leute über Dreißig, unter denen in Nordamerika, wie G. W. Field in Kanada und J. L. Sammons in seinem Aufsatz „Hesse and the Over-Thirty Germanist" (T. Z. E, 112–33) für die USA andeuten, Hesses Werke gerade der stärksten Ablehnung begegnen.

Ferner wäre zu der Bemerkung von E. Schwarz, daß den

Frauen „als einer zahlenmäßig sehr großen Gruppe im Hesse-kult schon immer eine wichtige Rolle zufiel", noch ein Wort zu sagen. (Ü. H. II, 212) Könnten nicht gerade Hesses wiederholt skeptische Äußerungen über die Ehe, namentlich über die Künstlerehe, geradezu feministischen Vorstellungen entgegenkommen, andererseits aber auch vielen Frauen nicht wieder gut zu machende Enttäuschungen bereiten? Im ‚Glasperlenspiel' treten überhaupt keine Frauengestalten mehr auf, das hat bei verschiedenen Leserinnen erstaunte, ja indignierte Briefe an den Dichter ausgelöst. Hesse pflegte darauf zu antworten, Frauen seien „ein Stück Leben", das dem alternden Mann „wieder fernrückt und geheimnisvoll" werde; „die Spiele der Männer", soweit sie „geistiger Art" seien, kenne er hingegen „durch und durch". Ein Leser mit Phantasie werde sich in Kastalien auch „alle klugen und geistig überlegenen Frauen von Aspasia bis heute" vorstellen können. (XI, 93)

Abschließend sei nur hingedeutet auf ein umstrittenes Problem: Kitsch als Ingredienz für weltweiten literarischen Erfolg. So trifft immer wieder eines der erfolgreichsten Hessebücher, ‚Narziß und Goldmund', der Vorwurf des Kitsches – von seiten K. H. Deschners wie auch Luise Rinsers. Die meisten Kritiker bleiben jedoch die Antwort darauf schuldig, was sie eigentlich unter „Kitsch" verstehen und worin sich dessen Merkmale etwa beim frühen Rilke (worauf Walther Killy nachdrücklich hinweist) oder bei Novalis und Eichendorff (aus deren Werken Hermann Broch einschlägige Stellen zitiert) von Hesse ganz spezifisch unterscheiden oder auch nicht. Eher schmunzelnd als abqualifizierend läßt Hermann Lenz einen literarisch aufgeschlossenen Justizreferendar feststellen: „Der Hesse bringt den Kitsch richtig." (U. H. II, 274) Jedenfalls können von Ludwig Giesz phänomenologisch eruierte Kriterien wie das kitschschöpferische „tempi-passati-Dösen", „Geborgenheit im Gewesenen", „zeitliche Panoramastimmung" und deren Manifestation im Sprachlichen nicht nur bei Hesse und in der Trivialliteratur, sondern selbstverständlich auch bei anderen berühmten Dichtern und Schriftstellern zur Genüge nachgewiesen werden.

# VII. Schlußfolgerungen

Auch eine umfangreichere Darstellung könnte den vielen Gesichtern eines Autors wie Hermann Hesses nur mehr oder weniger unvollkommen gerecht werden, entschlüpft er doch proteushaft jedem festen Zugriff und präsentiert sich dem erstaunten Betrachter in immer neuer, unvorhergesehener Verwandlung. Sein Wesen kann mit Hilfe rational abwägender Methoden, gleichsam aus distanzierter Professorenperspektive, vermutlich nur ebenso fragmentarisch erfaßt werden wie durch intuitive, unvorbelastete Lektüre seiner Schriften, die unmittelbar zu seinen Lesern sprechen und an sich keines weiteren Kommentars bedürfen. Wer über Hesse schreibt, kommt ihm vielleicht am nächsten, wenn er Picassos Ratschlag beherzigte: stets über einen Menschen nur so zu sprechen, als malte man ihn. Je mehr man dabei von sich selbst hineinlegte, desto mehr bliebe man sich selbst und desto näher käme man der Wahrheit. Zu versuchen, möglichst anonym zu bleiben, aus Haß oder Respekt, sei das Allerschlimmste, weil man dabei versuche, selbst zu verschwinden, statt stets selbst am Gegenstand seiner Untersuchung beteiligt zu sein. Es scheint dies vom Standpunkt des von Hause aus um sogenannte „Objektivität" bemühten Wissenschaftlers – und erst recht auch Literaturforschers – ein so gut wie völlig unakzeptabler Vorschlag zu sein, wird dadurch selbstverständlich doch auch jeglicher abwegigen Spekulation und subjektiven Willkür Tür und Tor geöffnet. Dennoch kam es Hesse ja eben darauf an, in seinem Denken, Dichten, Leben und Handeln stets er selbst zu sein und vor allem auch seine Leser dazu zu bringen, nicht hinter einer Autorität, hinter Regeln, Schemata, ungeprüft hingenommenen Lehren und Meinungen (am allerwenigsten der sogenannten „öffentlichen") sich zu verkriechen und damit seinen Mitmenschen gerade das vorzuenthalten, was man als Individuum so und nicht anders zu sagen gehabt hätte – unbesorgt um die möglichen Konsequenzen.

*Individuum ineffabile est.* Hesses Anwaltschaft für das Individuum ist vielleicht auch sein weitestragendes Vermächtnis für eine Zeit, in der sich nicht nur der einzelne Mensch, sondern ganze Völker wieder auf ihre nur vorübergehend in Fesseln geschlagene Individualität neu besinnen. In diesem Punkte treffen sich zwei an sich so grundverschiedene Künstlernaturen wie Hesse und Picasso, die wie nur wenige ihrer Zeitgenossen die abgründige Problematik des 20. Jahrhunderts in sich selbst und in ihren Werken verkörpert haben. Doch während Picassos Wesen und Kunst in zunehmendem Maße das Zerstörerische wiederspiegelt, Welt und Leben als sinn-, gottlos und den Tod als das Böse selbst interpretiert, verhält es sich bei Hesse anders. Bei ihm gehört Gut und Böse und alle scheinbar unvereinbare Gegensätzlichkeit aktiven und kontemplativen Lebens zur unauflöslichen Einheit eines Weltganzen, wie es sich im Makrokosmos und Mikrokosmos manifestiert. Kein Entweder-Oder, sondern ein Sowohl-Als auch charakterisiert seine Denkweise. Sein eigenes Leben und Werk und, als dessen Konzentrat, seine Sprache werden bestimmt durch das seltene Vermögen eines „Intellektuellen" (nämlich Ein-sichtigen in des Wortes Grundbedeutung): komplizierte Dinge einfach, allseits verständlich auszudrücken. Sein gilt vor Schein. Grundgebot ist das Ethos der Wahrhaftigkeit, sich selbst und erst recht seinen Lesern gegenüber. Die stete Erinnerung an Goethes Maxime von der dreifachen Ehrfurcht: dem, was unter, was über uns und was uns gleich ist, zwingt Hesse, so schwer es gelegentlich auch fallen mag, zur Übung in Toleranz, Pietät, Humanität im Sinne unverstellter Menschlichkeit, in deren Dienst letztlich auch seine Kunst steht. So ist es gleichfalls der Gedanke der „Ehrfurcht vor dem Leben", der Hesse, statt in die Nähe eines vergleichbaren Nur-Schriftstellers oder Nur-Künstlers zu rücken, eher Albert Schweitzer verwandt erscheinen läßt.

Hesses menschliche Größe, wie sie besonders durch sein Briefwerk als Dienst am Menschen und in seiner Dichtung, wie schon Martin Buber betonte, als „Dienst am Geist" in Erscheinung tritt, erhebt keinen Anspruch auf ausgesprochene „Führerschaft" oder gar „Heiligsprechung" als Kultfigur. Denn gerade das trachtete Hesse durch seine eigene Unabhängigkeit von jeglicher politisch-ideologischen und auch religiös-konfessionellen „Gemeinde" wohlweislich zu vermeiden. Dessen ungeachtet vertritt er, ähnlich wie Schweitzer, durch und durch ethisch-religiöse Prinzipien, die in seinen Lesern, besonders in jungen, eher ordnende als anarchische Tendenzen bestärken sollten. Andernfalls kennt man ihn und sein Werk nicht genügend oder mißversteht es.

Gewiß mögen alle Menschen vor dem Gesetz gleich sein. Nicht jedoch im Hinblick auf jenen „Weg der Menschwerdung", wie er bei Hesse mit dem verantwortungslosen Vorstadium paradiesisch-kindlicher Unschuld beginnt, über das Wissen um Gut und Böse zur Verzweiflung und schließlich zum Untergang führt – oder aber zu Gnade und Erlöstsein durch neu erworbenen Glauben. Dieser triadisch-psychographische Stufengang kann nicht allein isoliert bei allen Hauptgestalten von Hesses „Seelenbiographien" verfolgt werden; er reflektiert zugleich die jeweils erreichte Vervollkommnung des Dichters *und* Menschen. So ahnt zumindest, wer immer sich mit ihm beschäftigt, daß Hesse, bei allen seinen Mängeln und Schwächen, wie er sie, bescheiden wie er war, nur allzu bereitwillig zugab, auf der Stufenleiter der Selbstvervollkommnung einen vorbildlich hohen Grad erreicht hat. Cicero sprach seinerzeit von *gradus dignitatis*. Sie gelten – zeitgerecht modifiziert – auch heute noch, besonders für alle jene Kritiker, die Hesses eigens zugegebene Fehler als willkommene Spitze gegen ihn verwenden und sich anmaßen, ihn und sein Werk leichtfertig abzuurteilen, ohne ihm selbst aus eigener Kraft auch nur das Wasser reichen zu können.

Was die Grundgedanken von Hesses Schriften am Ende dieses 20. Jahrhunderts besonders bedeutsam und richtungsweisend für die Zukunft macht, ist ihr neues Verständnis als Warnung vor einem immer noch viel zu unbesonnen florierenden Fortschrittsoptimismus. Nur Fortschritt auf ethischem, nicht materiellem Gebiet, verspricht von heilsamer Dauer zu sein. Auch darin waren sich Hesse und Schweitzer in ihrer Kulturphilosophie einig. Nicht länger zwar betrachtet man Hesse als rückständigen Romantiker, weil er schon früh – gleichsam zur Unzeit – seine Stimme *gegen* Nationalismus, Militarismus, Krieg und *für* die Idee einer Welt und Menschen verbindenden Brüderlichkeit erhob – einer Brüderlichkeit, wie sie in unserer Zeit, dank des Schmelzungsprozesses bislang verhärteter Fronten, ihre große Chance zu haben scheint. Wird sie genutzt werden? Wird man künftig auch noch besser verstehen, warum Hesse skeptisch gegenüber technokratischen Zivilisationen und stattdessen der Meinung war, daß der Mensch, der nahe bei der Natur auch nahe bei Gott lebt?

Am Anfang war das Wort, der Mythus, die Dichtersprache, von Hesse noch immer so verstanden und beherrscht, daß sie blieb, was sie schon immer hätte sein können: Stimme der Wahrheit, jenes Unverborgenen, dessen Wesen die Einfachheit ist. So führt auch nicht durch Drogen, sondern über die Kunst als „Spiegelung des Lebens auf einer höheren Ebene" (in den Worten von Hesses Musikerfreund Edwin Fischer) einer der Wege zum Bewußtwerden des Ganzen, zur Meisterschaft im Glasperlenspiel.

Auch seine aus der Perspektive des streng regelgläubigen „Normalmenschen" – für Hesse ein unerfreulicher Menschentyp – größte Schwäche erweist sich von unabsehbarer Bedeutung für künftige Generationen seiner Leser: Hesses Agnostizismus. Er war Agnostiker im Sinne jener höchsten intellektuellen Redlichkeit, wonach gerade der Weise am besten weiß, daß er im Grunde nichts weiß. „Es wird vielleicht auch noch die Todesstunde/Uns neuen Räumen jung entgegensenden . . ." Vielleicht. Wir wissen es nicht sicher.

Liegt in Hesses Offenheit zum Metaphysischen nicht auch etwas vom Geheimnis jenes Bleibenden, das Dichter stiften sollen? Denn wenn es stimmt, was auch andere Ganzheitsdenker vorausgesagt haben: daß diesem Jahrhundert, welches mit dem Verlust Gottes begonnen und der Menschheit unsägliche Leiden und existenzielle Verunsicherungen gebracht hat, ein

Zeitalter geistig-religiöser Erneuerung und eines weltweiten Ethos übernationaler Menschlichkeit folgen sollte, so wird Hermann Hesse dafür als ein Wegbereiter anerkannt werden müssen. Vermag er es doch, seinen Leser zumindest bis an die Grenze zu geleiten, von wo aus er allein weiter und – mit sich selbst in Frieden – jenem eigenen Glauben nachgehen kann, der dann erst recht immer noch höher sein wird als alle Vernunft.

# VIII. Zeittafel zu Leben und Werk

1877    Hermann Hesse am 2. Juli in Calw/Württemberg geboren. Vater: Johannes Hesse (1847–1916), Missionar. Mutter: Marie Hesse, verw. Isenberg, geb. Gundert (1842–1902), Tochter des namhaften Indologen, Sprachforschers und Missionars Dr. Hermann Gundert. Die väterliche Familie ist baltischer, die mütterliche schwäbisch-welschschweizerischer Herkunft.

1881–86    Umzug der Familie (mit je zwei Söhnen und Töchtern) nach Basel, wo der Vater bei der Basler Mission unterrichtet.

1886–89    Rückkehr nach Calw. H. H. besucht das dortige Reallyzeum.

1890–91    Lateinschule in Göppingen zwecks Vorbereitung auf das Landexamen als Voraussetzung für die kostenlose Ausbildung im Tübinger Stift. H. H. muß deswegen die württembergische Staatsangehörigkeit erwerben.

1891–92    Seminarist im evang. Klosterseminar in Maulbronn, aus dem er 7 Monate später flieht, weil er „entweder Dichter oder gar nichts werden wollte".

1892    Bei Christoph Blumhardt (zum „Teufelaustreiben") in Bad Boll. Selbstmordversuch. Aufenthalt in der Nervenheilanstalt Stetten. Aufnahme ins Gymnasium von Canstatt, das er

1893    mit der Obersekundarreife verläßt. Will Sozialdemokrat werden, läuft ins Wirtshaus, liest fast nur Heine.

1894–95    Praktikant in der Calwer Turmuhrenwerkstätte Perrot.

1895–98    Buchhändlerlehre bei J. Heckenhauer in Tübingen. Erste Gedichtpublikationen in ‚Das deutsche Dichterheim‘, Wien. Niederschrift eines Romans ‚Schweinigel‘ (Manuskript bisher nicht aufgefunden).

1899    ‚Romantische Lieder‘ (Dresden: Pierson), ‚Eine Stunde hinter Mitternacht‘ (Leipzig: Diederichs).

1899–1903    Buchhändler und Antiquar in Basel. Reisen durch die Schweiz. Rezensionen für die ‚Allgemeine Schweizer Zeitung‘.

1901    Erste Italienreise (Florenz, Ravenna, Venedig). ‚Hinterlassene Schriften und Gedichte von Hermann Lauscher‘ (Basel: R. Reich).

1902    ‚Gedichte‘, der Mutter gewidmet, die kurz vor dem Erscheinen des Bändchens (Berlin: Grote) stirbt.

1903    Zweite Italienreise (Florenz, Venedig). Aufgabe des Buchhändlerberufs. Verlobung mit der Fotografin Maria Bernoulli.

1904 ‚Peter Camenzind' (Berlin: Samuel Fischer). Großer Erfolg und erster Ruhm. Bauernfeldpreis. Eheschließung mit Maria Bernoulli (1868–1963), aus altem Basler Gelehrtengeschlecht. Niederlassung in leerstehendem Bauernhaus in Gaienhofen am Bodensee. Freier Schriftsteller und Mitarbeiter von zahlreichen Zeitungen und Zeitschriften.

1905 Geburt des Sohnes Bruno, Maler und Graphiker.

1906 ‚Unterm Rad'. Zusammen mit Albert Langen und Ludwig Thoma Mitbegründer der liberalen, gegen das persönliche Regime Kaiser Wilhelms II. gerichteten Zeitschrift ‚März'. Mitherausgeber bis 1912.

1907 ‚Diesseits', Erzählungen (Berlin: S. Fischer). Umzug in für ihn erbautes Haus „Am Erlenloh" in Gaienhofen.

1908 ‚Nachbarn', Erzählungen (S. Fischer).

1909 Geburt des zweiten Sohnes Heiner, Dekorateur. Hesse besucht Wilhelm Raabe in Braunschweig.

1910 ‚Gertrud', Roman (München: A. Langen).

1911 Geburt des dritten Sohnes Martin, Fotograf. Indienreise mit dem befreundeten Maler Hans Sturzenegger.

1912 ‚Umwege', Erzählungen (S. Fischer). Übersiedlung nach Bern ins ehemalige Haus des befreundeten Malers Albert Welti.

1913 ‚Aus Indien', Aufzeichnungen (S. Fischer).

1914 ‚Roßhalde', Roman (S. Fischer).

1915 Freundschaft mit Romain Rolland.

1914–19 Als Kriegsfreiwilliger zurückgestellt. Tätigkeit in der ‚Deutschen Kriegsgefangenenfürsorge'. Gibt ‚Sonntagsbote für deutsche Kriegsgefangene' und ab 1917 ‚Interniertenzeitung' heraus. Gründet Feldpostverlag und redigiert Bücherserie für deutsche Kriegsgefangene, wofür er selbst die nötigen Mittel auftreibt. Zahlreiche politische Mahnrufe in der deutschen, schweizer und österreichischen Presse.

1915 ‚Knulp'. Drei Geschichten aus dem Leben Knulps (S. Fischer). ‚Am Weg', Erzählungen (Konstanz: Reuß & Itta). ‚Musik des Einsamen', Neue Gedichte (Heilbronn: E. Salzer).

1916 Tod des Vaters. Ernste Krankheit des Sohnes Martin. Aufenthalt im Kurhaus Sonnmatt bei Luzern. Erste psychotherapeutische Behandlung durch Dr. J. B. Lang, Schüler von C. G. Jung.

1919 ‚Zarathustras Wiederkehr'. Ein Wort an die deutsche Jugend von einem Deutschen, erscheint anonym (Bern: Stämpfli), 1920 unter dem Namen des Verfassers (S. Fischer). ‚Kleiner Garten', Erlebnisse und Dichtungen (Wien: E. P. Tal). ‚Demian', zunächst unter dem Pseudonym „Emil Sinclair" veröffentlicht (S. Fischer). ‚Märchen' (S. Fischer). Übersiedlung in die Casa Camuzzi in Montagnola bei Lugano.

1920 ‚Gedichte des Malers' mit farbigen Zeichnungen des Autors

(Bern: Seldwyla). ‚Klingsors letzter Sommer', ‚Kinderseele', ‚Klein und Wagner', ‚Wanderung', Aufzeichnungen mit farbigen Bildern des Verfassers (S. Fischer). Gründung und Herausgabe der Zeitschrift ‚Vivos voco' für neues Deutschtum mit Richard Woltereck (Leipzig, Bern).

1921 ‚Blick ins Chaos', zwei Dostojewski-Essays (Bern: Seldwyla). ‚Ausgewählte Gedichte' (S. Fischer). Psychoanalyse bei C. G. Jung in Zürich. ‚Elf Aquarelle aus dem Tessin' (München: O. C. Recht).

1922 ‚Siddhartha', eine indische Dichtung (S. Fischer).

1923 ‚Sinclairs Notizbuch' (Zürich: Rascher). Erster Kuraufenthalt in Baden bei Zürich (bis 1952 jedes Jahr dort). Die Ehe mit Maria Bernoulli wird geschieden.

1924 Hesse wird schweizer Staatsbürger. Eheschließung mit Ruth Wenger (geb. 1897), Tochter der Schriftstellerin Lisa Wenger.

1925 ‚Kurgast' (S. Fischer).

1926 ‚Bilderbuch', Schilderungen (S. Fischer). Hesse wird (bis 1931) auswärtiges Mitglied der Sektion für Dichtkunst der Preußischen Akademie der Künste.

1927 ‚Die Nürnberger Reise', ‚Der Steppenwolf' (S. Fischer). Erste Hesse-Biographie von Hugo Ball. Ehescheidung auf Wunsch seiner zweiten Frau Ruth.

1928 ‚Betrachtungen', ‚Krisis. Ein Stück Tagebuch' (S. Fischer).

1929 ‚Trost der Nacht', Neue Gedichte (S. Fischer). ‚Eine Bibliothek der Weltliteratur' (Leipzig: Reclams Universalbibliothek).

1930 ‚Narziß und Goldmund', Erzählung (S. Fischer).

1931 Eheschließung mit der Kunsthistorikerin Ninon Dolbin, geb. Ausländer aus Czernowitz (1895–1966). Hesse bezieht das ihm von seinem Freund H. C. Bodmer erbaute und auf Lebenszeit zur Verfügung gestellte Haus an der Collina d'Oro in Montagnola.

1932 ‚Die Morgenlandfahrt', Erzählung mit Vignette von Alfred Kubin (S. Fischer).

1932–43 Entstehung des ‚Glasperlenspiels'.

1933 ‚Vom Baum des Lebens', Ausgewählte Gedichte (Leipzig: Insel Verlag).

1935 ‚Fabulierbuch', Erzählungen (S. Fischer).

1936 ‚Stunden im Garten'. Eine Idylle (Wien: G. Bermann-Fischer).

1937 ‚Gedenkblätter', ‚Neue Gedichte' (S. Fischer). ‚Der lahme Knabe' ausgestattet von Alfred Kubin (Zürich: Privatdruck).

1939–45 Hesses Werke gelten in Nazi-Deutschland als unerwünscht; immerhin waren zwischen 1933–45 20 Hessetitel erhältlich (Nachdrucke inbegriffen).

1942 ‚Die Gedichte', erste Gesamtausgabe von Hesses Lyrik (Zürich: Fretz & Wasmuth).

1943 ‚Das Glasperlenspiel'. Versuch einer Lebensbeschreibung des Magister Ludi Josef Knecht samt Knechts hinterlassenen Schriften. Herausgegeben von Hermann Hesse (Fretz & Wasmuth).

1945  ,Traumfährte'. Neue Erzählungen und Märchen (Fretz & Wasmuth).

1946  ,Krieg und Frieden'. Betrachtungen zu Krieg und Politik seit 1914 (Fretz & Wasmuth). Danach erscheinen die Werke Hesses wieder in Deutschland, zunächst im „Suhrkamp Verlag vorm. S. Fischer", seit 1951 im Suhrkamp Verlag, Frankfurt/Main. Goethepreis der Stadt Frankfurt. Nobelpreis für Literatur.

1947  Ehrendoktor der Universität Bern.

1950  Wilhelm-Raabe-Preis.

1951  ,Späte Prosa', ,Briefe'.

1952  ,Gesammelte Dichtungen' in 6 Bänden.

1954  ,Piktors Verwandlungen', ein Märchen, faksimiliert. ,Briefe': H. H. – Romain Rolland (Fretz & Wasmuth).

1955  ,Beschwörungen', späte Prosa/Neue Folge (Suhrkamp). Friedenspreis des Deutschen Buchhandels. Aufnahme in die Friedensklasse des Ordens Pour le Mérite.

1956  Stiftung eines H. H.-Preises durch die Förderungsgemeinschaft der deutschen Kunst Baden-Württemberg e. V.

1957  ,Gesammelte Schriften' in 7 Bänden.

1962  ,Gedenkblätter' (erweiterte Ausgabe). Der Dichter wird zu seinem 85. Geburtstag Ehrenbürger von Montagnola. Anfang August: 3 Fassungen des letzten Gedichtes ,Knarren eines geknickten Astes'. 9. August: Hesse stirbt an einer Hirnblutung im Schlaf. 11. 8.: Beisetzung auf dem Friedhof San Abbondio.

# IX. Auswahlbibliographie und Werksigel

## 1. Schriftenverzeichnis und Werksigel Hermann Hesse

I–XII = ‚Gesammelte Werke‘ in 12 Bänden. Frankfurt/Main: Suhrkamp
Verlag, 1970, Neuauflage 1987. Hiernach wurde zitiert: Band-
nummer in römischen, jeweilige Seitenzahl in arabischen Zif-
fern.

    I: Gedichte. Frühe Prosa. Peter Camenzind.
    II: Unterm Rad. Diesseits.
    III: Gertrud. Kleine Welt.
    IV: Roßhalde. Fabulierbuch. Knulp.
    V: Demian. Klingsor. Siddhartha.
    VI: Märchen. Bilderbuch. Wanderung. Traumfährte.
    VII: Kurgast. Nürnberger Reise. Der Steppenwolf.
    VIII: Narziß und Goldmund. Die Morgenlandfahrt.
    IX: Das Glasperlenspiel.
    X: Gedenkblätter. Betrachtungen.
    XI: Schriften zur Liteartur 1.
    XII: Schriften zur Literatur 2.

Die meisten in den ‚Gesammelten Werken‘ enthaltenen Schriften sind
auch in Einzelausgaben (Suhrkamp-Taschenbücher etc.) verfügbar. Hinzu
kommen nicht – oder nur teilweise – in den ‚Gesammelten Werken‘ er-
faßte Texte, die zu Hesses Lebzeiten gesondert erschienen oder erst nach
seinem Tod erstmals publiziert oder auch mit bereits Bekanntem ver-
mischt ediert wurden, und zwar, falls nicht ausdrücklich vermerkt, bei
Suhrkamp. Die dafür in diesem Autorenbuch verwendeten Werksigel
sind:

AI = ‚Aus Indien‘. Aufzeichnungen, Tagebücher, Gedichte, Betrachtungen und Erzählungen. Neu zusammengestellt und
ergänzt von Volker Michels, 1980.

B I–IV = ‚Gesammelte Briefe‘, 4 Bde., in Zusammenarbeit mit Hei-
ner Hesse hrsg. von V. und Ursula Michels, 1973–1985.
Bd. I (1895–1921), Bd. II (1922–35), Bd. III (1936–48),
Bd. IV (1949–62).

BN = ‚Bericht aus Normalien‘. Humoristische Erzählungen, Gedichte und Anekdoten, 1986.

EB = ‚Briefe‘. Erweiterte Ausgabe, 1965.

ES = ‚Eigensinn‘. Autobiographische Schriften, 1972.

G I–II = ‚Die Gedichte‘, 2 Bde., 1980.

GL        = ‚Mein Glaube‘. Eine Dokumentation, 1971.
HI        = ‚Italien‘. Schilderungen, Tagebücher, Gedichte, Ausätze,
            Buchbesprechungen und Erzählungen, 1983.
HD        = ‚H. H. – Helene Voigt-Diederichs‘. Zwei Autorenporträts
            in Briefen 1897–1900. Düsseldorf: Eugen Diederichs,
            1971.
HMa       = ‚H. H. als Maler‘. Bildband mit 44 farbigen, im Format
            24 × 33 cm reproduzierten Aquarellen. Ausgewählt von
            Bruno Hesse und Sandor Kuthi, 1977.
HMu       = ‚Hesse Musik‘. Betrachtungen, Gedichte, Rezensionen und
            Briefe, 1986 (erweiterte Auflage).
KF        = ‚Kleine Freuden‘. Kurze Prosa aus dem Nachlaß, 1977.
KJ, I–II  = ‚Kindheit und Jugend vor Neunzehnhundert‘. H. H. in
            Briefen und Selbstzeugnissen, 2 Bde., hrsg. v. Ninon Hesse,
            fortgesetzt u. erweitert v. Gerhard Kirchhoff, 1966, 1978.
            Bd. I (1877–95), Bd. II (1895–1900).
KM        = ‚Die Kunst des Müßiggangs‘. Kurze Prosa aus dem Nach-
            laß, 1973.
LM, I–II  = ‚Lektüre für Minuten‘, Gedanken aus Büchern und Brie-
            fen, 2 Bde., 1971, 1977.
MG, I–II  = ‚Materialien zu H. H. ‚Das Glasperlenspiel‘‘, 2 Bde., 1973,
            1974.
            Bd. I: Entstehungsgeschichte des Romans anhand von H.'s
            Selbstzeugnissen.
            Bd. II: Texte internationaler Hesseforscher über ‚Das Glas-
            perlenspiel‘.
MSi       = ‚Materialien zum ‚Siddhartha‘‘, 2 Bde., 1974, 1975.
            Bd. I: Genese der „Indischen Dichtung“ aufgrund von H.'s
            Selbstzeugnissen.
            Bd. II: Texte internationaler Hesseforscher über ‚Siddhar-
            tha‘.
MSt       = ‚Materialien zum ‚Steppenwolf‘‘, 1972. Genese des Ro-
            mans anhand von H.'s Selbstzeugnissen.
PG, I–II  = ‚Politik des Gewissens‘. Die politischen Schriften, 2 Bde.,
            1977. Bd. I (1914–32), Bd. II (1933–62).
PN        = ‚Prosa aus dem Nachlaß‘, hrsg. v. Ninon Hesse, 1965.
WB        = ‚H. H. Die Welt im Buch‘. Leseerfahrungen I. Rezensionen
            und Aufsätze, 1900–1910. In Zusammenarbeit mit Hei-
            ner Hesse hrsg. v. V. Michels, 1988.


## 2. Schriftenverzeichnis und Werksigel Sekundärliteratur

A. C.     = Anni Carlsson: ‚H. H.'s Gedichte‘. Zürich: Fretz & Was-
            muth, 1943.

A. G.   = Adele Gundert: ‚Marie Hesse'. Ein Lebensbild in Briefen und Tagebüchern. Stuttgart: D. Gundert Verlag, 1953.

A. H. C   = Adrian Hsia: ‚H. H. und China'. Darstellung, Materialien und Interpretation. Frankfurt/M.: Suhrkamp, 1974.

A. H. H   = –: ‚H. H. Heute'. Bonn: Bouvier Verlag Herbert Grundmann, 1980.
Beiträge amerikanischer, kanadischer und deutscher Germanisten zur neueren Hesse-Rezeption.

A. H. K   = –: ‚H. H. im Spiegel zeitgenössischer Kritik'. Bern: Francke Verlag, 1975.
Deutschsprachige Rezensionen über H.'s Bücher, 1899–1961.

Ak.   = ‚H. H. 1877/1977. Stationen seines Lebens, des Werkes und seiner Wirkung'. Gedenkausstellungs-Katalog zum 100. Geburtstag im Schiller-Nationalmuseum Marbach/Neckar. Hrsg. v. Friedrich Pfäfflin, Albrecht Bergold, Viktoria Fuchs, Birgit Kramer, Ingrid Kußmaul in Verbindung mit Bernhard Zeller. Stuttgart: Klett Verlag, 1977.

B. P. 82   = Friedrich Bran und Martin Pfeifer (Herausgeber): ‚Hermann Hesse und seine literarischen Zeitgenossen'. Referate zum 2. Internationalen Hermann-Hesse-Kolloquium in Calw 1982. Bad Liebenzell: Verlag B. Gengenbach, 1983.

B. P. 86   = –: ‚Hermann Hesses ‚Glasperlenspiel''. Referate zum 4. Internationalen H.-Hesse-Kolloquium in Calw 1986. Bad Liebenzell: Verlag Gengenbach, 1987.

B. P. 88   = –: ‚Wege zu Hermann Hesse'. Dichtung, Musik, Malerei, Film. Berichte und Referate zum 5. Internationalen H.-Hesse-Kolloquium in Calw 1988. Bad Liebenzell: Verlag Gengenbach, 1989.

E. L.   = Eberhard Lämmert: „Hermann Hesse – Einzelgänger für Millionen". In: ‚Jahrbuch der Deutschen Schillergesellschaft', Stuttgart: Kröner Verlag, 1977, 21. Jg., 533–42.

G. W. F.   = George V. Field: ‚H. Hesse. Kommentar zu sämtlichen Werken'. Stuttgart: Akademischer Verlag Hans-Dieter Heinz, 1977.

G. K.   = Gisela Kleine: ‚Ninon und H. Hesse. Leben als Dialog'. Sigmaringen: Thorbecke Verlag, 1982. – Neuauflage mit dem Titel: ‚Zwischen Welt und Zaubergarten', Suhrkamp, 1988.

Ha.   = ‚H. H. in Augenzeugenberichten'. Hrsg. v. V. Michels. Frankfurt/M.: Suhrkamp, 1987.
Dokumentation verschiedener Zeitgenossen, die H. H. persönlich begegneten.

H. B.   = Hugo Ball: ‚H. H. Sein Leben und sein Werk'. Nachdruck der Erstausgabe von 1927 bei Suhrkamp, 1967.

H. G.  = Hermann Gundert: ‚Calwer Tagebuch 1856–1859‘. Hrsg. v. Albrecht Frenz. Stuttgart: Steinkopf Verlag, 1986.

H. M.  = Hermann Müller: ‚Der Dichter und sein Guru‘. H. H. – Gusto Gräser, eine Freundschaft. Werdorf: Gisela Lotz Verlag, 1979.

H. S.  = Heinz Stolte: ‚H. H. Weltscheu und Lebensliebe‘. Hamburg: Hansa Verlag, 1971.

J. M. B I-II = Joseph Mileck: ‚H. H. Biography and Bibliography‘, 2 Bde. Berkeley: University of California Press, 1977. Die bisher umfassendeste H.-Bibliographie. Enthält auf mehr als 1200 S. deutsche und fremdsprachliche Primär- und Sekundärliteratur.

J. M. H  = –: ‚H. H. Dichter, Sucher, Bekenner‘. Aus dem Amerikanischen übersetzt v. Jutta u. Theodor A. Kunst. München: Bertelsmann Verlag, 1978.

M. B.  = Mark Boulby: ‚H. H. His Mind and Art‘. Ithaka/London: Cornell University Press, 1970.

M. P. I–II = Martin Pfeifer (Herausgeber): ‚H. H.’s weltweite Wirkung‘. Internationale Rezeptionsgeschichte, 2 Bde. Suhrkamp, 1977, 1979. Bd. I: H.-Rezeption in verschiedenen europäischen, asiatischen Ländern u. in Amerika. Bd. II: H.-Rezeption in Ländern, die im 1. Bd. noch nicht erfaßt waren. Umfangreiches Übersetzungsverzeichnis, Bibliographie von Sekundärliteratur u. Zeittafel.

M. P. K  = –: ‚H. Kommentar zu sämtlichen Werken‘. München: Winkler Verlag, 1980.

R. F.  = Ralph Freedman: ‚H. H. Autor der Krisis‘. Eine Biographie aus dem Amerikanischen von Ursula Michels-Wenz. Suhrkamp, 1982.

R. K. A  = Reso Karalaschwili: „Der Romananfang bei H. H. Die Funktion des Titels, des Vorworts und des Romaneinsatzes in seinem Schaffen". In: ‚Jahrbuch der Deutschen Schillergesellschaft‘, Stuttgart: Kröner Verlag, XXVI/1981, 446–73.

R. K. G  = –: „Harry Hallers Goethe-Traum". In: ‚Goethe Jahrbuch‘, Weimar: Verlag Hermann Böhlaus Nachfolger, XXVII/ 1980, 224–34.

R. K. P  = R. Karalaschwili: ‚Problemy tvorčestva Germana Gesse‘ (Probleme des Werkes v. H. H., mit russischer und deutscher Zusammenfassung). Tbilisi: Izdvo Tbil. universiteta, 1980.

R. K. R  = –: ‚H. H.s Romanwelt‘. Köln/Wien: Böhlau Verlag, 1986.

S. B.  = Siegried Bauschinger u. Albert Reh (Herausgeber): ‚H. H. Politische und wirkungsgeschichtliche Aspekte‘. Bern: Francke Verlag, 1986.

S. G.      = Siegfried Greiner: ‚H. H. Jugend in Calw'. Berichte, Bild-
             und Textdokumente und Kommentar zu Hesses Gerbers-
             au-Erzählungen. Sigmaringen: Thorbecke, 1981.

S. U.      = Siegfried Unseld: ‚H. H. Werk- und Wirkungsgeschichte'.
             Suhrkamp, 1987 (revidierte u. erweiterte Fassung der Aus-
             gabe v. 1985).
             Ein kleines H.-Zentrum. Annotierte Bibliographie der zu
             Lebzeiten und posthum veröffentlichten Bücher H.s mit
             Aufschlüssen des Dichters über das eigene Werk sowie
             Kommentar internationaler Kritiker. Personen- u. Werkre-
             gister.

T. Z.      = Theodore Ziolkowski: ‚The Novels of H. H.'. A Study in
             Theme and Structure. Princeton, N. J.: Princeton Universi-
             ty Press, 1965.

T. Z. E    = – (Herausgeber): ‚H. A Collection of Critical Essays'.
             Englewood Cliffs, N. J.: Prentice-Hall, Inc., 1973. Eine
             Sammlung von Essays in englischer Sprache, geschrieben
             von amerikanischen, kanadischen und europäischen Hes-
             seforschern.

U. C.      = Ursula Chi: ‚Die Weisheit Chinas und ‚Das Glasperlen-
             spiel''. Suhrkamp, 1976.

U. R.      = Uli Rothfuss (Herausgeber): ‚Erinnerungen der Söhne an
             ihren Vater H. H.'. Calw-Heumaden: Großmann & Meh-
             ring, 1989.

Ü. H. I–II = ‚Über H. H.', hrsg. v. V. Michels, 2 Bde., Suhrkamp, 1976,
             1977.
             Bd. I: Auswahl der wichtigsten Reaktionen von Zeitgenos-
             sen auf H.s Werk, 1904–1962.
             Bd. II: Verschiedene internationale Stimmen zu H.s post-
             humer Renaissance, 1963–1977.

V. M. B    = Volker Michels: ‚H. H. Sein Leben in Bildern und Texten'.
             Gestaltet von Willy Fleckhaus. Suhrkamp, 1979.

V. M. E    = –: „Nachwort zu ‚Die Erzählungen H. H.s'". Frankfurt:
             Büchergilde Gutenberg, 1975, 455–71.

V. M. F    = –: „H. H. und Frankreich". In: ‚Dokumente'. Zeitschrift
             für den deutsch-französischen Dialog, Heft 1/1988,
             44. Jg., 53–62.

W. B.      = Wolfgang Böhme (Herausgeber): ‚Suche nach Einheit'.
             H. H. und die Religionen. Frankfurt/M.: Otto Lembeck
             Verlag, 1978.

### 3. Weitere Primär- und Sekundärliteratur

Apel, Ursula: ‚H. H.: Personen und Schlüsselfiguren in seinem Leben'. München/London/New York/Paris: K. G. Sauer, 1989, 2 Bde. Ein alphabetisches annotiertes Namensverzeichnis mit sämtlichen Fundstellen in seinen Werken und Briefen.

Ball-Hennings, Emmy: ‚Briefe an H. H.'. Suhrkamp, 1956.

Bareiss, Otto: ‚H. H. Eine Bibliographie'. Teil I (Werke über H. H.), Teil II: (Zeitschriften und Zeitungsaufsätze). Basel: Karl Maier-Bader, 1962, 1964. Bis 1962 bzw. 1964 umfassendste H.bibliographie. Seither hat sich das Schrifttum von und über H. H. in etwa verdoppelt.

Borst, Otto: „Hermann Hesse". In: ‚Die heimlichen Rebellen'. Stuttgart: Konrad Theiss Verlag, 1980, 323–40.

Bran, Friedrich: ‚H. Hesses Gedanken über Heimat'. Bad Liebenzell: Verlag B. Gengenbach, 1982.

Colleville, Maurice: „H. H. und Frankreich". In: ‚Ludwigsburger Beiträge zum Problem deutsch-französischer Beziehungen'. Stuttgart: Deutsche Verlagsanstalt, 1954, 209–27.

Gottschalk, Günther: ‚H. Lyrik Konkordanz'. Mit Wortindex und Frequenzlisten. München/London/New York/Paris: K. G. Sauer, 1987. Ausführliches Wörter- (Begriffs- und Gedanken-)Verzeichnis zu H.s Lyrik, das die in den Index aufgenommenen Eintragungen mit präzisen Stellenangaben und dem jeweiligen Wortzusammenhang versieht.

Hesse, Hermann (Herausgeber): ‚Alemannenbuch'. Faksimile-Ausgabe nach der ersten 1919 im Seldwyla Verlag, Bern, erschienenen Ausgabe mit zusätzlichen Holzschnitten der Neuen Ausgabe von 1920 und der von Emil Strauß seinerzeit zurückgezogenen Erzählung ‚Der Schleier'. Nachwort von V. Michels. Waldkirch: Waldkircher Verlag, 1986.

–: ‚Bodensee'. Betrachtungen, Erzählungen, Gedichte. Hrsg. v. V. Michels. Sigmaringen: Thorbecke, 1977.

–: ‚Briefe an Freunde', Rundbriefe 1940–1962. Suhrkamp, 1977.

–: ‚Iris'. Handgeschrieben und illustriert von Peter Dorn. Melsbach/Neuwied: Verlag „Die Silberschnur", 1990.

–: ‚Der verbannte Ehemann' oder ‚Anton Schievelbeyns ohnfreiwillige Reisse nacher Ost-Indien'. Handgeschrieben u. illustriert v. Peter Weiss. Suhrkamp, 1977.

–: ‚Der vierte Lebenslauf'. Mit Nachwort v. Th. Ziolkowski. Suhrkamp, 1986.

–: ‚Die Erzählungen'. 6 Bde., 1977.

–: ‚Die späten Gedichte', 1963.

–: ‚Die Welt der Bücher'. Betrachtungen und Aufsätze zur Literatur. Zusammengestellt von V. Michels, 1977.

–: ‚Glück‘. Ausgewählte Erzählungen und Betrachtungen, 1973.

–: ‚H. H. – Rudolf Jakob Humm‘. Briefwechsel. Hrsg. v. V. u. U. Michels, 1977.

–: ‚H. H. – Karl Kerényi‘. Briefwechsel aus der Nähe. München/Wien: Langen-Müller, 1972.

–: ‚Klingsors letzter Sommer‘. Mit Aquarellen des Dichters aus jenem Sommer. Zürich: Orell Füssli Verlag, 1977.

–: ‚Legenden‘. Zusammengestellt v. V. Michels. Suhrkamp, 1975.

–: ‚Magie der Farben‘. Aquarelle aus dem Tessin. Mit Betrachtungen und Gedichten. Zusammengestellt v. V. Michels, 1980.

–: ‚Neue deutsche Bücher‘. Literaturberichte für ‚Bonniers Litterära Magasin‘, 1935–36. Hrsg. v. B. Zeller. Marbach: Turmhahn-Bücherei, 1965.

‚Gunter Böhmer und Hermann Hesse. Dokumente einer Freundschaft‘. Zusammengestellt von Ursula Böhmer, Heiko Rogge, Gerd Sieber mit einer Einführung von Volker Michels. Calw: Calwer Druckzentrum, 1987.

‚Hermann Hesse – Thomas Mann, Briefwechsel‘. Hrsg. v. S. Unseld. Suhrkamp, 1969.

Hesse, Johannes: ‚Das Spiel im häuslichen Kreise‘. Ein Ratgeber für die Familie. Stuttgart: Verlag von D. Gundert (o. J.).

–: ‚Rätselraten im häuslichen Kreise‘. Ein Ratgeber für Jung und Alt. Stuttgart: Verlag D. Gundert, 1892.

Hesse, Martin: ‚Besuch bei H. H.‘. Bilder aus Montagnola. Konstanz: Rosgarten Verlag, 1957/1976.

Jens, Walther und Hans Küng: ‚Anwälte der Humanität: Thomas Mann, Hermann Hesse, Heinrich Böll‘. München: Kindler, 1989.

Lüthi, Hans Jürg: ‚H. H. Natur und Geist‘. Stuttgart: Verlag W. Kohlhammer, 1970.

Michels, Volker: „Buhmann Hesse. Mißverständnisse behindern seine zeitgerechte Rezeption“. In: ‚Christ und Welt‘, Nr. 8 v. 19. 2. 71, 13.

–: „H. H., der distanzierte Deutsche“. In: H. H.: ‚Der Steppenwolf‘. Frankfurt/Wien/Zürich: Büchergilde Gutenberg, 1972, 315–38.

–: „H. H. in den USA – H. bei uns“. In: ‚Westermanns Monatshefte‘, Mai 5/71, 52–59.

Nadler, Käte: ‚H. H. Naturliebe, Menschenliebe, Gottesliebe‘. Leipzig: Koehler und Amelung, 1958.

Otten, Anna (Herausgeber): ‚Hesse Companion‘. Suhrkamp, 1970. Nachdruck in Albuquerque: University of New Mexico Press, 1977. Enthält Essays in englischer Sprache über das Werk H.s. Vocabulary, Glossary, Bibliography. Entspricht Bd. XIII der Werkausgabe von 1970 für den Vertrieb in den USA.

Pfeifer, Martin: ‚H. H. Bibliographie‘. Primär- und Sekundärschrifttum in Auswahl. Berlin: Erich Schmidt, 1977. Handliche Bibliographie der wichtigsten H.literatur bis 1973.

Rose, Ernst: ‚Faith from the Abyss‘. H. H.s Way from Romanticism to Modernity. New York: New York University Press, 1965.

Schneider, C. Immo: ‚Das Todesproblem bei H. H.‘. Marburg/Lahn: N. G. Elwert Verlag, 1973. Marburger Beiträge zur Germanistik, Bd. 38.

–: „Josef Knechts Abschied und Neubeginn“. In: MG II, 270–92.

–: „H. H.s ‚Glasperlenspiel‘: Genesis, Structure, Interpretation“, in: A. Otten: ‚Hesse Companion‘, op. cit., 222–59.

–: „H. H.s Musikkritik“, in: A. H. H, 76–120.

Schwarz, Egon: „H. H., die amerikanische Jugendbewegung und Probleme der literarischen Wertung“. In: Ü. H. II, 79–98.

–: „Ein Fall globaler Rezeption“. In: ÜH II, 194–208.

–: „H. H. und die Zukunft“. In: M. P. II, 201–14.

Serrano, Miguel: ‚C. G. Jung and H. H.‘. A Record of Two Friendships. New York: Schocken Books, 1968.

Spycher, Peter: ‚Eine Wanderung durch Hermann Hesses Lyrik, Dokumentation und Interpretation‘. Bern: Peter Lang, 1990.

Staudenmeyer, W.: ‚H. H. und Calw‘. Eine Bestandsaufnahme. Calw: Druckerei Wolf Kirchherr, 1977.

Völpel, Christiane: ‚H. H. und die deutsche Jugendbewegung‘. Eine Untersuchung über die Beziehungen zwischen dem Wandervogel und H. H.s Frühwerk. Bonn: Bouvier Verlag Herbert Grundmann, 1977.

Wilson, Colin: „Outsider und Bürger“. In: MSt, 309–17.

Zeller, Bernhard: ‚H. Hesse. Eine Chronik in Bildern‘. Frankfurt: Suhrkamp, 1960/1976.

–: ‚H. Hesse in Selbstzeugnissen und Bilddokumenten‘. Reinbek bei Hamburg: Rowohlt, 1963/1964/1966/1967/1989.

Ziolkowski, Theodore: „H. Hesses ‚Steppenwolf‘. Eine Sonate in Prosa“. In: MSt. 353–77.

## 4. Sprechplatten und Filme

‚H. H. Sprechplatte‘, 30 cm/60 Min. Spieldauer. Zusammengestellt v. V. Michels. Frankfurt/M.: Suhrkamp: 1971/1982. S. A: H. H. liest Gedichte und Prosa. S. B: Gert Westphal rezitiert Prosa u. Gedichte.

‚H. H. liest‘. Sprechplatte. Zusammengestellt v. V. Michels. Suhrkamp, 1980. H. H. u. G. Westphal lesen Gedichte und Prosa.

‚H. H. Ein Lebensbild‘ (1968). Ein Film v. Franz Baumer. Erstsendung: ARD, Deutsches Fernsehen, 1. Programm: 6. 7. 68.

‚Siddhartha‘ (1972. Ein Film v. Conrad Rooks (in englischer Sprache). Uraufführung: Biennale Venedig, Sept. 1972.

‚Steppenwolf' (1973). A film by Fred Haines. Uraufführung: Film Festi-
val Edinburgh, Sept. 1974. Erstaufführung der deutschsynchronisier-
ten Fassung: ORF, Wien, Sommer 1987.
‚H. H. 1877 bis 1977' (1977). Dokumentarfilm der DEFA. Drehbuch u.
Regie: Eduard Schreiber. Erstsendung: Fernsehen der DDR, Berlin,
1. Programm, 23. 6. 77.
‚H. H. Briefe, Bilder, Betrachtungen' (1978). Ein Film v. Herbert Seggel-
ke. Produktion: Inter Nationes, Bonn.
‚La lunga estate di H. H.'. Dokumentarfilm (1987). Realisation: Werner
Weick. Erstaufführung: RTST Lugano, 2. 11. 87.

# X. Personen- und Sachregister

*Buchanzeigen*

# Literatur und Literaturgeschichte im Verlag C. H. Beck

*France de Faveri*
*Regine Wagenknecht (Hrsg.)*
Italienische Lyrik der Gegenwart

Originaltexte und deutsche Prosaübertragung
Übersetzt von France de Faveri und Regine Wagenknecht.
1980. 235 Seiten. Paperback
Beck'sche Reihe Band 215

*Hans J. Schütz*
„Ein deutscher Dichter bin ich einst gewesen"

Vergessene und verkannte Autoren des 20. Jahrhunderts
1988. 334 Seiten mit 60 Abbildungen. Gebunden

*Thomas Bremer (Hrsg.)*
Europäische Literatur gegen den Faschismus

1922–1945
1986. 256 Seiten. Paperpack
Beck'sche Reihe Band 315

*Johannes Werner*
„Du Müller, du Mahler, du Mörder, du Dieb!"

Berufsbilder in der deutschen Literatur
1990. 168 Seiten. Paperback
Beck'sche Reihe Band 402

*Richard Alewyn*
Das große Welttheater

Die Epoche der höfischen Feste
Nachdruck 1989 der 2., erweiterten Auflage der Originalausgabe.
136 Seiten mit 20 Abbildungen auf 16 Tafeln. Paperback
Beck'sche Reihe Band 389

*Jürgen Theobaldy (Hrsg.)*
*Und ich bewege mich doch*

Gedichte vor und nach 1968
2., durchgesehene Auflage. 1978. 231 Seiten. Paperback
Beck'sche Reihe Band 157

Verlag C. H. Beck München

Arbeitsbücher zur Literaturgeschichte

Herausgegeben von Wilfried Barner und Gunter E. Grimm
unter Mitwirkung von Hans-Werner Ludwig (Anglistik)
und Siegfried Jüttner (Romanistik)

## Volksstück
### Vom Hanswurstspiel zum sozialen Drama
*Von Hugo Aust, Peter Haida und Jürgen Hein.*
Herausgegeben von Jürgen Hein.
1989. 370 Seiten. Broschiert

## Der deutsche Bildungsroman
### Gattungsgeschichte vom 18. bis zum 20. Jahrhundert
*Von Jürgen Jacobs und Markus Krause.*
1989. 246 Seiten. Broschiert

## Hartmann von Aue
*Von Christoph Cormeau und Wilhelm Störmer.*
1985. 256 Seiten mit 4 Abbildungen. Broschiert

## E. T. A. Hoffmann
Von Brigitte Feldges und Ulrich Stadler
Mit je einem Beitrag von Ernst Lichtenhahn und Wolfgang Nehring
1986. 315 Seiten. Broschiert

## Lessing
Von Wilfried Barner, Gunter E. Grimm, Helmuth Kiesel, Martin
Kramer unter Mitwirkung von Volker Badstübner und Rolf Keller.
5., neubearbeitete Auflage. 1987. 478 Seiten. Broschiert

## Thomas Mann
Von Hermann Kurzke
1985. 348 Seiten. Broschiert

Verlag C. H. Beck München